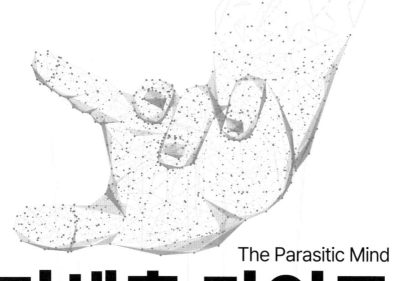

The Parasitic Mind

기생충 마인드

전염적 사상은 어떻게 상식을 죽이는가?

지은이 **가드 사드** Gad Saad 옮긴이 **이연수**

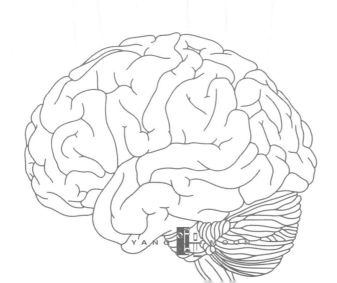

기생충 마인드

초판 펴낸 날 2024년 3월 11일

저자 | 가드 사드 Gad Saad
옮긴이 | 이연수
펴낸이 | 김현중
디자인 | 박정미
책임 편집 | 황인희
관리 | 위영희

펴낸 곳 | ㈜양문
주소 | 01405 서울 도봉구 노해로 341, 902호(창동 신원베르텔)
전화 | 02-742-2563
팩스 | 02-742-2566
이메일 | ymbook@nate.com
출판 등록 | 1996년 8월 7일(제1-1975호)

ISBN 979-11-986702-0-5 03300
* 잘못된 책은 구입하신 서점에서 교환해 드립니다.

기생충 마인드

The Parasitic Mind

추천사

"거리낌 없고 카리스마 넘치는 말투, 확고하고 직설적이며 생물학에 기반한 사상으로 무장한 사드 박사는 지난 몇 년 사이 인터넷 현상으로 부상했다. 그의 신간은 그간 인터넷 투쟁의 연장으로, 독자들에게 아무 생각 없는 진보 어젠다의 위험성을 알리고 일반적인 합의를 도출해 마침내 평화를 되찾을 수 있게 한다. 철저히 상식을 부정당한 경험이 있는가? 이 책을 읽으라. 결의를 굳히라. 우리 모두가 이성으로 돌아가게 하라."

– 조던 피터슨(Jordan Peterson, Ph. D. 임상심리학자, 토론토 대학 심리학과 교수.
《12가지 인생의 법칙(12 Rules for Life)》의 저자)

"사람의 마음을 풀어주는 유머와 서슬퍼런 논리를 통해, 가드 사드는 인종적 배경이나 성적 취향, 정치 학습 혹은 교육 수준과 관계없이 인간은 누구나 자기 기만에 취약함을 보여준다. 그 무엇도 금기가 아니다.《기생충 마인드》를 읽으면 어째서 그토록 많은 사람이 가드 사드를 적극 포용하거나 아니면 아예 거부하는지 알게 된다. 그의 명료함이 자신들의 모순을 비춰주는 거울로 작용하기 때문이다."

– 폴 A. 오핏(Paul A. Offit M.D. 펜실베이니아 대학 페렐먼 의대의 모리스 R. 힐먼 센터 교수.《치명적 선택: 안티백신 운동은 어떻게 인류 전체를 위협하는가(Deadly Choices: How the Anti-Vaccine Movement Threatens Us All)》,《판도라 랩(Pandora's Lab)》등 다수 저술)

"가드 사드는 '부도덕한 힘이 이성, 과학, 계몽의 가치에 대한 서구의 헌신을 서서히 침해해왔다'라고 말한다. 기묘한 뇌 기생충에 감염된 쥐가 고양이를 두려워하지 않는 것처럼, 이런 힘은 인간 사회를 비이성적인 편견과 미신으로 가득한 중세로 회귀시킨다. 그의 용기와 합리성, 방치됐던 진실에 대한 그의 열정이 이 막강한 책 전반에 걸쳐 빛을 발한다."

– 맷 리들리(Matt Ridley, Ph.D. 《이성적 낙관주의자(The Rational Optimist)》, 《혁신은 어떻게
작용하는가(How Innovation Works)》 등 저술)

"우리 사회를 집어삼키고 있는 PC운동의 광기를 놀라우리만큼 정확히 지적했으며 위트 있고 설득력 있게 설명한다. 《기생충 마인드》는 피해자 정치, 철회 문화, 이성(理性)에 대한 공격을 우려하는 모든 이의 필독서이다. 가드 사드는 이 질병을 훌륭하게 진단한 것은 물론, 전문적으로 진단할 뿐만 아니라 치료 방법까지 제시한다."

– 크리스티나 호프 소머즈(Christina Hoff Sommers, Ph. D. 미국기업연구소(American Enter-
prise Institute) 상임연구원. 《치료 중인 국가(One Nation Under Therapy)》 저술)

"하나의 바이러스-학생, 교수, 크게는 대중의 뇌를 오염시키는 마음의 바이러스-가 우리 문명을 휩쓸고 있다. 《기생충 마인드》는 이 악성 유행병에 맞설 백신이다. 가드 사드 교수는 이성과 과학을 위해 진실을 찾아 투쟁하는 대중의 전사로 부상했다. 사드 교수로 인해 이 책과 같은 저작물을 요청하는 용감한 팬들의 목소리가 드높아졌다는 사실 자체가 바로 그 필요성을 증언하며, 그 폭넓은 독자층이 반이성과 반과학이라는 흐름을 뿌리 뽑는 데 도움이 될 것이라고 내가 생각하는 이유이기도 하다."

– 마이클 셔머(Michael Shermer, Ph. D. 《스켑틱(Skeptic)》지 출판인이자 《인정할 건 인정하자
(Giving the Devil his Due)》의 저자)

일러두기: 저자 혹은 번역자가 작성한 주석을 구별하기 위해 저자의 주석은 미주로, 역자의 주석은 각주로 실었습니다.

To Lior, Bahebak

나의 빛에게, 사랑해요

서문

　유행병이라고 하면 우리는 흔히 치명적인 전염병이 이 나라 저 나라로 급속히 퍼지면서 인류에게 상상하기 어려운 고통을 안겨주는 이미지를 떠올린다. 중세의 흑사병, 스페인 독감, 에이즈(AIDS), 혹은 현재 우리가 겪고 있는 코비드-19 위기가 바로 그렇다. 그런데 서구에서는 현재 그 못지않게 치명적인 전염병, 다시 말해 이성적으로 생각할 능력을 파괴하는 집단적 질병을 앓고 있다. 생물학적 병원체가 원인인 다른 유행병과 달리, 현재 진행되고 있는 이 병의 주범은 대학가에 퍼진 나쁜 사상들이다. 이런 사상은 이성과 자유, 개인 존엄성의 체계를 갉아먹는다. 이 책을 통해 나는 사상의 병원체들을 알아내고, 대학에서부터 정치, 사업, 대중문화를 포함한 사회 각계각층에 어떻게 퍼지고 있는지 살펴본 뒤, 이러한 파괴적인 영향을 예방하는 방법에 대해 알아볼 것이다.

　제1장에서는 레바논 내전(어린 시절)과 이성에 대한 전쟁(지난 25년 간 교수로 재직)이라는 두 가지 큰 전쟁의 경험담을 포함해서 자유와 진리의 추구라는 내 인생의 이상에 대해 이야기하고 나 자신을 열성적인 전사로 만든 요인들에 대해 간단히 소개한다. 제2장에서는 생각과 느낌 간의 갈등, 진실을 추구하는 일과 감정 손상을 최소화하려는 의도가 서로 어떻게 충돌하는지 살펴볼 것이다. 우리의 추론 능력과 감정이 상충한다는 것은 잘

못된 생각임을 논증할 것이다. 우리는 생각하는 동시에 느끼는 동물이다. 주어진 상황에 잘못된 시스템을 적용할 때 (이성이 요구될 때 감정을 따른다든지) 문제가 발생한다. 도널드 트럼프(Donald Trump)가 미국 대통령에 당선됐을 때, 브렛 캐버노(Brett Kavanaugh)가 미연방대법원 대법관으로 지명됐을 때 사람들이 발작하듯 감정적으로 반응했던 것을 포함, 몇 가지 최근 사례를 들어 이 점을 강조한다.

제3장에서는 다양성, 포용, 공정(DIE, diversity, inclusion, & equity)이라는 이데올로기가 아닌 표현의 자유, 과학적 방법, 지적 다양성, 능력주의 정신이야말로 진정 개화된 사회에서 결코 양보할 수 없는 요소들임이 사실이라고 상정한다.[i] 공정한 사회에서는 사회 구성원에게 평등한 기회를 보장하는 것이지 DIE 칙령이 명하는 것처럼 평등한 결과를 보장하는 것이 아니다. 제4장에서는 반과학, 반이성, 포스트모더니즘, 급진 페미니즘과 트랜스젠더 운동(Transgender activism)을 포함한 반자유주의적(illiberal) 사상의 병원체로 어떤 것이 있는지 알아본다. 이 중 급진 페미니즘과 트랜스젠더 운동은 근본적으로 발작적인 생물학 혐오에 그 뿌리를 두고 있다. 이러한 사상의 병원체들은 '보이지 않는 예술은 예술의 한 형태다', '성별 간 차이는 모두 사회적 구성 때문에 생긴 것이다', '9인치 길이의 음경을 가진 여성들도 있다'라는 등의 입장을 옹호함으로써 현실에 대한 이해와 상식을 파괴한다.

제5장에서는 2장에서 언급했던 내용에 이어서, 사회정의전사(Social Jus-

---

i 과학 연구에서 상정(想定, posit)은 어떤 아이디어나 의견을 일단 가설로 내세운다는 의미로 사용한다.

tice Warrior, SJW)의 사고방식이 어떻게 해서 대학들로 하여금 진실을 추구하는 것보다 감정을 상하지 않게 하는 것을 우선하게 만들었는지, 탄압 올림픽[ii](교차성[iii]), 집단 뮌하우젠 증후군 및 '피해자학(被害者學)의 항상성 (나는 피해자다, 고로 존재한다)' 그리고 '진보주의(progressivism) 제단 앞의 채찍질 고행'과 같은 현상을 초래했는지 살펴본다. 이들의 격노와 분개로 일그러진 관점에서 볼 때, 세계는 흑 아니면 백이다. 당신은 고귀한 피해자 (없는 피해 사실을 지어내더라도) 아니면 역겨운 편견덩어리(설사 절대 편견을 가져본 적이 없다 하더라도), 둘 중 하나다. 그 중 어느 한 편을 들어야 한다.

제6장에서는 타조 기생충 증후군(OPS, Ostrich Parasitic Syndrome), 즉 사람들로 하여금 명약관화한 사실마저 알아차리지 못하게 하는 사고장애(思考障碍) 질환에 대해 이야기한다. 과학부정주의는 OPS가 발현하는 여러 가지 증상 중 하나일 뿐이다. OPS를 앓는 사람들은 현실로부터 도피하기 위해 가짜 인과관계의 6단계 법칙을 비롯해 다양한 전략을 구사한다. 수없이 다양한 문제의 원인이 모두 다 가장 즐겨 변명하는 바로 그 핑계 탓이라고 잘못된 진단을 내린다. '기후 변화가 테러리즘을 초래한다'는 식이다. 전 세계적 테러리즘의 근본 원인, 국경 개방의 미덕, 이슬람법과 유엔헌장 간 명시적 합치, 소위 프로파일링(profiling)을 인종 차별이라 문제삼는 것처럼 문명적으로 중요한 문제들에 대해 OPS 환자들이 어떻게 그토록 어리

---

ii Oppression Olympics, PC운동을 논하는 자리에서 탄압을 많이 받을수록 발언권이 강화되는 현상. 1993년 페미니스트 엘리자베스 '베티타' 마르티네즈(Elizabeth 'Betita' Martínez)가 처음 사용한 표현이다.

iii intersectionality. 한 개인의 다양한 면의 사회적, 정치적 정체성들이 어떻게 결합돼 각기 다른 상태의 차별 및 특권을 자아내는지 이해하기 위한 분석적 프레임워크. 미국의 법률가이자 철학자인 킴벌레 윌리엄즈 크렌쇼(Kimberlé Williams Crenshaw)가 창시한 개념이다.

석고 때로 자기 파괴적인 입장을 취하는지 살펴본다. 이 사고 장애를 일으키는 전염병에 대해 기록하는 것만으로는 부족하다. 이런 잘못된 사상의 병원체에 대항할 예방 접종 방법을 제공해야 한다.

따라서 제7장에서는 진실로 위장한 여러 형태의 '가짜 심오함'에 대해 독자들에게 알리는 한편, 성실하고 주의 깊게 중복 증거의 법칙적 관계망을 수립해서 진실을 추구하는 법을 알아본다. 마지막 장에서 나는 이 사상의 전쟁터에서 사람들이 소극적인 방관자로 남는 이유들을 제시하고, 행동을 촉구해 전세를 뒤집을 방법을 제안한다. 각자 자신의 목소리가 가진 힘을 과소평가하지 말라. 천지개벽 같은 변화는 조금씩 허무는 것으로 시작된다. 이성과 사상의 자유, 표현의 자유를 위한 전투에 참여하라. 당신의 목소리는 중요하다. 당신의 목소리를 내라.

사회정의전사들이 퍼뜨리는 사상의 병원체에 대항하려는 내 끈질긴 노력은 이따금 시험에 든다. 사람들은 대개 다음 중 한 가지 형태로 비판한다. 1) "사드 교수님, 문제를 과장하시는 거 아닌가요? 따지고 보면 사회정의전사들은 대개 캠퍼스에서 소수에 지나지 않잖아요?" 2) "사드 박사, 차라리 더 중요한 문제들과 씨름하는 게 어떻습니까? 돌팔이 문외한들한테 신경 그만 쓰세요. 차라리 다른 데 시간을 쓰는 게 낫습니다. 과학에 대해 토론하시거나 전공하시는 과학 전문 지식을 가르쳐주세요." 경기장 밖에서 구경만 하던 사람들이 혹시나 나와 함께 사상 전투에 참여하지 않을까 싶은 생각에, 이 두 가지 입장에 대해 각각 논파하겠다.

2001년 9월 11일, 오로지 종교적 열정과 이데올로기적 열성만으로 무장한 19명의 남자가 거의 3천 명을 살해하면서 우리의 집단 안전의식은 바꾸지 못했을지언정 뉴욕의 스카이라인만큼은 영구히 바꿔버렸다. 테러리스트들은 동기만 충분하다면 미미한 수로도 막대한 피해를 입힐 수 있다. 이와 마찬가지로, 사회정의전사와 같은 부류들은 지적 테러리스트들이다. 그들은 다수를 차지하지 않으면서도 사람들이 자유롭게 말하고 생각하고자 하는 의지를 억압하여 이성과 공공생활을 사정없이 파괴해버릴 수 있다. 2019년 4월 6일, 나는 내 소셜미디어 플랫폼에 아래와 같은 메시지를 게시했다.

> 어떤 이들은 도무지 구제불능일 정도로 아무것도 모른다. 그들은 내가 '중요하다'고 생각되는 문제와 씨름할 시간에 사회정의전사들[iv]의 사고방식을 비판한다며 공격적인 댓글을 남긴다. 그래, 그 사상의 병원체들이 종교적이고 미신적인 도그마냥 학계와 정부, 기업, 미디어, 사회 일반에 걸쳐 수백만 명의 마음과 영혼을 조종하고 있다는 사실이 '중요하지 않다면', 반과학적, 반이성적인 난센스를 초등학교 아이들에게 가르치게 내버려두는 일이 '중요하지 않다면', 정부와 대학들이 개인의 존엄성과 실력 위주의 기풍에 정반대되는 정책을 밀어붙이도록 내버려두는 게 '중요하지 않다면', 그렇게 얘기할 수 있다. 준(準)종교적 도그마가 아니라 표현의 자유, 양심의 자유, 과학과 이성, 논리에 헌신하려 싸우는 것보다 더 중요한 것은 아무것도 없다. 더 큰 그림을 보지 못하는 사람들은 현재 일어나고 있는 광기의 시대정신을 영속시키는 공모자들이다. 이성의 적들에 대항해 싸우기 위해서 내가 때로 풍자하고 비꼬고 익살을 떤다고 해서 이 전투가 얼마나 심각한지 잊어서는 안 된다.[1]

· · · · · · · · · · · · · · ·
iv Social Justice Warrior. 특히 온라인 상에서 사회정의 문제나 정체성 정치, PC운동과 관련해 길고 공격적인 논쟁을 벌이기 좋아하는 사람들을 경멸적으로 일컫는 말이다.

이 책은 그 전투에 관한 모든 것이다

나는 이와 관련해 종종 '네 편은 뭘 그리 잘 한다고 그러느냐(wha-taboutism)'는 식의 격렬한 비난을 받는다. 사람들은 내가 좌익 못지않게 우익에게도 똑같이 분노를 표출하고 비판적인 잣대를 들이대야 한다고 기대한다. 나는 학계에 몸담고 있다. 학계라는 생태계는 수십 년 동안, 내가 여기서 일하는 내내 언제나 좌익적 사고방식이 주도해왔다. 내가 이 책에서 다루는 사상의 병원체들은 전부는 아니더라도 대부분 좌익 학자들로부터 비롯됐다. 포스트모더니즘, 급진 페미니즘, 문화상대주의, 정체성 정치ᵛ 등 학계의 터무니없는 사상들은 우익 광신도들이 만들어 전파한 게 아니다. 도주 선택ᵛⁱ은 동물들이 어떻게 해서 과장된 특성(가령 공작의 꼬리깃털처럼)을 갖도록 진화해왔는지 설명해주는 진화론적 원리다.[2] 나는 이 책에서 다루는 여러 사상의 병원체들은 바로 좌익 교수들이 퍼뜨린 광기의 도주 선택에서 발현된 것이라고 상정한다. 이데올로기적 압력이 점점 더 심해지면서, 사람들은 자신들이 진보적으로 순수하다는 신호를 내보내기 위해 점점 터무니없이 이성으로부터 동떨어지게 됐다.

진화행동과학자로서 나는, 진화론의 일부 의미를 부정하는 미 민주당 정치인들을 비판하는 것만큼이나 진화론을 '거부하기로' 선택한다는 미 공화당 정치인들을 비판하기 좋아한다. 내가 좌파에 초점을 맞추는 것은

• • • • • • • • • • • • • • • •

ᵛ identity politics. 정당 정치나 보편 정치가 아닌 성별, 종교, 장애, 민족, 인종, 성적 지향, 문화 등 집단 정체성을 기반으로 배타적 정치 동맹을 추구하는 정치 운동을 의미한다.
ᵛⁱ Runaway selection. 공작의 화려한 꼬리처럼 별다른 실용성이나 가치 없는 형질이 자웅 선택에 의해 선호되는 경우 이 형질을 갖도록 진화하는 현상을 말한다.

좌익 지식인들이 학계 문화를 형성하고, 그 결과 그들의 영향이 사회 전반에 미치기 때문이다. 공정하게 보이고 싶다는 욕심에 현혹돼 양 정치 진영을 똑같이 열렬하게 비판할 필요는 없다. 그건 마치 자궁경부암 전문 부인종양학자에게 어째서 여성 환자들만 보느냐고 따지는 것과도 같다. 아휴, 선생님, 성차별주의자처럼 굴지 마시고요. 공정하게 남자들 자궁경부암도 좀 치료해주세요(사실 이제 성 전환하는 남성들도 자궁경부를 갖게 됐으니 이런 일이 일어나지 않는다는 법도 없다). 내 목표는 진실을 수호하는 것이고, 오늘날 우리를 끝없는 비이성의 깊은 암흑 세계로 이끌어가고 있는 것은 바로 좌익의 병원성(病原性) 사상들이기 때문이다.

'네 편은 뭘 그리 잘 한다고 그러느냐' 식 비판은 자기들이 선호하는 문제에 대해 내가 집중하지 않는다고 비난할 때도 일어난다. "하지만 이스라엘은요, 사드 교수님? 왜 이스라엘의 정책은 비판하지 않으시죠? 트럼프의 기후 정책에 관한 입장은 또 어떻고요? 교수님께선 기후 변화를 부정하시나요? 우리 교육 체계에 대해 그렇게 걱정이 되신다면서 왜 트럼프 행정부의 벳시 디보스(Betsy DeVos) 교육부 장관은 공격하지 않으시는 거죠?" 이런 비판은 피부과 의사에게 왜 흑색종 치료에 시간을 쓰느냐 묻는 것과 똑같은 논리다.

아동 백혈병은 어쩌고요? 왜 그렇게 임상하는 데 위선적이신 거죠? 아킬레스 건 파열 수술은 한 번도 안 하셨잖아요? 왜 그렇게 피부 관련 의학 증상에만 강박적으로 집착하시는 거죠? 되풀이하지만, 나는 마음의 바이러스 중 특정 종류에 맞서 싸운다. 그건 내가 이 세상 모든 문제를 똑같은 열정으로 다뤄야 한다는 뜻이 아니다. 공정해야 한다며 고등학생들에게 진화론에 대한 경쟁이론으로서 지적설계론을 함께 가르칠 필요가 있다고 주장하는 창조론자들이 떠오른다. 전 우주의 얼토당토않은 사상들을 모두 다 비판해야만 지적인 일관성을 갖추는 게 아니다. 나는 인간이 가진 마음의 기생충학자로, 이성적으로 생각할 힘을 파괴하는 치명적인 사상의 기생충 강(綱)에 대한 면역력을 제공할 뿐이다.

이 책을 다 읽었을 때 독자들이 낙관적인 기분을 새로이 느끼길 바란다. 지금 비록 끝없는 광기의 심연에 빠졌는지는 모르지만, 이성의 끈을 붙잡고 다시 논리와 과학, 상식이 따스하게 비치는 곳으로 헤어 나오지 못할 만큼 늦지는 않았다. 이 여정에 참여해주신 것에 감사한다. 진실이 승리할 것이다.

목 차

추천사   4
서문   8

제1장 레바논 내전에서 사상의 전투까지   21

레바논에서의 어린 시절   23

내 인생의 이상: 자유와 진리   30

자유라는 이상   33

진리라는 이상   36

대학: 진실의 공급자들과 지적 쓰레기들의 생태계   39

인간 마음의 기생충과도 같은 사상의 병원체들   43

서구 세계도 천 번을 베이면 죽는다   48

제2장 생각 대 느낌, 진실 대 상처받은 느낌   53

진리 대 상처받은 감정   60

도널드 트럼프가 세상을 끝장낼 거야   63

브렛 캐버노 사태   67

나 화났어! 나 기분 상했어!   69

제3장 자유 현대 사회를 이루는 타협 불가한 필수 요소들   79

소셜미디어 기업들과 표현의 자유   81

자체 검열은 표현의 자유에 대한 최악의 재앙   84

표현의 자유가 나치주의라고?   87

나는 표현의 자유를 믿어요. 하지만…   89

외과 의사의 칼날처럼 풍자하라   95

정체성 정치는 과학의 반테제다   99

다양성, 포용 및 공정이라는 이념적 순응   108

제4장 반과학, 반이성, 반자유적 운동   119

현실로부터의 해방   121

임신하는 남자, 음경 달린 여자   124

포스트모더니즘: 가짜 심오함으로 분장한 지적 테러리즘   129

불만 연구 프로젝트(The Grievance Studies Project)   130

트랜스 운동 - 소수의 폭정   135

학계 페미니즘이라는 괴상한 세상   143

제5장 캠퍼스의 광기: 사회정의전사들의 부상   155

안전 공간과 반향실의 부적응성   159

대학은 왜 있는가?   164

피해자학의 항상성   167

집단 뮌하우젠 증후군의 무기화   174

모든 길은 편견으로 통한다 - 나는 피해자다, 고로 존재한다   176

엉큼한 남성 사회정의전사들   183

진보주의 제단 앞의 채찍질 고행   187

제6장 이성으로부터 탈주: 타조 기생충 증후군   195

타조 기생충 증후군   199

가짜 인과관계의 6단계 법칙   201

국경을 개방하라 - 다양성은 우리의 힘이다   204

이건 이슬람과 아무 관련 없습니다만   207

타조 기생충 증후군 환자들은 어떻게 이슬람을 보호하는가   208

샤리아 법은 서구의 법적 기준에 부합하는가?   217

프로파일링은 인종 차별이다!   219

제7장 진리는 어떻게 추구하는가: 중복 증거의 법칙적 관계망   223

진리를 입증하는 법   227

중복 증거의 법칙적 관계망   231

장난감 기호에 대한 중복 증거의 법칙적 관계망   233

인간 짝짓기의 성별 차이점에 대한 중복 증거의 법칙적 관계망   237

이슬람에 대한 중복 증거의 법칙적 관계망   245

감염성 밈플렉스, 역사적 자료, 종교적 소수자의 역경   246

현재 FBI 데이터   250

경전의 내용 분석   251

ISIS 일원, 개종자가 테러를 행할 성향, 테러 집단   252

전 세계적 조사, 전 세계적 유대인 혐오 유형, 전 세계적 지수   257

제8장 콜 투 액션   263

당신의 목소리가 갖는 힘을 믿으라   267

남을 판단하는 것과 불쾌하게 만드는 것을 두려워 말라   268

미덕 과시를 하지 말라   274

페널티 키커가 되라   280

당신 내면의 벌꿀오소리를 일깨우라   281

우리 대학들을 어떻게 바로잡을 것인가   286

맺는 말   291

감사의 말   292

색인   294

옮긴이의 말   299

주석   302

제1장

레바논 내전에서 사상의 전투까지

이따금 나는 어째서 과학을 전공하는 학자가 자기 전공 범위를 훨씬 넘어서는 곤란하고 어려운 문제에 대해 *그리 거침없이* 발설하느냐는 질문을 받는다. 학계를 지배하는 PC운동이 목을 옥죄는 이 때, 직업적 관점에서 보면 흔히 말하듯 '자기 자리를 보전하는' 교수가 되는 게 바람직할 것이다. 그런데도 왜 나는 자꾸만 위험을 자초하는 걸까? 인간 세계 현상이 다 그렇듯, 내 사람됨(유전자)과 내 개인사(환경)가 독특하게 결합된 데 그 해답이 있다. 개인적인 면에서 볼 때 나는 자유로이 생각하는 사람이다. 남들 하는 대로 몰려다니는 게 좋다는 식의 집단적 사고방식에 알레르기를 일으킨다.

내 인생을 추진하는 이상(理想)은 자유와 진리이며, 이들 이상에 대한 공격은 곧 내가 소중히 여기는 모든 것에 대한 존재적 위협을 의미한다. 나 자신 역시 두 번의 전쟁으로 말미암은 독특한 인생 궤적의 산물이다. 평생 한 번도 전쟁의 공포를 겪지 못한 사람이 대부분이지만, 나는 인생에서 두 차례에 걸쳐 큰 전쟁을 겪었다. 하나는 레바논 내전이고, 두 번째는 서구 세계 특히 북미 대학 캠퍼스에서 일어난, 이성과 과학, 논리에 대항하는 전쟁이다. 레바논 내전은 일찍이 내게 부족주의와 종교적 도그마의 추악함을 가르쳐줬다. 집단이 개성보다 더 중요한 생태계에서 성장한 나는 이후 정체성 정치에 대한 경멸감을 갖게 됐다. 이를 염두에 두고 중동의 내 고국으로 돌아가 보자.

레바논에서의 어린 시절

나는 1964년 '중동의 파리'라 불리던 레바논의 베이루트에서 태어나 그 도시에서 생애 첫 11년을 보냈다. 레바논 유대인들의 미래가 암울하리라는 징후들이 날로 늘어갔지만, 우리 가족은 레바논에서 쇠잔해가던 유대인 공동체의 일원으로 꿋꿋이 남아 있었다. 아버지에게는 아홉 명의 누이와 형제 한 명이 있었고, 어머니에게는 여섯 명의 자매가 있었다. 고모 한 명만 빼고 이들 모두 1975년 내전이 일어나기 훨씬 전에 레바논을 떠났다. 외조부모는 내가 태어나기 전에 세상을 떠났으며, 친조부모는 1970년경 이스라엘로 떠났다. 내 직계 가족 모두 이와 비슷한 형태로 이민을 떠났다.

내게는 나이 차가 많이 나는 형 두 명과 누나 한 명이 있다(바로 위 형제와 열 살 차이다). 큰 형은 팔레스타인 출신의 기독교인 여성과 결혼했으며, 이들은 1974년 캐나다 몬트리올로 이민했다. 누나도 레바논 내전 발발 직전, 학업도 계속하고 다가오는 위험도 피하고자 캐나다로 이주했다. 마지막으로 여러 차례 유도대회에서 우승했던 다른 형도 유도를 그만 두지 않으려고 레바논을 떠났다(유대인이 격투기에서 연달아 우승하는 모습이 좋아 보이지 않았기 때문이다). 그는 그 '조언'을 새겨듣고 학업과 유도를 계속하기 위해 1973년경 프랑스 파리로 이주했다. 형이 결국 1976년 몬트리올 올림픽에 레바논 대표로 출전한 건 기막힌 아이러니였다. 불과 몇 년 전까지만 해도 레바논에서 환영받지 못하던 유대인 유도선수가 관련 당국의 입맛에 맞는다는 이유로 받아들여졌으니 말이다.

유대인 소년으로 레바논에서 성장한다는 건 존재론적 문제였다. 1970년 내 생일 무렵, 이집트 대통령이었던 가말 압델 나세르가 사망했던 것을 생생히 기억한다. 나세르의 범아랍주의(아랍 세계의 통일)는 그를 지역의 영웅으로 부상시켰으며, 중동에서 흔히 그러듯이 수천 명이 거리를 메우고 공적으로 그의 사망을 애도했다. 이 사건이 어째서 다섯 살배기 소년에게 일화기억[i]으로 남았느냐고? 분노한 행렬이 내가 살던 거리를 내려갈 때(마침 그 거리 이름은 Rue de l'Armée, 즉 군대 거리였다), 집 발코니 옆에 숨어 웅크린 채 들었던 '유대인에게 죽음을'이라는 그 무시무시한 연호는 내게 지워지지 않는 상흔을 남겼다. 그 '진보적이고 현대적이며 다원주의적'이던 레바논에서조차 고질적인 유대인 혐오는 언제든 그 추한 얼굴을 드러낼 준비가 돼 있었다.

중동 지역의 모든 재난은 궁극적으로 마귀 같은 유대인들의 탓이었다. 오늘 비가 왔다. 유대인 탓이다. 경제가 안 좋다. 유대인 탓이다. 관광 산업이 저조하다. 유대인 탓이다. 장염에 걸렸다. 유대인 탓이다. 레바논의 기독교인들과 무슬림들 사이가 안 좋다. 맞다. 그것도 유대인 탓이다. 현재 수정주의 역사관의 입장과는 반대로, 이 존재론적 유대인 혐오는 현대 이스라엘이 건국되기 1,400여 년 전부터 이미 존재했다.[ii] 나는 아직도 1973년, 욤 키푸르(유대교에서 가장 거룩한 날)에 식탁에 앉아 아랍 연합군이 그 거룩한 날에 이스라엘을 공격했다는 소식을 듣고 부모님이 지었던 근심 어린 표정을 기억한다.

존재론적 인종 학살에 대한 증오심은 어른이 돼 어느 날 별안간 마법처럼 생기는 게 아니다. 아직 순진무구한 어린이들의 마음에 자기도 모르는

i episodic memory. 신경과학에서 말하는 명시적 기억의 하나로, 자기가 경험한 과거 사건에 대한 기억을 말한다. 다른 기억에 비해 쉽게 오래 남는다.
ii 이슬람은 6세기 후반에 창시됐다.

사이 되풀이해서 스며든다. 나는 네 명의 형제 중 유일하게 유대인 초등학교에 다니지 않았다. 내가 아홉 살이나 열 살쯤 됐을 때일 것이다. 학교(Lycée des Jeunes Filles) 수업 시간 중 교사가 장래에 커서 무엇을 하고 싶으냐고 아이들에게 물었다. 경찰이니 축구선수니 하는 대수롭지 않은 의례적 대답이 몇 번 나온 후 한 학생이 말했다. "저는 커서 유대인 킬러가 되고 싶어요." 교실에 왁자지껄하게 웃음이 터지며 아이들이 신나서 박수를 쳐댔다. 내게는 아직도 그 시절 학우들 사진이 남아 있으며, 그 사내아이의 얼굴은 내 기억에 영원히 각인됐다.

레바논 내전이 터지기 전까지 내 일상 생활이 지옥 같았다고 말하기 위해 이 일화를 꺼낸 건 아니다. 부모님은 레바논 사회에 단단히 뿌리를 내리고 있었다. 레바논을 탈출하는 유대인 행렬에 가장 마지막으로 끼었다는 것은 그만큼 부모님이 우리 고국에 전반적으로 애착을 갖고 있었음을 증언한다. 어린 시절 친구 대부분은 기독교인이거나 무슬림이었다(그 무슬림 친구 중 한 명은 최근 몬트리올의 대학에 딸을 보내면서 내게 연락을 해왔다). 영원히 평화롭게 공존할 수 있지 않을까 하는 마지막 희망은 1975년 내전이 일어나면서 산산 조각나고 말았다. 이 물리적 충돌은 이후 다른 모든 내전의 살상 정도를 가늠하는 잣대가 됐다.

수십 년 동안 한 동네에 살았던 이웃들이 언제라도 한 순간에 적이 될 수 있었다. 모퉁이마다 죽음이 우리를 기다리고 있었다. 끊임없는 폭격에서 살아남는다 해도(우리는 포격을 경고하는 호루라기 신호를 듣고 피신해야 하는지 아닌지 알게 됐다), 저격수의 시야에 들어가는 순간 죽을 수도 있었다. 민간인이 납치되고 살해됐다. 빵을 사려 긴 줄을 섰던 사람들이 무차별 사격으로 전원 살육됐다(우리 가족 중 두 명은 잠시 교전이 멈췄을 때 남들보다 늦게 빵을 사러나간 덕분에 죽음을 모면했다). 이런저런 민병대들이 바리케이드를 치고 자기들이 발행한 신분증(여기에는 삭자의 종교가 적혔다)을 검사했다. '바람직하지 않은' 종교가 적힌 신분증을 내밀면 처형될 수도 있었다. 우리 신분증에는 '유대인'이 아니라 '이스라엘인'이라 적혀 있었는데, 이는 바리케이드를 지키고 선 무슬림들이 우리에게 결코 우호적이지 않으리라는 의미기도 했다. 내전 때 겪은 수많은 끔찍한 순간 중에서 이상하리만큼 오싹하고도 불길한 기억으로 남은 사건이 하나 있었다.

전쟁이 일어나기 전, 부모님은 두루마리 헝겊 수건을 부엌 벽에 설치해주고 그 수건을 세탁해서 교환해주는 서비스를 이용했다. 이 수건은 훗날 공중화장실에서 볼 수 있게 된 일회용 종이 수건의 전신이다. 주기적으로 한 사람이 우리 집에 와서 더러워진 두루마리를 치우고 새것으로 갈아주었다(그의 이름은 아마드 아니면 모하마드였던 것으로 기억한다). 당시 나는 이게 상당히 낯선 서비스라고 생각했는데, 지금 다시 이야기를 하려니 더더욱 이상하게 느껴진다. 어느 날 저녁, 나는 끊임없는 시가전과 계속되는 포격 소리 사이에서 현관문 두드리는 소리를 들었다. 나는 현관으로 가서 누구냐고 물었다. 문 너머에서 대답했다. "나야, 아마드(어쩌면 모하마드). 너희 부엌 수건을 갈아주는 사람. 문 열어, 꼬마야."

내가 머뭇대자 그는 더욱 더 불길하고 강압적으로 재촉했다. "어서 문 열어!" 나는 어머니에게로 뛰어갔다. 내가 기억하는 한 그 때 집에는 어머니와 누이(누이는 당시 식구들을 보러 베이루트로 왔다가 발이 묶여 있었다), 부모님의 친구였던 남자 한 명(잠깐 운전하면 도달할 멀지 않은 곳에 살았지만 역시 우리 집에서 오도 가도 못하고 있었다) 그리고 나, 이렇게 네 사람이 있었다. 아버지는 집에 없었다. 국외에 있었던 것으로 생각되는데, 무엇 때문이었는지는 기억나지 않는다. 아버지는 나중에 결국 베이루트로 돌아와 집으로 운전해 오는 길에 가까스로 죽음을 모면했다. 어머니는 현관문으로 다가가 한 명인가 두 명인가 일행을 데리고 온 아마드와 문 너머로 말을 나눴다. 두 사람의 대화에 점점 더 팽팽한 긴장이 흘렀고, 어머니는 다른 방에 숨어 웅크리고 있던 친구를 데리고 나왔다. 어머니는 집에 남자가 있는 걸 알면 아마드와 일행이 물러나리라 생각했다. 하지만 겁에 질려 돕기를 거절하던 그의 비겁함을 본 어머니의 얼굴에 비치던 혐오와 분노의 감정을 나는 아직도 기억한다.

내전의 야만과 혼돈 속에서도 법과 질서 비슷한 게 남아 있긴 했다. 최후의 수단으로, 어머니는 우여곡절 끝에 경찰(레바논에서 경찰대를 가리키는 말은 공교롭게도 '16'과 동음이의어다)에게 전화했고, 경찰은 전화를 받았다. 전면전이 일어나던 중이었음을 기억하자. 경찰이 집에 도착하자 우리는 문을 열고 모두 부엌으로 들어오게 했다. 지휘관이 두 남자에게 왜 왔는지, 그리고 누구인지를 물었다. 아마드가 대답했다. "내 친구와 산에 갔다가 석류를 따서 한 바구니 갖고 오는 길에 이 집 식구들과 나눠먹으려고 들렀습니다." 경찰관(그가 옆구리에 매고 있던 소총은 아직도 기억날 만큼 인상적이었다)이 바구니 속을 살펴본 후, 그는 아마드를 차가운 눈초리로 바라보며 말했다. "이 집안과 관련된 거라고는 롤러 수건 갈아주는 것밖에 없는데, 석류를 나눠먹겠다고 이 한밤중에 시가전 벌어진 거리들을 용감하게 가로질러 올 생각을 했다는 거요? 당신들, 또 한 번 여기 온 게 내 눈에 띄면, 골치 좀 아플 거요." 그 다음에 일어난 일을 생각하면 아직도 등골이 서늘하다. 아마드는 우리를 바라보며 아주 싸늘하게 위협적으로 말했다. "나중에 두고 보자." 이 사건 이후 우리는 레바논에 오래 머물지 않왔고, 따라서 아마드에겐 우리를 '나중에 두고 볼' 기회가 없었다.

　되도록이면 속히 레바논을 떠나야 하는 게 분명했다. 우리가 레바논에서 탈출하던 날은 마치 영화 《거침없이 쏴라! 슛 뎀 업》의 한 장면 같았다. 그 운명의 날, 무장한 팔레스타인해방기구(PLO) 민병대가 집으로 우리를 데리러 왔다. 베이루트 국제공항까지 우리를 안전하게 데려다 주기로 약속돼 있었다. 문제는, 그들이 우리를 배수로로 끌고 가 처형할 가능성도 있다는 것이었다. 공항 주변 지역은 PLO가 장악하고 있어서 적당한 민병대원과 동행하지 않고는 검문소를 통과할 가망이 거의 없었다. 무장한 남자 중 한 명이 내게 기관총을 들어보고 싶냐고 물었다. 나는 잔뜩 긴장하고 겁먹은 채 총을 들어보았다.

　공항으로 가는 길에 아버지가 돈이 든 허리띠를 집에 두고 와서 다시 가지러 가야겠다고 했던 게 기억난다. 민병대원들은 아버지의 청을 거부했고, 우리는 위태로운 여정을 계속했다. 그 다음으로 생각나는 것은 아마도 내 인생에서 가장 슬픈 기억 중 하나일 것이다. 레바논 영공을 막 벗어났다고 기장이 선언하는 순간, 어머니는 다윗의 별을 꺼내(어쩌면 생명이나 삶을 상징하는 히브리 기호 하이(ㅠ)였는지도 모르겠다) 내 목에 걸어주고는 말했다. "이제는 이걸 걸 수가 있구나. 너 자신이 누군지 감출 필요가 없게 됐어. 너 자신을 자랑스러워해라." 몇 년 후 나는 부모님들에게 내가 기억하지 못하는 것들에 대해 물었다. 어째서 나는 베이루트 공항까지 가던 길에 있었던 다른 세세한 일들을 하나도 기억하지 못하는 것일까? 분명 우리는 여러 동네를 지났다. 우리를 데리고 가던 민병대들은 비우호적인 지역 민병대들과 총탄을 주고받았던 게 분명했다. 우리는 차 안에서 머리 위에 짐을 얹은 채 웅크리고 있었다. 나는 그런 일에 대한 기억이 전혀 없다.

몬트리올에 대한 내 첫인상은 춥다는 것이었다. 그런 기후는 겪어본 적이 없었다. 말하고 보니, 얼굴에 폭탄을 맞는 것보단 눈을 맞는 게 낫다고 생각했던 게 떠오른다. 어머니와 아버지가 나를 아이오나(Iona) 초등학교까지 차를 태워주셨던 것을 생생히 기억한다. 그 날의 날씨는 어둡고 음울했다. 선생님은 우아한 태도로 내게 교실 앞에 서서 자기 소개를 하라고 했다. 그 학교는 영어 학교였고, 나는 영어 단어라고는 거의 아는 게 없었다(베이루트에서 자랄 때 스파게티 웨스턴 영화를 보면서 익힌 게 전부였다).

나는 자기 소개를 시작했다. "Mon nom est Gad Saad. Je viens du Liban(제 이름은 가드 사드예요. 레바논에서 왔어요.)" 아이들은 무서우리만큼 멍하게 나를 바라보았다. 나는 "리방, 리방(레바논)!"이라 되뇌면서 손을 들어 사람들에게 기관총을 난사하는 시늉을 했다. 최근에 이 잊지 못할 전학 첫날 바로 그 교실에 있었던 동창을 우연히 만났다. 그날 일은 그의 마음에도 깊이 각인됐다고 확인해주었다. 그와 내가 딸의 초등학교 종업일 바비큐 파티에서 우연히 다시 만난 건 거의 시적(詩的)인 사건이었다.

1975년 몬트리올에 무사히 도착하긴 했지만, 레바논 악몽은 그 이후로도 한참 더 지속됐다. 부모님은 캐나다의 새 삶에 잘 적응하지 못했으며, 1980년까지도 고국과 제대로 단절하지 못했다. 1980년 부모님은 무모하게도 베이루트로 여행을 갔다가 거기서 파타[iii] 군에게 납치됐다. 억류돼 있던 며칠 동안 부모님은 매우 불운한 현실에 맞닥뜨렸다. 부모님이 실종된 동안 그분들이 어떤 상황에 놓였는지 나는 까맣게 몰랐다가(나를 보호한다고 아무도 알려주지 않았다), 부모님이 풀려난 후에야 자초지종을 알게 됐다(누

....
iii Fatah, فتح. 팔레스타인해방기구의 다수를 차지하는 팔레스타인 최대 정당.

군가 고위 정치인들이 부모님을 위해 힘을 썼다고 한다). 레바논 출신 유대인이었던 고등학교 동창 중 한 명은 우리 부모님의 납치 사건을 모두 다 알고 있었다(양쪽 부모님은 서로 오랜 친구였다). 나중에 그 친구는 내가 부모님이 납치됐는데도 걱정 없이 즐거워 보이는 게 매우 이상했다고 말했다. 그 비극적인 사건이 일어나는 동안 내가 아무것도 알지 못했다는 걸 그가 몰랐던 것이다.

레바논을 떠나는 마지막 비행기에 몸을 싣기 전, 부모님의 친구들은 떠나는 모습을 보는 건 슬프지만 다시는 돌아오면 안 된다고 신신당부했다. 부모님은 그 현명한 조언을 따랐다. 몬트리올에서 부모님과 재회하고서야 나는 상황이 얼마나 위중했는지 깨달았다. 충격으로 인해 한 쪽에 일시적 안면마비가 온 아버지의 모습은 물론, 내 눈에 비친 그분들의 트라우마를 나는 결코 잊지 못할 것이다. 혹시 어머니가 억류자들에게 집단 강간을 당했을지도 모른다는 생각에 괴로웠던 것 또한 기억한다.

레바논에서 기적적으로 탈출한 뒤 15년 동안 나는 일시적으로 숨을 돌렸다. 하지만 이념적 부족주의의 추악함은 대학 캠퍼스에 다시 망령처럼 나타났다. 그러나 이 문제를 다루기 전에, 내가 어째서 이성의 적들에 대항해 싸우는지를 가장 잘 설명해주는 내 인생의 두 가지 이상에 대해 이야기하고자 한다.

내 인생의 이상: 자유와 진리

평생 나는 프로 축구선수와 교수라는 두 가지 직업에만 마음을 두고 살았다. 일단 운동선수로 전력을 다하고 은퇴한 후 학업을 마치고 교수가 된다는 계획이었다. 직업 운동선수가 고급 학위를 따는 일이 드물긴 하지만, 1982년 월드컵 때 브라질 국가대표 축구팀 주장이던 소크라테스(Scrates) 역시 내과 의사였다. 운동선수는 아니지만 전설적인 영국의 록밴드 〈퀸〉의 기타리스트 브라이언 메이(Brian May)는 2007년 런던 임페리얼 칼리지에서 천체물리학 박사학위를 받았다(음악에 전념하기 위해 학업을 포기한 지 30년만이었다). 운동과 공부 모두를 원하는 건 분명 헛된 몽상이 아니었다. 그러나 불행히도 큰 부상을 입었고 그 외 다른 인생의 장애물에도 부딪히며 일찌감치 축구 경력을 끝내버리는 통에 나는 공부에만 전념하게 됐다. 수학(하지만 최근 나는 수학도 '인종차별적'임을 알게 됐다[1])과 컴퓨터 사이언스 전공으로 학부 공부를 마쳤는데, 완벽주의적이고 순전히 분석적인 내 성향에 잘 맞는 선택이었다.

수학적 증명이란 결국 옳거나 그른 것 중 하나이다. 프로그래밍 코드 역시 버그가 없거나 있거나 둘 중 하나이다. 나는 맥길 대학(McGill University)에서 이학사를 취득한 직후, 같은 학교 경영학 석사(M.B.A.)과정에 등록했다. M.B.A. 과정 2학년 때는 운 좋게도 제이 콘거(Jay Conger) 교수에게 선택돼 집단역학[iv] 과정에 참여했다. 수업 시간마다 개인의 삶을 조명해주는 심리학 법칙들을 탐구했다. 한 번은 인생 궤적(정신과 의사인 에릭 번 Eric Berne이 개발한 체계. 에릭 번은 심리학 교류분석transactional analysis의 이론과 실제를 정립한 장본인이다)들을 정의하는 대본을 읽고 식별해내는 과제가 있

....

iv group dynamics. 집단 내 혹은 집단 사이에서 발생하는 행동과 심리학적 과정들의 체계를 말한다. 의사결정이나 사회에서 질병이 전파되는 과정 등을 이해하는 데 유용하다.

었다. 에릭 번에 의하면, 부모들은 마치 배우에게 역할 대본을 주는 것처럼 자녀에게 대본을 준다고 한다. 부모가 자녀의 성격을 형성하는 데 있어 상당한 영향력을 행사한다는 점은 나도 인정하지만, 이런 정신분석 이론들은 개인 성격을 규정하는 유전자들의 독특한 조합을 무시하고 그 영향력을 과대평가한다. 어떤 사람들은 정말로 인생의 대본에 의해 좌지우지될 수도 있다("착한 아이가 돼서 엄마 아빠를 자랑스럽게 해야 한다. 가족의 명예를 더럽히면 안 돼"). 또 다른 이들은 갈 길을 제시해주는 어떤 이상 혹은 목표를 만족시키고자 하는 욕구에 따라 움직인다("이 세상을 더 좋은 곳으로 만들라").

한 사람의 인생이 반복되는 인생 각본[v]에 따라 결정되는지, 아니면 어떤 이상을 반복해 주장함으로써 결정되는지 알기 위해서는 깊은(그리고 어려운) 자기 성찰이 필요하다. 직면한 여러 가지 현실이 서로 무관한 것처럼 보이지만, 좀 더 세심히 살펴보면 현실은 어떤 대본이나 자신이 가치를 둔 이상에 의해 서로 연결된다는 것을 알 수 있다. 정신 치료의 한 가지 이점은 환자들에게 이런 패턴을 정확히 짚어준다는 것이다. 내 경우, 인생은 자유와 진리라는 두 가지 이상에 의해 형성됐다. 이 두 가지 이상의 추구는 부모님이 나에게 부여한 것이 아니라, 유전자에 각인된 개인적 성격이 발현된 것이다. 이 두 가지 이상에 대해 차례로 다루겠다.

· · · · · · · · · · · · · · · ·
v life script. 인간이 무의식적으로 어린 시절부터 자신이 살아갈 이야기를 써 나간다는 이론에서 나온 말로, 1960년대 미국의 정신과 의사 에릭 번(Eric Berne)이 주창했다.

자유라는 이상

자유에 대한 내 사랑은 어린 시절 레바논의 베이루트에서 유대교회당에 끌려 다닐 때 명백해졌다. 기도 암송과 집단 의식은 매우 낯설게 느껴졌다. 천성적으로 따지기 좋아하는 나는 그 종교 도그마에 숨이 막혔다. 종교 의식에는 아무런 자유도 없었다. 그저 집단에 속해 남들의 행동을 흉내낼 뿐이었다. 많은 어린이가 종교 의식에 별 매력을 느끼지 못하리라고 생각하지만, 나는 그보다 훨씬 더 본능적으로 강하게 반발했다. 내 강한 개성은 그렇게 어린 나이였을 때조차도 순응하라는 압력에 반항했으며, 그 결과 나는 4형제 중 유일하게 유대인 학교에 다니지 않아도 돼 기뻤다.

내가 40대였을 때, 아버지는 내게 유대인 교육을 시키지 못한 게 아쉽다고 털어놓았다. 나는 아버지에게 그런 교육을 강요하지 않아서 감사한다고 말했다. 나는 민족이나 인종, 종교를 초월해 친구나 여자에게 관심을 가졌으며, 그로 인해 다른 누구보다 풍요로웠다. 10대 시절, 나는 유럽에 진출해서 프로 축구선수가 될 수도 있었으리만큼 상당히 경쟁력 있는 축구선수로 성장했다. 나는 10번[vi] 선수였는데, 자기 재량대로 경기장을 자유롭게 돌아다녀도 될 만큼 능숙한 선수에게 주는 번호다. 내 움직임을 제한하려는 코치를 만날 때마다 나는 영향을 받았다. 내 경기 스타일엔 완전히 움직일 자유가 필요했으며, 그 자유가 제한되는 경우 경기 성과는 언제나 좋지 않았다.

자유의 추구는 직업을 선택하는 데 있어 근본적 요소이기도 했다. 이는

••••••••••••••••
vi 미드필더 공격수.

매우 다른 두 가지 관점에서 볼 때에도 해당된다. 학계에 있으면 내게 주어진 시간을 내가 알아서 쓸 수 있다. 언제 어디서든 내 재량에 따라 오랜 시간 동안 일하는 경우가 허다하다. 일주일에 두세 번 일정에 따라 회의하는 생활은 숨 막히지만, 다음 번에 쓸 책을 구상하기 위해 12시간 동안 카페에 앉아 있는 건 완전히 편하다. 직업상의 자유는 내게 좋은 일이다. 직업상 자유가 적은 사람들은 코티솔vii(강한 스트레스에 대해 반응하는 호르몬) 수준이 높다. 사회역학자(社會疫學者) 마이클 마못(Michael Marmot)은 개인의 건강과 직무상 통제 가능 정도에 따른 상관관계를 입증했다.[2] 자유로울수록 더 건강했다.

과학 연구를 직업으로 삼게 한 두 번째 자유의 요소는 전혀 다른 지적 분야를 마음대로 오갈 수 있는 자유였다. 대부분의 학자는 고도로 전문화된 한 분야에 헌신함으로써 영예를 얻고자 한다. 자그마한 틈새를 찾아 전문적 지식을 계발하고 그 자리를 지킨다. 대부분의 학자가 그렇게 매우 좁은 관심 분야를 기반으로 자기 명성을 쌓는다. 그런 출세 제일주의적 족쇄에 적합한 지적 기질이 내게는 없다. 진정한 학제간viii 과학자로서, 나는 호기심을 자극하는 한 전혀 다른 분야를 오간다. 이것이 바로 내가 소비자 행동, 마케팅, 심리학, 진화론, 의학, 경제학, 출판 통계를 포함한 다양한 분야에 관해 발표해온 이유다. 반 인종격리정책(anti-apartheid) 운동가 스티브 비코(Steve Biko)는 《나는 내가 좋아하는 것을 쓴다(I Write What I Like)》라는 책을 쓴 것으로 유명하다. 내 경우, 나는 내가 좋아하는 것을 연구한다

• • • • • • • • • • • • • •
vii cortisol. 부신피질호르몬의 일종.
viii interdisciplinary, 學際間. 어떤 대상을 연구할 때 서로 다른 여러 학문 분야에 걸쳐 제휴하는 경우를 말한다.

(내 폭넓은 학문적 관심을 암묵적으로 지원해주는 대학에 감사한다). 세상에는 결코 다뤄서는 안 될 연구 과제, 즉 금지된 지식[3]이 존재한다고 주장하는 사람들과 내가 그리 잘 지내지 못하리라는 걸 독자들은 짐작할 수 있을 것이다.

지적 자유에 대한 욕망은 내가 교수로서 소셜미디어를 활발히 이용하는 이유이기도 하다. 상아탑 안에 거주한다는 데 큰 긍지를 갖는 다른 대다수 근엄한 동료와 달리, 나는 세상 사람들과 함께하는 교수다. 대중과 함께 하는 것을 내 일의 일부라고 생각한다. 최근 스탠포드 경영대학원에 강연을 하러 갔을 때, 전형적인 '상아탑'의 편견을 갖고 있던 그 곳의 한 교수와 나눈 대화는 그런 생각을 아주 잘 보여준다. 그는 내가 조 로건[ix]의 팟캐스트(보기 드문 인기를 누리고 있는 플랫폼이다)에 출연한 걸 알고 있었는데, 대중과 소통하는 것을 경멸하는 게 분명했다. 그는 주요 과학 학술지에 논문을 발표하든지, 조 로건의 쇼에 출연하든지 둘 중 하나만 해야 한다고 생각하는 듯했다. 나는 완전한 학자란 두 가지 모두를 위해 힘써야 한다고 지적함으로써 양자택일이라는 그의 잘못된 명제를 바로잡았다.

새로운 지식을 만들어내는 것뿐 아니라 그 지식을 최대한 널리 전파할 직업적 의무가 있다는 걸 많은 교수가 잊는다. 소셜미디어는 아이디어를 신속하게 수많은 사람에게 널리 퍼뜨릴 수 있게 해줌으로써 지식의 전파를 가능케 한다. 이성적인 지식인이라면 그 가능성을 부정할 수 없는데도, 여전히 많은 사람은 내가 '차고 밴드 효과(garage band effect)'라 부르는 현상에 굴복한다. 만일 당신이 고군분투하는 밴드를 하면서 부모님 집의 차

....
ix Joe Rogan. 미국의 코미디언

고에서만 연주한다면, 듣는 건 고작해야 부모님과 소음에 짜증난 이웃 몇 명뿐이겠지만, 이선 합법적이라는 것이나.

하지만 당신의 밴드가 빌보드 차트 1위를 하며 기막힌 성공을 거두고 대형 경기장을 메운 수많은 군중 앞에서 연주한다면, 당신은 '변절자'라는 거다. 수많은 학자가 바로 그렇게 생각한다. 그들은 동료평가(peer review) 학술지(차고 연주에 빗댈 수 있다)에만 발표하면서 조 로건 쇼에 출연하는(빌보드 차트 1위를 차지하며 대형 스태디엄에서 연주하는 데 빗댈 수 있다) 학자들을 경멸어린 눈길로 바라본다. 나는 도널드 트럼프가 주류 언론 매체를 뛰어넘어 유권자들과 직접 소통하기 위해 소셜미디어를 이용했던 것과 비슷한 이유로 지식인들의 엘리트 의식을 거부한다. 메시지를 직접 대중에게 전달하라. 그럴 수단이 우리에게는 있다.

진리라는 이상

자유가 없이는 두 번째 이상을 설명하는 게 불가능하다. 두 번째 나의 이상은 진리의 추구와 수호다. '진리가 너희를 자유케 하리라(요한복음 8장 32절)'라는 성경 구절처럼, 진리와 자유는 서로 양방향성 관계에 놓여 있으며, 우리는 오직 자유로울 때만 진리를 밝히고자 열망할 수 있다. 하지만 분명한 건, 진리가 훼손되는 것을 걱정하며 밤잠을 이루지 못하는 사람들은 별로 없다. 그래도 나는 걱정하고 있으며 언제나 그래왔다. 내가 자랄 때 어머니는 거듭 경고했다. 이 세상은 내 병적인 솔직함과 정직성에 대한 헌신을 이해하는 건 고사하고 극도로 엄격한 나의 지적, 윤리적, 도덕적 순수성의 기준에 전혀 부합하지 않는다고 했다. 세상은 흑과 백의 이분법적인(어머니가 이 표현을 사용하지는 않았지만) 곳이 아니라 수많은 회색의 다양한 명암으로 이뤄져 있다는 걸 깨달아야 한다고 어머니는 내게 간곡히 일렀다. 지적 거짓과 이념적 도그마에 노출되면, 나는 마치 누군가 내 얼굴에 주먹을 날리기라도 한 것처럼 반응했다. 감정적으로나 심리적으로 부정적인 반응이 일어나며 맞서 싸우고 싶어졌다. 나는 유쾌하고 따뜻한 사람이지만, 의도적인 무지 혹은 악의적이고 이념적인 이중성으로 인해 이성에서 동떨어진 상황을 목도할 때면 매우 전투적인 싸움꾼으로 변할 수 있다.

진리의 탐구는 자기가 옳다는 걸 증명하고 싶어 하는 한 개인의 자아방어(ego-defensive) 욕망보다 항상 앞서야 한다. 이것이 쉬운 일은 아니다. 왜냐하면 대부분의 사람은 자기가 틀렸다는 것을 인정하기 어렵기 때문이다. 정확히 바로 그 때문에 과학은 해방적이다. 과학적 지식이란 언제나 잠정적이기에, 과학에는 그 체계상 스스로 보정하는 기능이 있다. 오늘 받아들인 과학적 사실이 내일 반박될 수 있다. 이처럼 과학적 방법은 인식론적 겸손을 낳는다. 나는 인식론적 겸손이라는 성품이 심히 부족한 가정환경에서 자랐다.

내 가족 중 몇 명은 주어진 화제에 대해 더 많은 지식이나 지혜를 가졌을 사람들을 웬만해서는 존중하지 않는, 자기가 다 안다고 잘난 체하는 전형적인 성격이었다. 그들은 심장병 전문의보다 심장에 대해 더 잘 알았고, 치과 의사보다 치아에 대해 더 잘 알았으며, 수학자보다 수학을 더, 학자들보다 학계에 대해 더 잘 알았다. 웬만해서는 자기가 틀렸음을 인정하려고도 하지 않았다. 인식론적 겸손에 관한 한 우리 가족은 결코 소크라

테스의 화신이라 말할 수 없었다. 나는 이런 인식론적 자신감을 진리에 대한 깊은 노독이라 생각했기에, 가족 구성원들 간의 역학이 항상 불편했다. 무려 20년도 더 전에 일어났던 개인적인 일화 하나가 바로 이런 현실을 생생하게 포착해준다.

가족 중 한 명이 고대 그리스인들은 반유대주의 기독교인들이었다고 말했을 때, 나는 고대 그리스인은 기독교인이 아니라고 조심스레 반박했다. 그는 당연히 기독교인이라고 고집했다. 이 때 나는 문제가 된 바로 그 시대는 'BC'라고 표기하며 이것은 '그리스도 이전(기독교 이전)'이라는 의미라고 설명했다. 자기가 생각해도 내 주장을 반박할 수 없게 되자, 그가 어떻게 했는지 아는가? 자기가 틀렸다는 것을 정중히 인정했을까? 나는 이 이야기를 몇 번이나 되풀이해서 사람들에게 말해주고 그가 어떻게 반응했을지를 물었다. 아무도 그 수수께끼를 풀지 못했다. 자기가 옳았다고 증명할 희망이 완전히 사라진 그는 내 눈을 바라보고 정색하며 말했다. "그래, 나는 그들이 기독교인이 아니라고 했고, 너는 기독교인이라고 했어. 그러니까 내가 맞았네." 물론 우리 두 사람은 이게 끔찍한 거짓말이라는 걸 잘 알고 있었다. 하지만 자아도취적이고 기만적인 좁은 세계 안에서, 남보다 더 잘 알고 있다는 그의 완벽한 기록엔 아무런 흠도 남지 않았다

지적이고 도덕적인 순수성에 대한 내 관념과 실제 세상 간의 괴리에 관한 어머니의 훈계는, 아이러니하게도 인식론적 겸손이라고는 하나도 없는 우리 가족 중 한 사람과 부딪치며 사실임을 증명했다. 자기들이 모든 일을 샅샅이 더 잘 안다고 세상에 알리는 데만 관심 있던 식구들은 그렇게 내 지적 순수성을 거듭 훼손했다. 더닝-크루거(Dunning-Kruger. 그 중 데이비드 더닝David Dunning은 내가 사사한 코넬 대학 교수이기도 하다) 효과를 볼 때마

다 내가 그토록 기분 상하는 이유가 무엇인지, 우리 가족 간 역학이 설명해줄 수 있을는지도 모른다. 더닝-크루거 효과는 어리석은 사람들이 그토록 자신만만하고 확신에 넘치는 현상을 설명해준다.

소셜미디어에는 이런 유형의 사람들로 넘친다. 반면 나는 대학원 학생들의 질문에 잘 모르겠다고 말하는 것을 조금도 꺼리지 않는다. 이렇게 모르는 것을 인정하면 학생들은 내가 그들과 공유하는 지식 정보가 언제나 진실하다는 것을 알게 되고, 그 결과 그들과 나 사이에는 신뢰가 구축된다. 내가 잘 아는 주제에 대해서는 확신을 갖고 강연하지만, 마리화나 합법화의 장단점과 같이 내가 잘 알지 못하는 주제에 대해서는 필요한 겸손을 보인다. 공자의 말은 옳다. "무엇을 알고 무엇을 모르는지를 아는 것, 그것이 바로 진정한 지식이다."[x]

진리 추구와 진리 수호에 대한 애정으로 말미암아 학자는 내게 최고의 직업인 동시에 최악의 직업이 됐다. 대학 교육을 받는 과정에서, 나는 곧 한 가지 거대한 역설을 깨달았다. 대학이란 과학적 진실의 근원이자 기이한 반진실(anti-truth)의 제공자이기도 하다는 것이다.

대학: 진실의 공급자들과 지적 쓰레기들의 생태계

1990년 M.B.A.를 마치고, 코넬 대학에서 공부를 계속하기 위해 뉴욕의 이타카로 이주한 나는 그곳에서 1993년과 1994년에 각각 석사학위와

----

x 知之爲知之 不知爲不知 是知也, 공자, 논어 위정편(爲政篇).

박사학위를 받았다. 첫 학기 동안 지도교수였던 저명한 수리심리학자이자 인지심리학인 J. 에느워드 러소(J. Edward Russo)는 내게 네니스 리건(Dennis Regan) 교수의 고급 사회심리학 강좌를 제안했다. 이 강좌는 진화심리학이 얼마나 놀라우리만큼 우아한 방식으로 인간 현상을 설명하는지를 최초로 증명해보였고 이후 나의 과학 이력에도 막대한 영향력을 행사했다. 소비자행동에 관심이 있었던 나는 학문적으로 가야 할 길을 발견했다. 나는 진화심리학과 소비자심리학을 결합해 진화소비학이라는 분야를 설립하고자 했다.

박사논문은 의사결정의 심리에 관한 것이었다. 나는 사람들이 의사결정을 할 때 어떤 인지 과정을 거치는지 조사했다. 특히 우리가 두 가지 대안을 서로 견주어볼 때, 어느 한쪽을 선택할 수 있을 만큼 충분한 정보를 취득했는지 아닌지 어떻게 알 수 있는가? 코넬 대학에서 세계를 선도하는 심리학자들과 경제학자들로부터 놀라우리만큼 철저한 훈련을 받은 것 이외에도, 나는 사람들의 무의미한 횡설수설, 이 책에서 비판하는 바로 그런 허튼 소리들을 최초로 확인했다. 나는 러소 교수가 주요 소비사 연구 학술지에 점점 더 많이 실리던 포스트모던 논문들을 학생들에게 보여줬던 박사과정 세미나를 기억한다. 반과학적 광기를 특히 잘 보여주는 한 예가 있었다.

1991년 스티븐 J. 굴드(Steven J. Gould, 작고한 하버드 대학의 고생물학자와 다른 사람이다)는 소비자 연구 분야에서 가장 권위 있는 학술지에 논문 한 편을 저술했다. 그 제목은 〈제품 사용을 통해 침투 및 지각된 생명 에너지를 자가 처리하다: 자기 성찰적 관점(The self-manipulation of my pervasive, perceived vital energy through product use: An introspective-praxis perspective)〉[4]이었다. 굴드는 다음과 같이 탄식하며 논문의 서두를 열었다. '소비자 연구의 상당 부분은 내 개인적인 소비자행동, 특히 나 자신의 침투적이고 자체 감지되는 생명에너지의 일상적인 역학을 다루지 못했다.' 나르시시즘 한 번 대단하지 않은가? 그는 자문화기술지식[xi](얼치기 지식인 문체로 쓴 일기장을 멋지게 표현한 말) 포스트모더니즘 방법론을 괴상하게 펼쳐갔다. 아래 두 문단은 발기와 오르가슴에 대한 그의 '학술적' 해석을 공유한 것이다.

가령 나는 성기를 포함해 내 몸에 흐르던 감각, 먹는 행위를 통해 성적 감각과 유사한 무언가를 느꼈던 경험을 기억한다. 먹는 느낌이 성적 느낌과 똑같다는 것은 아니지만, 그 둘에는 공통점이 있다. 예를 들어 나는 음식을 보고 발기하지는 않지만, 실제 무언가 먹을 때 성기에서부터 그 위로 전기 자극이 감지되고 냉온 감각이 스쳐가는 걸 느낀다는 점에서 분명 성적 흥분과 비슷한 자극을 느꼈다.[5]
에로틱한 영상에 일부러 몸을 맡기면 그 흥분 상태는 더욱 강렬해져서 심장 박동이 점점 더 빨라지고, 열기가 느껴지며, 내 몸은 실제로 흔들릴 정도로 전율한다. 이 상태는 며칠이고 몇 주고 쾌락을 고양시켜주고 지속시켜주는 아시아식 오르가슴 제어기법(Gould 1991b)을 아내와 함께 이용할 때, 에너지의 최고조, 즉 흥분이 흥분을 낳는 상태에 도달하게끔 에로틱한 영상을 감상할 때 더더욱 고양된다.[6]

휴스턴, 문제가 생겼다.[xii]

••••••••••••••
xi autoethnography, 연구자 자신의 자기 성찰과 일화, 개인 경험을 이용하고 이를 바탕으로 보다 넓은 문화적, 정치적, 사회적 의미와 이해를 구하는 질적 연구.
xii Houston, we have a problem. 1995년작 영화 〈아폴로 13〉로 유명해진 대사.

포스트모더니즘과 이와 관련된 운동들을 잠시 접했던 것 말고도, 박사과정 중에 나는 사회과학의 많은 분야에 생물학적 기반 사고가 결여됐다는 걸 분명히 알게 됐다. 인간 현상의 대부분은 사회구성주의(social constructivism, 우리의 기호, 선택 및 행동 대부분이 사회화 과정에서 형성된다는 믿음)의 렌즈를 통해 관찰됐다. 내게는 이게 얼토당토않은 소리로 들렸다. 분명 환경은 중요하지만, 생물학적 유산도 그에 못지않다. 1994년 나는 박사학위를 받고 코넬 대학을 떠나 캐나다 몬트리올의 콘코디아 대학 비즈니스 스쿨 조교수로 들어왔다. 조교수로 자리잡은 지 몇 년 후 1999년에는 마침내 종신교수직을 따냈다.

나는 직업적으로 전혀 다른 두 가지 현실에 처해 있다. 자연과학 분야의 동료들은 비즈니스 스쿨에 다윈주의를 결합시키려는 나의 시도를 매우 높이 평가한다. 하지만 사회과학 분야 동료들 사이에서는 얘기가 좀 달라서, 대부분은 이런 나의 시도를 조롱하듯 바라본다. 그들의 주장에 의하면 생물학에 바탕을 둔 이론화는 너무 환원주의적이어서 소비자행동을 설명하지 못한다. 또한 성별 간 차이가 진화학적 현실에 뿌리를 뒀으리라고 상정하는 것은 그저 '성차별주의자의 헛소리'다. 나는 곧 학계의 페미니스트 모두가 진화심리학을 마음속 깊이 적대한다는 걸 알았다. 나는 진화행동학자들에게는 존경을, 마케팅학자들에게는 조롱을 받았다. 이 생물학 혐오(생물학을 통해 인간 현상을 설명하기 두려워하는 현상)는 내가 평생 학계에 몸 담아오며 거듭해서 겪어야 했던 과학부정주의(科學不定主意)의 한 형태였다.

반과학(포스트모더니즘)과 과학부정주의(생물학 혐오)를 퍼뜨리는 데서 더 나아가, 대학들은 끔찍하게 나쁜 사상들과 운동을 퍼뜨리는 최초 감염자 역할을 한다. 조지 오웰(George Orwell)은 "지식인이 아니고서야 그런 걸 믿을 수 없다. 정상인이라면 그 누구도 그렇게 어리석을 수 없다"[7]라는 불멸의 명언을 남겼다. 이런 다수의 나쁜 사상들이 확산되면서 학계의 보상 체계가 뒤집혔다. 집단적 사고방식은 보상받는다. 혁신적 사상가들에게는 정조대가 채워진다. '자기 자리만 지키는' 학자는 보상받는다. 솔직하게 발설하는 학자는 처벌받는다. 고도의 전문화는 보상받는다. 폭넓은 종합적 사고는 경멸받는다. 지적 용기에 해당하는 모든 자질은 문젯거리로 여겨진다. 진보주의의 좌익적 교리를 고수하기만 하면 무엇이든 보상받는다. 결과의 평등을 신봉하는 자에게는 최고의 행정직을 준다. 실력주의를 신봉하는 자에게는 눈살을 찌푸린다. 그대로 내버려둔다면, 대학들이 뿌려놓는 이런 기생충 같은 사상의 병원체들은 마침내 우리 사회의 모든 곳을 감염시키기 시작할 것이다.

인간 마음의 기생충과도 같은 사상의 병원체들

어떤 동물을 가장 두려워하느냐고 물으면, 대다수 사람은 대형 포식동물(백상아리, 악어, 사자, 곰)이나 전갈, 거미, 혹은 뱀(인간은 이런 동물들을 두려워 하게끔 진화해왔다)이라고 할 것이다. 이런 목록에 확실히 누락된 게 있다면, 역사적으로 인간을 이런 동물들보다 훨씬 더 많이 죽인 동물, 즉 살인 모기다. 어쩌다 나는 심각한 모기공포증으로 고생하게 됐다. 호텔 방에서 요리조리 도망치는 모기들을 잡느라(주로 카리브 해에서 휴가를 보낼 때였다) 아내를 잠 못 자게 한 날만 해도 부지기수다. 나는 아내에게 모기공포증이 우리에게 훨씬 더 필요한 공포라고 자주 되새겨준다.

백상아리 공격을 강박적으로 두려워하는 것보다 모기를 두려워하는 게 훨씬 일리 있다. 모기들은 황열병(바이러스)과 말라리아(기생충)를 포함해 몇 가지 치명적인 생물학적 병원체를 희생자들에게 전파함으로써 인간을 살상한다. 더 일반적으로 보면, 인간이 진화해오면서 가장 큰 위협 중 하나는 결핵(박테리아), 나병(박테리아), 콜레라(박테리아), 선페스트(박테리아), 소아마비(바이러스), 독감(바이러스), 천연두(바이러스), 인체 면역 결핍 병원체(바이러스), 에볼라(바이러스) 같은 다양한 병원체에 노출되는 것이다. 좋은 소식은, 개선된 보건 위생, 백신, 모기장과 같은 해결책을 통해 이런 위험을 완전히 근절시키지는 못하더라도 누그러뜨릴 방법을 찾아냈다는 것이다.

이 책에서는 인간 상태에 잠재적으로 그만큼이나 위협적인 또 다른 병원체들, 즉 인간 마음에 기생하는 병원체들에 대해 알아보는 데 중점을 둔다. 이 병원체들은 올바르게, 정확하게 생각하는 능력에 기생해 이를 망가뜨리는 사고 유형, 신념 체계, 태도, 사고방식들로 이뤄졌다. 일단 이런 마음의 바이러스가 우리 신경회로를 장악하면, 감염자는 이성(理性)과 논리, 과학을 사용해 세상을 살아가는 능력을 잃는다. 그 대신 현실이나 상식과 진리로부터 완강하고 오만하게 멀어진다고 정의하면 딱 맞을, 무한한 광기의 심연에 빠진다. 기생충들은 신체의 여러 부분을 목표로 삼아 자리잡는데, 그 중에서 뇌 기생충학은 숙주의 행동을 여러 방식으로 조작하는 뇌 기생충들의 강(綱)을 다루는 학문이다.

일단 한 유기체의 뇌를 감염시킨 후 숙주를 실제로 죽게 한다든지(숙주가 기생동물을 위해 자살하게 만든다), 죽이지는 않더라도 숙주의 생식 기관을 말살시키는(기생 거세) 등 다소 섬뜩한 결과를 가져오는 사례들이 동물계에는 차고 넘친다. 별대모벌의 경우 정말로 소름 끼치는 행동을 한다. 별대모벌은 훨씬 더 큰 거미들을 좀비 같은 상태로 만들어놓고, 때가 되면 구덩이로 끌고 가서 거미 몸에 알을 낳는다.[8] 새끼들은 이 불쌍한 거미 몸을 안에서부터 뜯어먹는다. 파렐라포스트롱글리루스 테누이스(Parelaphostrongylus tenuis)는 유제류(무스, 사슴, 엘크 등)의 뇌를 감염시키는 기생충으로, 감염된 동물들이 빙빙 도는 동작을 반복하도록 유발한다(작은 원을 끊임없이 그린다). 포식자가 이 불운한 동물에게 다가가도 기계적 행동은 계속된다. 뇌 기생충의 세 번째 사례는 톡소플라즈마 곤디(Toxoplasma gondii)로, 쥐의 뇌가 여기에 감염되면 쥐는 더 이상 고양이를 두려워하지 않게 된다.

마지막으로 선형충류 중에는 귀뚜라미, 바퀴벌레, 사마귀 등 광범위한 곤충들을 감염시켜 자살을 유발하는 기생충 강이 있다. 가령 연가시(Gordian worm)는 짝짓기 상대를 찾으러 숙주 몸 밖으로 나가기 위해 귀뚜라미로 하여금 물에 뛰어들게 만든다(귀뚜라미는 대개 물을 피한다).[9] 인간 마음에 기생하는 바이러스들(파괴적으로 나쁜 사상들)은 뇌 기생충이 자기의 진화 목표를 진척시키기 위해 숙주를 이용하는 것과 비슷한 방식으로 작용한다. 이들은 인간 마음에 기생하며 사람들에게 전파시킬 교묘한 방법을 찾는 한편, 비판적 사고를 하지 못하게 만든다(가령 학생들이 여성학 강좌에 수강 신청하게 만드는 식이다).

내가 다루는 인간 마음에 기생하는 바이러스 중에는 포스트모더니즘, 급진 페미니즘, 사회구성주의가 있는데, 셋 다 주로 감염된 생태계 안, 바로 대학들 안에서 번성하고 있다. 마음의 바이러스마다 각자 한 계통씩 광기를 빚어내기는 하지만, 이들 모두는 현실과 상식을 전면 거부한다는 공통점을 갖고 있다(포스트모더니즘은 절대적 진리의 존재를 부정하고, 급진 페미니즘은 선천적으로 타고나는 생물학에 기반한 성별 차이를 비웃으며, 사회구성주의는 인간의 마음이 생물학적 청사진은 전혀 없이 완전한 공백에서 시작된다고 상정한다). 이런 마음의 바이러스들은 일반적으로 내가 타조 기생충 증후군(OPS, Ostrich Parasitic Syndrome), 즉 중력이 당기는 힘만큼이나 명백한 근본적 진실과 현실을 감염자 개개인이 거부하게끔 다양한 사고장애(思考障礙) 증상을 일으킨다.

암세포에는 그 종류를 막론하고 세포 분열 억제 메커니즘이 일어나지 않는 것과 비슷한 맥락에서, 이런 마음의 바이러스는 모두 선호하는 이념을 수호하기 위해 진리를 거부한다. 마음의 바이러스 종류에 따라 개개인이 각기 다른 이념의 부족에 속할지 몰라도, 각자의 도그마를 수호하기 위해서 헌신한다는 점은 한결같다. 진리와 과학은 멸망할 지경에 놓였다. 하지만 다 잃은 것은 아니다. OPS가 꼭 인간 마음의 불치병이리라는 법은 없다. 생물학적 병원체들이 표적중재전략(소아마비 백신처럼)에 의해 퇴치된 것을 기억하라. 같은 전략이 OPS 환자들과 관련된 마음의 바이러스들에게도 적용된다. 이런 암적 사고방식에 대한 예방 접종은 두 단계의 인지 백신이라는 형태로 이뤄진다. 1) OPS 환자에게 정확한 정보를 제공하고 2) OPS 환자들이 과학과 논리의 증거구성법칙에 따라 정보를 다루는 법을 반드시 배우게 한다.

1976년에 출판돼 이제는 고전이 된《이기적 유전자(The Selfish Gene)》에서 진화생물학자 리처드 도킨스(Richard Dawkins)는 대중의 의식에 밈(meme)이라는 개념을 소개한 것으로 유명하다. 밈이란 하나의 뇌에서 또 다른 뇌로 퍼져가는 정보의 패킷[xiii]들이다.[10] 이 책을 읽는 독자의 뇌는 내 밈에게 침투당한다. 독자가 내 사상에 대해 친지들과 이야기를 나눈다면 내 밈은 더 멀리 전파된다. 하지만 모든 밈이 다 똑같이 만들어지지는 않아서, 그 수가(valence; 양의 값이냐, 음의 값이냐, 중성이냐)나 발병력(얼마나 빨리 퍼지나)에 따라 달라진다. 근위축성축삭경화증(통상 루게릭병으로 알려졌다)에 맞서 싸우기 위한 아이스버킷 챌린지는 사람들이 가치 있는 명분을 좇으며 유튜브 동영상을 통해 급속하게 유행됐다.

반면 어떤 밈(가령 죽음을 숭배하는 종교적 신념)은 엄청난 결과(고층 빌딩을 향해 비행기를 몰아가게끔 사람을 설득시키는 등)를 가져오기는 해도 퍼지는 데는 오래 걸린다. 이런 관점에서 볼 때, OPS는 인간 마음의 밈 같은 질병이다. 유행병이라고 하면 우리는 현대의 드래곤 슬레이어, 즉 감염병 전문가나 역학자(疫學者)를 불러 문제를 해결해달라고 한다. 그런 전문가들은 인간을 감염시키려 달려드는 여러 가공할 병원체로부터 우리를 방어해준다. 그들의 직무 중 일부는 그 병원체가 어디서 비롯됐는지 그리고 어떤 방식으로 얼마나 빨리 퍼지는지 이해하고 최초 감염자를 식별하며, 어떻게 근절하는지 알아내는 것이다. 인간 마음에 기생하는 바이러스에게도 이와 같은 접근 방식을 취해야 한다. 악성 감염성 사상들은 어디에서 왔는가? 어떻게 퍼지는가? 어떤 생태계에서 번성하는가? 어떻게 예방해야 사람들이 파괴적인 여파로부터 안전할까? 그것을 알아내는 것이 바로 이 책의 책무다. 이 책은 마음의 병원체에 대한 전염병학과 진리의 적들로부터

-----

xiii packets. 본래는 LAN이나 인터넷과 같은 정보망에서 한 묶음으로 오가는 정보를 말한다.

이성을 되찾아오게 해줄 중재 전략들에 대해 알아볼 것이다.

서구 세계도 천 번을 베이면 죽는다^{xiv}

서구 세계의 위대함은 근본적으로 자유를 수호하고(적절한 경우) 이성 및 과학적 방법론에 헌신해온 데서 그 뿌리를 찾을 수 있다. 하지만 지난 몇 십 년 동안 몇 가지 범죄적인 힘이 이성과 과학, 계몽주의의 가치에 대한 서구의 헌신을 서서히 좀먹어왔다(그림1 참조). 이런 힘에는 PC운동^{xv}(사상경찰^{xvi}, 언어의 경찰, 사회정의전사들이 수호한다), 포스트모더니즘, 급진 페미니즘, 사회구성주의, 문화상대주의 및 도덕상대주의, 항상 불편해하는 문화와 피해자정신(정체성 정치, 마이크로어그레션^{xvii}, 사전 고지^{xviii}, 캠퍼스 안전 공간^{xix})이 포함된다. 이로 인해 수없이 많은 방법으로 공적 담론을 억압하는 환경이 조성됐다.

학자들은 성차별주의자나 인종차별주의자라는 공격을 받지 않으려 소

<hr>

xiv '천 번을 베어 죽인다'는 표현은 본래 산 채로 사지를 절단해 서서히 죽이는 중국의 '능지(凌遲)'형에서 나온 말이다. 팝가수 테일러 스위프트의 노래로도 자주 인용된다.
xv Political Correctness. 흔히 '정치적 올바름'이라 번역되지만 이 책에서는 PC로 표기한다.
xvi 조지 오웰의 소설 〈1984〉에 등장하는 사상경찰은 사람들의 생각을 감시한다.
xvii microaggression. 일상 생활에서 알아차리기 어려운 소수자들에 대한 사소해보이는 차별.
xviii trigger warning. 특히 폭력적이거나 충격적인 온라인 콘텐트 앞에 붙는 경고문을 말한다.
xix 캠퍼스에서 소외감을 느끼는 개인들이 모여 자신들의 경험을 공유하는 장소. 주로 여성, 유색 인종, 학대 피해자 및 LGBTQ들을 위한 곳이다.

급진 페미니즘	포스트모더니즘	사회구성주의
문화/도덕적 상대주의	천 번을 베인 끝에 사망하는 서구	PC 운동
지적 다양성이 결핍된 반향실 효과	가해자-피해자 항상성의 문화	'진보의 채찍질 고행'과 결합된 정체성 정치

[그림1] 천 번 베인 끝에 사망하는 서구 세계

위 말하는 금지된 주제(성별 차이나 인종 차이 등)를 회피한다. 증오범죄를 저지르고 싶지 않다면 학생들을 호명할 때마다 말도 안 되는 젠더 인칭대명사[xx]를 사용하라며 교수들을 겁박한다(캐나다 법안 C-16). 대학 행정부에서는 '불쾌한' 할로윈 의상들을 입지 말라고 경고하는 한편, 대학생은 자기 생각과 정반대의 생각으로부터 '보호받을' 권리를 요구한다. 정치인은 편견덩어리라는 비난을 받을까 봐 이슬람이나 국경 개방, 이민 정책에 대해 비판하기를 두려워한다. 보다 더 일반적으로 보면, 사람들은 PC주의 클럽에서 추방시킬 수 있는 그 어떤 의견도 두려워서 차마 옹호하지 못한다(할리우드나 대학 캠퍼스에서 보수적인 공화당원이 돼 보라). 그런 두려움은 우리 문화를 약화시키고 있다.

교조주의적이고 부족주의적인 사고방식에서 벗어나 합리적이고 이성적인 담론을 통해 서로 대화하는 게 더 이상 불가능해졌기 때문이다. 이 책에서 나는 자유와 이성, 진짜 리버럴리즘[xxi]에 대한 서구의 헌신을 위협하

---

xx gender pronouns. 영어의 he나 she의 이분법에서 벗어나 새로이 만들어낸 대명사 per, ve, xe 및 그 격 변화형들을 뜻한다.

xxi Liberalism. 본래 정치적, 사회철학적 의미에서 개인의 권리와 시민권, 민주주의, 자유

는 힘들이 어떻게 합류하는지 설명할 것이다(서구는 천 번을 베인 끝에 죽을 수도 있다). 궁극적으로, 개인의 생각이나 발언을 세한하려는 시도는 서구의 결정적 정신, 즉 사상경찰의 족쇄에서부터 벗어나 진리를 자유로이 추구하려는 정신을 약화시킨다.

반지성, 반이성, 반과학, 반리버럴리즘 정서가 퍼져가는 현상[11]과 포스트모더니즘, 급진 페미니즘, 정치철학으로서의 다문화주의, 정체성 정치를 부흥시킨 특정 운동을 다룬 책이[12] 몇 권 있다. 이 책에서는 그런 범죄적인 힘을 새로 부상한 힘과 한 데 엮어, 이 힘들이 어떻게 지금의 숨 막히는 PC운동을 부상시켰는지 설명한다. 이 PC운동이라는 법은 사회정의전사(최근 나타난 현상)들의 군대와 사상경찰에 의해 집행된다. 그리고 현재 캠퍼스와 공공담론장의 문화적 시대정신에 대해 조사한 최신 내용에 대해 이야기한다.

마지막으로 이런 반자유(反自由), 반진실(反眞實) 운동이 어떻게 실세계에 중대한 결과를 가져왔는지 밝힌다. 그런 반자유, 반진실 운동으로 말미암아, 서구에서는 이제 세속적이고 자유주의적이며 현대적인 사회 사이에서 이슬람이 어떤 위치를 차지해야 하는지에 관해 솔직하고 이성적인 토론을 할 수 없게 됐다. 또한 우리가 목도한 대로 도널드 트럼프가 눈부시게 부상해 마침내 미국 대통령의 자리에까지 이르게 했던, PC운동에 반대하는 대중의 반응ー PC운동이 자유와 정직에 가하는 위협ー역시 그런

기업을 중시하는 사상으로 계몽주의에서 그 뿌리를 찾는다. 현대에는 정치적인 진보주의 입장과 중복되나, 이를 '진보주의'나 '자유주의'로 번역하는 경우 각각 다른 진보주의(progressivism)나 자유의지론(libertarianism)과 혼동되므로 이 책에서는 리버럴리즘으로 통일한다.

반자유, 반진실 운동으로 인한 것이다.

  우리가 이 사상의 전투에서 이기지 못하면, 이성의 적들은 그들이 반포한 마음의 바이러스와 함께 우리의 자유사회를 광기의 자기 파멸로 몰아갈 것이다.

제2장

생각 대 느낌, 진실 대 상처받은 느낌

"이성이란 그저 열정의 노예다.

이성은 열정에 봉사하고 복종하는 것 이외

다른 직무를 해내는 시늉조차 하지 못한다."

– 데이비드 흄[1]

"과학자는 세상에서 사실이라는 단 한 가지에 대해서만 빚을 진다.

만일 그 사실이 과학자의 굳은 신념에 반하는 것이라면,

참 안타까운 일이다. 국제 관계나 정치, 혹은 비즈니스에서는

요령이나 외교 수완을 부릴 수도 있다.

하지만 과학에서는 오직 한 가지만 중요하며 그것은 바로 사실이다."

– 한스 J. 아이젠크[2]

비올라 대학 탈봇 신학대 철학 교수이자 내 좋은 친구이며 회의론 학회 (The Skeptics Society) 설립자인 마이클 셔머(Michael Shermer)는 더그 기베트 (Doug Geivett)와 신의 존재에 대한 토론 중 이런 말을 남겼다.

기베트는 우리 모두가 신이 존재하느냐 아니냐, 우주가 창조되었느냐 아니냐, 생명이 설계된 것이냐 아니냐, 도덕이 자연적인 것이냐 아니냐, 예수가 부활한 것이냐 아니냐 중 양자택일을 해야 한다고 결론지었다.

나는 세상에 오직 두 가지 이론밖에 없다고 설명함으로써 반박을 시작하겠다. 세상을 이분법으로 나누는 이론과 그렇지 않은 이론.[3]

셔머의 이 뛰어난 우스갯소리는 중요한 인식론적 메시지를 전달한다. 다시 말해 지식의 추구가 항상 이분법으로 깔끔하게 나뉘지는 않는다는 것이다. 현상을 이진법적 현실로 투영하고 싶어 하는 연구원이 많은 경향에 나는 '인식론적 이분법 마니아'[4]라는 이름을 붙였다. 이러한 경향은 과학적 실험이 용이하게끔, 다루기 쉽고 간단한 세계관을 만들어내고자 하는 바람에서 비롯된다. 흥미로운 것은, 선천이냐 후천이냐 하는 논의가 그렇듯, 이분법 자체가 잘못인 경우도 때로 있다는 점이다. 생물학자 매트 리들리(Matt Ridley)에 의하면 "선천이냐 후천이냐의 문제는 끝났다."[5] 우리 자신의 성품 중 상당 부분은 유전자와 환경이 도저히 분리가 안 될 만큼 뒤섞인 혼합물에서 나왔다.[6] 더욱이 사회화(양육 즉 후천)에 공통적 패턴이 존재하는 것은 바로 생물 유지에 필수적인 요소들(선천) 때문이다. 세상을 이분법으로 나누고 싶어 하는 욕망은 생각 대 감정의 이분법에서도 발견되며, 이로 인해 잘못된 양자택일의 사고방식이 생긴다. 우리는 생각도 하고 느끼기도 하는 동물이다. 문제는 언제 인지 능력(생각)을 작동하고 언제 정서 능력(느낌)을 작동하는지를 아는 거다.

향수 광고를 생각하면 무슨 생각이 드는가? 하버드 대학의 화학자가 실험복을 입고 상품 제조에 사용되는 방향(芳香)제 혼합의 화학식을 설명하는 모습을 떠올릴 리는 없다. 마찬가지로, 브랜드 이름에 아니스알데히드-유제놀 X2000 따위의 기술적 이름을 붙일 리도 없다. 그 대신 일반적인 향수 광고는 섹스, 로맨스, 판타지, 열정을 판다. 긴 머리를 흩날리는 아름다운 여성이 말을 타고 달리는 모습을 보여주며 집착(Obsession), 탈출(Escape), 매력(Allure), 신비(Mystère), 욕망(Désir)처럼 한 단어로 된 브랜드 이름이 그 뒤를 따르는 식이다(모두 실제 향수 브랜드 이름들이다). 향수는 향락적 상품이며 따라서 우리의 감정을 사로잡아야 한다. 뮤추얼펀드 광고를 기획하는 경우에는 상품 이름은 물론 광고 내용도 완전히 다를 것이다. 이 경우, 뮤추얼펀드가 기능적이고도 실용적인 상품이라는 사실에 입각, 광고는 소비자들의 인지 체계에 작용해야 한다. 아름다운 광고 모델이 향수를 구입하게끔 설득할 수는 있지만 뮤추얼펀드에 투자하라고 설득하긴 어렵다.

정교화 가능성 모델(Elaboration Likelihood Model)에서는 소비자들이 메시지를 처리할 때 중심 경로와 주변 경로 두 가지 중 하나의 설득 경로만 이용한다고 상정한다.[7] 중심 경로는 인지사고 노력과 관련된다. 즉 소비자가 메시지의 실질적 정보 내용(이를테면 특정 뮤추얼펀드가 투자에 최적인 일곱 가지 이유 등)을 신중하게 평가하리라는 것이다. 반면 주변 경로는(뮤추얼펀드 투자를 유도하기 위해 광고 모델의 육체적 매력을 이용하는 등) 태도에 영향을 주는 비실질적 신호에 좌우된다. 이 경우 주변 경로로 들어오는 신호는 메시지의 논리적 장점을 판단하는 데 직접적으로 관여하지 않는다. 이 경로는 정보를 처리하는 소비자의 동기와 능력에 따라 달리 작동한다. 일반적으로 말해 정서적 요소와 인지적 요소가 양립하는 태도는 변화에 크게 반응하지 않는다(한 사례로 로젠버그의 정서적 인지일관성 모델[8]을 참조하라). 도널드 트럼프를 둘러싼 부정적인 히스테리 반응은 주변 경로를 통한 정보 처리에 뿌리를 둔다('그의 매너리즘은 역겹다'라는 식으로 감정적인 반응을 보인다). 트럼프를 비방하려면 보다 냉정하고 무심한 태도로 그의 정책적 입장을 평가함으로써 보다 더 중심 경로에 호소하는 데 힘써야 할 것이다.

효과의 위계 모형(hierarchy of effects model)은 마케팅과 광고학에서 소비자들이 광고를 보거나 들은 후 겪는 단계를 인지(생각), 감정(느낌), 능동(행동) 단계로 나눠 설명하는 데 사용돼왔다. 관여도가 높아야 하는 상품(어떤 뮤추얼펀드를 선택할 것인가 등)은 관여도가 낮은 상품들(초코바를 구매할 때)과 다른 효과 단계를 거친다. 관여도가 높은 상품의 경우 그 작동은 생각–느낌–행동 순서로 이뤄진다. 정보가 있는 의견을 먼저 접하고 상품을 좋아하게 돼 구매가 일어난다. 반면, 충동구매 상품의 경우에는 그 순서가 느낌–행동–생각이 된다. 먼저 긍정적인 느낌이 오고 충동구매로 이뤄지며, 구매 후에 의견이 형성된다.

의사결정 과정에 인지와 감정 모두가 중요하다는 인식은 그 순서와 무관하게 적용된다. 다시 말해 생각과 느낌이 서로 대립된다고 생각할 필요가 없다. 생각과 느낌은 모두 의사결정에 있어 근본적인 요소들이다. 문제는 우리가 잘못된 순서에 따라 의사결정을 할 때 일어난다. 가령 어떤 대통령 후보에게 투표할 것인가는 관여도가 매우 높은 의사결정이며, 따라서 이성적인 유권자라면 감정 체계보다는 인지 체계를 먼저 작동시켜야 한다. 그럼에도 신경질적인 반 트럼프 유권자 중 다수는 그에 대한 본능적인 감정적 증오심으로 시작한 후, 이미 감정적 결정을 선택해놓고 그 선택을 옹호하는 식으로 추후 정보를 처리한다.

'감정에 사로잡히지 말라'라는 고전적 금언은 건전한 의사결정에 대해 많은 사람이 어떻게 생각하고 있는지 적절히 보여준다. 이 관점에서 보면, 이성적인 사람은 생각한다. 비이성적인 사람은 느낀다. 고전 경제학자들은 전통적으로 인간이란 비용효율을 염두에 두고 의사결정을 하는 고도로 이성적인 행위자라고 생각해왔다. 좋은 의사결정자의 전형은 《스타트렉》에 등장하는 스폭(Spock)으로, 그는 감정에 흔들리지 않는 고도로 논리적인 요원이다.

1995년 노르웨이 베르겐에서 열린 국제경제심리학협회 학회에서 조지 로엔스틴(George Loewenstein)이 연설했던 게 떠오른다. 그는 경제학자들은 인간의 의사결정을 이해하는 데 있어 욕망, 분노, 배고픔, 공포와 같은 본능적 상태를 포괄해야 한다고 탄원했다. 그의 강연을 듣는 내내 나는 생각했다. '장난하나? 그걸 모르는 사람이 어디 있어?' 당시 젊은 조교수였던 나는 이것이 지성적인 경제심리학자들뿐 아니라 누구에게라도 새로운 내용일 수 있다는 사실에 깜짝 놀랐다. 적절한 맥락에 감정이 적용되는 경우 사람이 감정적 존재가 된다는 건 완벽하게 합리적이었고, 내게는 자명한 사실로 보였는데 말이다.

행복, 공포, 욕망, 혐오 혹은 질투와 같은 감정들은 우리 조상들이 되풀이해 겪었던 진화적 문제를 해결하기 위한 방편이었다.[9] 연애하며 느끼는 질투심을 예로 들어보자. 다음 두 가지 시나리오에서 어떤 것이 당신에게 더 감정적으로 고통스러운가? 당신의 배우자가 육체적 부정을 저지를 때인가, 아니면 정서적 부정을 저지를 때인가? 진화심리학자 데이비드 버스 (David Buss)와 동료들이 밝힌 바에 의하면 남자들은 육체적인 부정에 더 강한 반응을 보였고(아이의 아버지가 불분명할 가능성을 높여주므로), 여자들 은 정서적 부정에 더 마음이 상했다(남성이 장기적 관계에 헌신하지 않을 가 능성을 높여주므로).[10] 남성과 여성은 각 성별이 짝짓는 과정에서 맞닥뜨리 는 문제에 따라 배우자의 부정에 달리 반응한다. 이 때 촉발되는 감정은 진화론적 관점에서 보면 완벽하게 합리적이다.

2011년에 나온 그의 베스트셀러 《생각에 관한 생각(Thinking, Fast and Slow)》에서 노벨상 수상자 대니얼 카너먼(Daniel Kahneman)은 인간에게 두 가지 사고 체계가 있다고 주장했다. 제1체계는 빠르고, 직관적이고, 자동 적이고, 무의식적이고, 감정적이며 본능적인 과정 그리고 제2체계는 느리 고, 의도적이고, 분석적이고, 논리적이며 의식적인 과정들로 이뤄진다. 인 간이 의사결정에 있어 인지적인 동시에 감정적인 전략을 폭넓게 구사할 능력이 있다는 건 별로 놀라운 일이 아니다. 마찬가지로 사람들이 의사결 정을 할 때 느낌 혹은 생각에 각기 의존하는 정도가 다르다는 것도 놀라 운 일이 아니다.[11] 문제는 지성이 담당해야 할 영역을 감정이 차지했을 때 일어난다. 이것이 바로 우리 대학들에 만연한 역병이다. 한 때 지적 발달의 중심지였던 대학들이 이제는 감정적으로 연약한 이들의 도피처가 됐다. 대학을 움직이는 좌우명은 더 이상 '진리의 추구'가 아니라 '상처받은 감 정 얼러주기'가 됐다.

진리 대 상처받은 감정

2017년 10월 15일, 나는 위키피디아를 연구 도구로 삼아 대학들의 교훈(校訓)을 대략적으로 신속히 분석해봤다. '진리'라는 말이 들어가는 교훈이 128개였고, '지혜'는 46개, '과학'은 61개였으며 감정이나 느낌에 해당되는 말은 하나도 없었다. 가령 하버드 대학의 교훈은 'Veritas(진리)'이며 예일 대학의 교훈은 'Lux et veritas(빛과 진리)'다. 신망받는 이 교육기관들은 '감정'이 아닌 집요한 '진리' 추구라는 기풍 위에 설립됐다. 그럼에도 대학으로부터 매체, 사법기관, 정치 분야에 이르기까지 모든 기관에서 진리는 점점 더 감정에게 뒷전으로 밀려나고 있다. 미국과 캐나다 그리고 거의 대부분의 서구 세계도 마찬가지다.

이 끔찍한 경향을 잘 보여주는 무시무시하고 시사적인 사례가 2010년 네덜란드에서 일어났다. 네덜란드 국회의원 헤이르트 빌더르스(Geert Wilders)가 감히 이슬람과 유럽에서 이슬람의 영향력이 신장되는 현상을 비평했다며 몇 가지 죄목으로 기소됐다. 자유를 사랑하는 독자라면 여러 서구 국가에서 종교 비평이 혐오발언으로 간주된다는 사실에 소름이 끼칠 것이다. 자신의 변호를 위해 빌더르스는 그가 말한 공식 입장의 진위 여부를 판단해줄 전문가 증인들을 채택하려 했다. 그러나 네덜란드 검찰(Openbaar ministerie)은 진정 기막힌 답변을 보내왔다. '빌더르스의 증인이 빌더르스의 논평이 옳다고 증명할 것인가, 아닌가는 상관없다. 중요한 건 그의 논평이 불법이라는 점이다.'[12]

자유 사회에서는 종교를 비평할 자유가 있어야 한다. 그렇게 할 자유가 있어야 하며, 그 비평 또한 비평을 받을 수 있어야 한다. 그것이 표현의 자유와 사상의 자유가 갖는 본질이다. 이 경우의 기소는 단지 평이하게 사실을 적시하기만 해도 불법이라는 점에서 오웰식 전체주의[i]보다 더 하다. 이런 사고방식은 학계에 점점 만연하고 있으며 이는 금지된 지식 항목에 해당된다(노아 칼 Noah Carl이 인종과 지능 간 관계에 대해 연구할 권리를 저지하려 했던 최신 사례를 참조하라).[13]

2017년 8월, 나는 〈조 로건 익스피리언스(Joe Rogan Experience)〉에 다섯 번째로 출연했다. 들어보지 못한 사람들을 위해 설명하자면, 이 팟캐스트는 대개 세 시간 가까이 진행되는 마라톤 대담 프로그램이다. 대화 중에 조 로건은 민감할 수 있는 주제를 과학적으로 연구하는 문제에 대해 질문했다. 아래는 관련 발췌문이다.

나: 올해 초 6~7개월 전 〈샘 해리스(Sam Harris) 쇼〉에 출연했을 때 샘이 물었어요. "학자로 살아오면서 너무 금기시됐다는 이유로 다루지 않고 싶던 문제가 있었나요?" 그래서 "아니오"라고 대답했죠. 정직하고 객관적으로 접근하는 이상 손대지 못할 문제는 없어야 합니다. 그렇다면 "성별 차이에 대해서는 연구하면 안 돼요. 한 성별이 다른 성별에 비해 하찮게 느껴질 수 있으니까요. 인종차이, 그것도 같은 이유로 연구하면 안 돼요." 이런 식으로 말하기 쉬워집니다. 그렇게 금지된 지식이 돼버립니다. 그러면 안 돼요. 정직한 사람에게 가장 귀한 이상은 바로 진리를 좇는 겁니다. 그러니 PC운동 같은 데 발목 잡히지 말고 그저 진실을 좇으세요. 조던 피터슨의 메시지와 제 메시지가 지금 많은 사람에게 반향을 일으키는 까닭은, 적어도 피터슨과 저는 능력이 닿는 한 그 이상을 추구하는 것으로 보이기

---

i 조지 오웰의 〈1984〉에 묘사된 전체주의에 빗댄 말.

때문이라고 생각해요.

로건: 진실 때문에 감정이 상하면 어떡하실 건가요?

나: 감정 따위 내다버리라고 해요.

로건: 헉.

사람들의 일상적 행동을 이끄는 기본적인 윤리적 지향점에는 두 가지가 있다. 의무론적 윤리와 결과주의적 윤리가 그것이다. 전자는 절대주의적 관점으로 윤리 규범을 다루며(거짓말하는 것은 절대적으로 잘못됐다) 후자는 어떤 행동의 윤리적 가치를 그 결과에 따라 판단한다(남의 감정을 해치지 않으려면 때로 거짓말을 해도 괜찮다). 현실은 대부분의 사람이 이 두 가지 체계를 모두 사용한다는 것이다. 가령 당신의 아내가 '나 뚱뚱해 보여?' 하고 물으면 당신은 실제로 어떻게 생각하든 전혀 꺼리지 않고 '아니'라고 대답할 것이다. 반면 대부분의 사람은 어떤 상황에서든 어린이를 성적으로 대하는 건 도덕적으로 그른 일로 간주한다. 진리 추구에 관해, 의무론적 관점에서는 진리를 훼손하거나 억압하는 것은 결코 정당화될 수 없다고 주장한다. 결과주의적 관점에서는 감정을 상하게 하는 등 나쁜 결과를 피하기 위해, 진리가 때로는 변경되고 조작되거나 억압돼야 한다고 주장한다. '진보' 진영에서 보는 광기의 상당수는 바로 진리를 결과주의적으로 다룬 결과다.

진리 추구에 뿌리를 둔 인간의 모든 노력은 느낌이 아닌 사실에 의해 좌우돼야 한다. 법적 절차의 경우 오직 이 한 가지 사실 영역에서만 이뤄진다. 느낌으로 피고가 무죄인가, 유죄인가를 결정하지 않는다. 그보다는 정당함을 입증하는 데 있어 구할 수 있는 사실들을 모두 참고한다. 유죄를 성립시키는 임계점은 일부러 매우 높이 책정돼 있어서, 누적된 증거들이 합리적 의심을 모두 해소할 수 있을 만큼 설득력이 있어야 한다. 과학적 진리를 밝히는 데 필요한 증거구성 임계점에는 법조계에서보다 더한 엄준함이 요구된다.

오늘날 우리가 직면한 한 가지 문제는, 이 결과주의자들이 단지 남의 감정을 상하게 하지 않으려고 회피하는 것뿐 아니라 감정에야말로 권한이 있다고 보고, 감정으로 우리의 판단을 흐리는 걸 미덕으로 생각한다는 점이다. 영국의 범죄심리학자 씨어도어 달림플(Theodore Dalrymple)은 이런 말을 했다. "감정을 여과 없이 드러내는 사람이 가장 많이 느끼는 사람이라고 믿는 지금, 우리는 감정 과잉의 시대에 살고 있는 게 아닌가?"[14] 제아무리 진심 어린 격노를 보인다고 해도 그 사람의 입장이 사실인지 거짓인지는 거의 알 수 없다는 걸 기억하라.

도널드 트럼프가 세상을 끝장낼 거야

도널드 트럼프가 2016년 미국 대통령 선거에서 승리했을 때, 나는 학계 동료들과 친지들 대부분이 심인성 히스테리에 빠진 모습을 보고 어리둥절했다. 주식시장이 폭락하고 있었으며 결코 회복되지 않을 것 같았다. 트럼프는 민주주의를 철폐할 것 같았다. 소수 집단은 위험에 처할 것 같았다. 트럼프는 인류를 핵전쟁의 참사로 몰아갈 것 같았다. 백인우월주의자들과 연루된 것만 같은 그는 북미 전반에 인종학살적 반유대주의의 물결을 결집시킬 터였다. 나는 내 유튜브 채널에, 트럼프의 반유대인 암살단에게 잡히지 않으려고 서재 책상 아래 숨은 내 모습을 동영상으로 올려서 이 심원한 어리석음을 풍자하기로 했다.[15]

이후 나는 브렛 캐버노가 미연방대법원 대법관으로 지명됐을 때, 그리고 그 직전 레이첼 펄튼 브라운[ii] 교수를 초대하기 직전에 '책상 아래 숨는' 모습으로 몇 가지 다른 연재물을 만들어 올렸다. 레이첼 펄튼 브라운 교수에게는 백인 남성들을 찬양하는 블로그 포스트를 쓸 '배짱'이 있었다(오늘날 여권을 비롯해 서구가 누리고 있는 해방의 자유를 수립하는 데 백인 남성들이 중요한 역할을 했기 때문이다).[16] 이로 인해 브라운 교수는 수많은 동료로부터 백인우월주의자이며 증오를 판다고 비난받아야 했다. 그 중 도로시 김(Dorothy Kim)[iii] 교수는 자신이 '유색인'이라는 이유로 브라운의 발언에 존재론적 위협을 느낀 듯하다.[17]

교양이 넘쳐야 할 학계에 이렇게 비합리적인 히스테리가 퍼지는 현상을 어떻게 설명해야 할까? 도널드 트럼프가 허세 가득한 상아탑 거주민들의 감성에 매우 깊고 치명적인 미학적 상처를 냈다고 나는 주장한다. 언뜻 세련되고 유창하게 들리지만 진부한 희망의 메시지를 절제 있게 전달할 줄 아는 외교관에 정반대되는 인물이 바로 트럼프다. 최근 미국 대통령 중 그런 메시지를 전달하는 데 있어, 마지막 세계 챔피언이자 최종적으로 의지할 구원자라며 지식인들이 존경하던 인물이 누군지 알겠는가? 혹시나 해서 한 가지 힌트를 주자면 사랑, 평화, 희망의 메시지를 세상에 가득하게 했다는 이유로 노벨 평화상을 받은 바로 그 대통령이다. 노벨 평화상 추천

---

ii Rachel Fulton Brown, 미국 시카고 대학 역사학 교수. 기독교와 서구 문화를 옹호하는 것으로 알려졌다.

iii Dorothy Kim, 미국 브렌다이스 대학 중세영문학 교수.

마감일은 그가 취임하고 11일 후였다. 그렇다면 그는 대통령이 되기도 전에 이룩한 '업적'들로 노벨 평화상을 탄 것이다.

어떤 사람은 인종차별정책(apartheid)에 맞서 싸우는 사명으로 27년 동안 수감됐다고 노벨 평화상을 받는다(넬슨 만델라). 또 어떤 사람들은 햇살 가득한 희망을 주는 승리의 환한 미소를 짓는다고 노벨 평화상을 받는다. 그들 모두가 수상 자격이 있다. 그렇지 않다고 생각한다면 당신은 인종차별주의자다. 버락 오바마의 스타일은 매우 멋지다. 그는 키 크고 날씬하고 우아하다. 그의 유창한 달변과 듣기 좋은 억양은 거의 음악처럼 들린다. 와인 코르크마개 냄새만 맡아도 취할(아랍 속담이다) 사람들에게 어필할 그런 세련됨을 갖췄다. 반면 도널드 트럼프는 요란하고 심술궂은 싸움꾼이다. 완전히 정신을 잃은 로버트 드니로를 위시해, 혼란에 빠진 '진보주의자'들은 영영 돌이킬 수 없을 만큼 지속적으로 트럼프에게 분노했다. 그들은 마음 속 깊이 역겨워했다. 그들에게는 트럼프에게 투표한 6천 3백만 가까운 미국인의 입장에서 생각해볼 마음 이론[iv]이 없었다.

전 세계를 뒤흔든 이 역사적인 정치적 혼란 상황 이후, 나는 합리적이고 잘 교육받은 사람들을 포함해 수없이 많은 사람이 힐러리 클린턴의 '개탄스러운[v]' 입장을 흉내내는 것을 목도했다. 이 관점에 의하면 도널드 트럼프에게 투표한 6,300만 명은 인종차별주의자, 쓸개 빠진 것들, 근친상간하는 팔푼이 백인 노동자들이다. 이런 시각이 가장 팽배했던 곳은 학계였다. 교

....

iv theory of mind. 발달심리학 이론 중 하나. 사람에게는 자신과 타인의 마음, 정신적 상태에 대해 이해하고 추론 및 공감하는 선천적 능력이 있다고 본다.
v 2016년 미국 대선 유세 중 힐러리 클린턴 후보가 도널드 트럼프 후보 지지자들을 '개탄스러운 무리(Basket of deplorables)'라 일컬었던 사건을 빗댔다.

양 있는 지식인들이 그런 허튼소리를 실제로 믿을 수 있다니 정말 대책 없이 어리석은 일이었다. 이들이 내세우는 이론 대신 나는 행동결정이론[vi]의 원칙을 이용해 트럼프의 승리를 설명한다.[18] 간단히 말해, 만일 평균 유권자가 후보를 선택하는 다섯 가지 요소를 염두에 두고 후보자마다 각 요소에 점수를 매긴 후 그 중요성에 따라 가중치를 둔다면, 꼭 개탄스러운 편견덩어리가 아니어도 도널드 트럼프에게 투표하는 게 완벽히 합리적이고 이성적일 수도 있음을 쉽게 이해할 수 있다. 아니면 이보다 훨씬 간단하게 사전 편찬 규칙의 절차를 이용, 유권자가 자신에게 가장 중요한 문제를 살펴본 후 그 문제에 더 높은 점수를 받은 후보를 선택한다고 해도, 여러 가지 면에서 트럼프에게 투표하는 일이 있을 수 있다.[19]

이민 정책부터 시작해 조세 정책, 규제 정책, 무역 정책, 외교 정책, 연방 법원 판사 지명에 이르는 문제들을 보면, 가령 더 강경한 국경 강화, 외교 및 무역 합의에서 '미국 우선 정책, '헌법원전주의자(constitutionalist)' 법관, 규제 완화 및 세금 감면 등을 원하는 생각 있는 많은 미국인에게 트럼프가 더 끌리는 후보자일 수 있음을, 트럼프를 마음 속 깊이 증오하는 사람은 알아차리지 못한다. 힐러리의 선거 운동이 '오렌지 맨'[vii](과 그의 지지자들)의 사악함에 중점을 둔 반면 트럼프는 이런 정책들을 홍보했다. 트럼프 발작증후군을 앓는 사람들은 그 6,300만 미국인에게는 트럼프가 명백히 합리적인 결정이었다는 걸 이해하지 못한다.

· · · · · · · · · · · · · · ·

vi Behavioral decision theory. 인간의 판단, 의사결정, 행동에 관한 기술적 심리학 이론으로 정치학에 적용된다.

vii Orange Man Bad, '오렌지 맨'은 트럼프가 백인도 흑인도 아닌 '오렌지색'으로 백인우월주의자가 아니라고 놀리는 우스갯소리. 이후 어린애 같은 말투의 '오렌지 맨 나빠'가 인터넷 유행어가 됐다.

브렛 캐버노 사태

미국 정치에 대해 언급할 때마다 나는 캐나다인이며 그 싸움에 아무 상관이 없음을 사람들에게 상기시킨다. 내 입장은 항상 우선적 원칙에 기초하며 어떤 정치 집단에 충성하고자 하는 욕망에 조금도 왜곡되지 않았다. 브렛 캐버노 사태[viii]를 중립적 입장에서 지켜보면서, 나는 민주당 정치인들의 이중성과 타협 불가한 법적 기준인 무죄추정의 원칙마저 무시하려는 그 열정에 어리둥절할 수밖에 없었다(그 터무니없는 #BelieveAllWomen[ix](여자들 말은 모두 믿으라) 신조가 최근 이 사건보다 훨씬 신빙성 있는 조 바이든(Joe Biden) 고발 건에는 적용되지 않는 것으로 보인다).

수십 년 동안 이뤄진 과학 연구를 통해 법정 진술 시 목격자의 증언이나 인간 기억의 정확성에 대한 의문이 제기돼왔다.[20] 그럼에도 민주당 정치인들은 이 우선적 원칙들(무죄추정의 원칙 등)과 과학적 증거의 외형적 요소를 무시하려 들면서 거의 40년 전에 과연 일어났었는지 아닌지도 불분명한 사건에 대한 증언은 확고하게 기꺼이 믿으려 했다. 정치적 부족주의에 감정적 분개가 불을 지르면 논리도 과학도 이성도 소용없다.

FBI가 크리스틴 블레이시 포드의 고발을 입증할 증거를 찾아낼 수 없음이 밝혀지자 민주당은 골대를 옮겼다. 캐버노의 후보 자격을 박탈할 새로운 장애 요인은 바로 그에게 '법률가적 자질'이 부족하다는 것이었다. 그

----

viii 2018년 당시 미국 대통령 도널드 트럼프가 연방대법원장으로 브렛 캐버노를 지명하자 대학 교수 크리스틴 블레이시 포드(Christine Blasey Ford)가 1980년대 고등학교 시절, 캐버노에게 성폭행을 당했다고 고발한 사건.

ix 미투(Me too) 운동 당시 유행했던 해시태그. 다른 증거가 없을 때는 피해자의 진술을 사실로 받아들여야 한다는 의미다.

는 감정에 너무 좌우되어 국가의 최고 법원에서 맑은 정신으로 일하기엔 너무나 불안정하다고 했다. 다시 말해서 _그_를 혐하하던 사람들이 이제는 그에게 미연방대법원 판사에게 딱 적합한 자질을 갖췄다고 주장한 셈이다. 그들은 분개와 혐오 모두 당시 상황이 아니라 그의 천성 탓이라고 했다. 이는 정확히 말해 심리학자들이 '기본적 귀인 오류(fundamental attribution error)'라 부르는 현상으로, 어떤 상황이 벌어졌을 때 환경을 고려하지 않고 개인의 내적 특성을 과장해서 탓하는 경우를 말한다. 캐버노의 경우 그는 (아무런 구체적 증거도 없이) 끔찍한 범죄를 저질렀었다고 고발됐으며, 그로 인해 개인적, 직업적 명성이 파괴되고 있었다. 그 고발에 대해 아내와 어린 딸들에게 설명해야 한다고 상상해보라. 민주당 상원의원들과 말을 주고받던 끝에 그는 더 이상 참지 못하고 격분했는데,ˣ 사람들은 이를 그가 겪은 끔찍한 부당함 때문이 아닌 그의 '다혈질' 성격 탓으로 돌렸다. 이런 귀인 오류는 아무래도 반대측에서 고의적으로 유도한 게 아닌가 의심스럽다.

　나 역시 팔 걷고 소셜미디어(주로 트위터)에서 누군가를 힘껏 쫓아다닐 때마다 이와 비슷한 귀인 오류를 경험한다. 나는 아무런 거리낌 없이 자유롭게, 때로 맵싸하긴 해도 거의 대개의 경우 재미로 잽을 날리듯 말싸움 스파링을 벌인다. 다른 상황에서는 자제할 줄 알고 겸손하며 온화한 내 모습을 수없이 봤을 텐데도 '적대적인' 반응에 당황했다며 어릿광대 같은 자들이 몰려와 댓글을 남길 때마다 나는 놀란다. 글쎄, 어두운 골목길에서 난폭한 강도가 다가와 시비를 걸 때, 나는 내 어린 자식들을 잠자리에 뉘일 때와 전혀 다르게 반응한다. 이 두 가지 상황에서 내 성격 자체가 마법

．．．．．．．．．．．．．．．．．

x　2018년 미대법원 인사청문회 때 캐버노가 격분해서 울먹이며 항의한 사건을 말함.

처럼 바뀌는 게 아니다. 상황이 바뀌는 것이다. 캐버노의 상황으로 돌아가
보자. 공정한 사람이라면 이해할 만한 그의 분노를 당장의 상황 탓으로 돌
릴 텐데도, 민주당 의원들은 캐버노의 완전히 '위태로운' 기질 탓으로 돌렸
다. 지그문트 프로이트가 득의양양해 미소 지을 만한 계책을 통해 민주당
의원들은 자신들의 감정적 히스테리를 캐버노에게 투영해냈다.

나 화났어! 나 기분 상했어!

2005년 당시 하버드 대학 총장이었던 로렌스 서머즈(Lawrence Summers)
는 전미 경제조사회(National Bureau of Economic Research Conference)에서 과
학과 공학 인력의 다양화에 관해 강연했다.[21] 강연 중 그는 과학-공학 분
야에 여성들의 참여가 저조한 원인을 본질적인 성별 차이로 설명할 수도
있다고 시사했다. 수많은 과학 문헌에서 그의 견해를 뒷받침하는 확고한
발견들을 찾아볼 수 있는 게 사실이었지만, 그럼에도 그는 한 가지 치명적
인 실수를 저질렀다. 대개의 경우 학계에서는 남자와 여자가 서로 기질적
차이를 보일 수도 있다고 주장하는 것 자체가 불경죄다. 세계적으로 유명
한 하버드 대학의 심리학자 스티븐 핑커(Steven Pinker)가 그의 입장을 옹호
했음에도 서머즈는 하버드 대학을 떠나야 했다.

서머즈의 강연 후 얼마 지나지 않아 '하버드 크림슨(하버드 학생 신문)' 지
가 핑커에게 질문했다. "서머즈 전 총장의 발언은 타당한 학술 담론 범주
에 드는가?" 여기에 뛰어난 이 심리학자는 이렇게 응답했다. "맙소사. 어느
정도 이상 정확성을 갖췄다면 모든 게 다 타당한 학술 담론 범주에 들어

야 하는 게 아닌가? 그게 바로 대학과 마드라사[xi]의 차이점이다."[22] 그런데 STEM[xii] 분야에 여성 학자가 직다는 사실은 여성을 차별해 고용하기 때문에 빚어지는 일이라고 보기 어렵다. 실상은 이와 정반대로, 새로 교직원을 고용하는 경우 남자 교수들과 여자 교수들 모두 같은 자격의 남성 후보에 비해 여성 후보를 두 배 더 선호한다는 사실이 입증됐다.[23] 하지만 그런 사실들에 전혀 굴하지 않고 피해의식의 서사는 여전히 계속되고 있다.

2017년 나는 마운틴 뷰(Mountain View, 구글 본사)에서 명망 높은 구글 담화(Talks at Google)에 참가, 진화심리학과 소비자행동을 접합하는 내 과학 연구에 관해 강연했다.[24] 얼마 지나지 않아 제임스 더모어(James Damore)가 쓴 그 유명한 구글 메모(Google memo)가 인터넷에 퍼졌다. 이 문서에서 더모어는 선천적인 성별 차이가 첨단 기술 분야에서 여성들의 참여가 저조한 까닭을 설명할 수 있다고 주장했다. 어떤 이들은 더모어가 내 구글 강연에 참여하면서 이 메모를 발표할 용기가 생겼을 거라고 생각했다. 이런, 하지만 더모어는 내가 강연할 당시 중국에 있었다고 확인해주었다. 그 메모가 인터넷에 퍼진 직후 더모어와 나는 처음으로 연락을 주고받았다. 내 팟캐스트 쇼를 기획하기 위해서였다.

진정 전체주의적이었던 건, 내 구글 강연을 인터넷에 올리려면 그 동영상이 구글 플랫폼에 오를 때까지 더모어를 인터뷰하지 말고 기다리라는 조언을 들었다는 거다.[25] 어쨌든 구글이 먼저 자사의 다양성 정책에 대한 논평을 분명히 요청했고, 더모어의 입장이 과학 문헌들에 의해 충분히 뒷

---

xi 이슬람의 고등교육시설.
xii 과학(Science), 기술(Technology), 공학(Engineering), 수학(Mathematics) 분야를 통틀어 부르는 말.

받침되고 있음에도 구글은 더모어를 해고했다.[26] 진실이 마음에 상처를 준다면 그 진실은 다양성, 포용성, 공정, 공동체의 결집을 위해 억압돼야 한다는 거다.

그래도 PC주의적 서사(敍事)에 대해 과학적 데이터를 이용해서 의문을 제기하면 안 된다는 언질을 모든 학자가 다 받은 건 아닌 모양이다. 이탈리아 피사 대학의 물리학 교수이자 CERN(유럽 원자핵공동연구소) 연구원인 알레산드로 스트루미아(Alessandro Strumia)의 경우엔 큰 대가를 치르며 이 교훈을 얻었다.[27] 그는 CERN에서 주최하는 〈고 에너지 원리와 젠더에 관한 워크숍〉이라는 제하의 첫 행사에서 강연을 담당했다. 그는 물리학계에 만연한 피해의식 서사, 즉 물리학계에서 여성들이 차별받는다는 주장에 의문을 제기하는 계량서지학적[xiii] 분석들을 소개했다. 가령 18개국에 걸쳐 동일한 직위로 고용된 경우, 남성이 여성에 비해 훨씬 더 높은 인용 횟수를 보인다는 사실을 발견했다(국가별로 남성 대 여성의 인용 횟수 비율은 2.96:1에서 12.5:1에 이르렀다). 현재까지 이에 대항하는 데이터를 갖고 있다면 그의 결론에 반대하는 게 당연하겠지만 그는 본질적으로는 신성모독을 저질렀다고 비난받았고, 비유적으로는 말뚝에 묶여 화형당했다.

'정의를 위한 입자들(Particles for Justice)'이라는 몹시 거슬리는 현수막 아래서 수천 명의 과학자가 스트루미아를 규탄 성명서에 서명했다.[28] 그들의 규탄 성명서에는 편파되지 않고 공정해야 할 과학자들에게 걸맞지 않는 수많은 허위 진술이 포함돼 있었다. 그 중 하나는 아래와 같다[굵은 글씨는 원문 그대로 따랐다]. "**민족과 인종, 성 정체성(gender identity), 종교, 장애, 젠더 표**

xiii bibliometrics. 서적, 기사 및 기타 출판물들의 통계를 이용하는 분석 기법.

현^{xiv} 혹은 성적 정체성(sexual identity) 등 주어진 정체성과 무관하게, 개인의 인간성은 토론의 대상이 아니라는 점을 가능한 가장 강력한 표현을 써서 우선적으로 명시하기 위해 우리는 이에 서명한다." 이것은 끔찍하리만큼 부정직한 진술이다. 스트루미아는 열거된 정체성들은 고사하고 그 누구의 인간성에도 의문을 제기하지 않았다.

한 물리학자가 이 성명서에 대해 강력하고도 뛰어난 반박문을 써서 아레오 매거진(Areo Magazine)에 게재했다.²⁹ 이 반박문은 지적으로 정직하고 제정신을 가진 학자에게서 응당 기대할 수 있는 바로 그런 내용이었다. 이 반박문은 스트루미아의 입장을 잘못 파악한 여러 가지 오류를 지적하고 성명서 내의 논리적, 과학적 오류들을 따지고 들었다. 또한 스트루미아가 이따금 연대의식을 보이지 못했다는 점도 공평하게 인정했다. 이 긴 반박문은 익명으로 발표됐는데 저자는 이렇게 썼다. "익명으로 하는 게 가장 현명한 방침이다. 나 자신은 매우 진보주의적이며 항상 공정하고 양심적으로 행동하려 힘써왔지만, 내 이름을 밝힌다면 내 경력과 인간 관계에 해를 끼칠까 두렵다. 논란을 일으킬까 봐 두려워서 부응하지 못하고 머뭇대는 다른 물리학자들, 이런 사안에 대해 개인적으로나마 토론하고자 하는 다른 물리학자가 많이 있다는 것을 알지만, 지금 당장은 사회적 분위기가 매우 험악하다."

이 난리 중에 염두에 두어야 할 것은, 이 물리학자가 익명으로 반박문을 발표해야 한다고 느꼈다는 사실이다. 그렇게 정곡을 찌르는 반박문을

<hr />

xiv   gender representation, 혹은 gender expression이라고도 한다. 한 개인의 외모나 보디랭귀지 및 일반적인 행동을 사회의 이분법적 성별 구분에 따라 결정짓는 것을 말한다.

쓴 것은 높이 평가하지만, 마틴 루터가 '내가 여기 섰나이다'[30]라고 선언했던 것 같은 뱃심이 부족했던 점은 책망한다. 나는 스트루미아 사건에 대해 헤아릴 수 없이 여러 번 관여했다. 내 팟캐스트 대담에 스트루미아를 초대하기도 했고, 이 문제보다 훨씬 더 공포스러운 문제들에 대해서도 논평했지만(가령 이슬람을 비판하는 식으로) 결코 익명이라는 장막 뒤에 숨은 적이 없다.[31]

한 사람이 진리와 이성, 정의에 대해 헌신한다는 정직한 신호를 내보내는 데는 그 어떤 부담이라도 감당해야 할 만큼 큰 비용이 들 수밖에 없다. 그래서 익명으로 남고자 하는 유혹을 이해할 수는 있다. 〈논란적 사상들의 저널(The Journal of Controversial Ideas)〉이라는 한 학술지에서는 저자들이 가명으로 저술을 발표할 수 있게 해준다고 발표했다.[32] 이 학술지 위원회에는 여러 명의 학계 지도자가 있지만, 자유로워야 할 21세기 사회에 그런 학술지가 필요하다는 사실은 우리가 지금, 지적 암흑시대의 심연에 얼마나 깊이 빠지고 있는지를 대변해준다.

유머도 그런 암흑에 빛을 밝히지는 못할 것이다. 유머와 가벼운 언사는 학계 '진보주의자'들에게 금지됐기 때문이다. 2015년 대한민국 서울에서 열린 세계 과학 저널리스트 회의에서 건배사를 하게 된 2001년 노벨상 수상자 팀 헌트(Tim Hunt) 경은 남녀가 함께 섞여 일하는 실험실에서 감정이 일어나면서 생길 수 있는 난처한 상황에 관해 농담했다. "여자 동료가 있으면 무슨 문제가 있는지 얘기해볼게요. 이 친구들이 실험실에 같이 있으면 세 가지 일이 벌어질 수 있어요. 내가 그 친구를 좋아해요. 그 친구가 날 좋아해요. 그리고 내가 잘못을 지적하면 그 친구가 울어요." 그는 이런 함정에 빠지지 않으려면 동성끼리 연구실을 쓰는 게 좋겠다고 장난스레

권했다.

분노의 쓰나미가 신속하고도 치명적으로 그를 덮쳤다. 그는 유니버시티 칼리지 런던(University College London)과 유럽 연구 이사회(European Research Council)에서 사임했다.[33] 과학자이자 영국 유수의 대중적 지식인인 리처드 도킨스를 비롯해 여러 주요 여성 과학자도 그를 변호했지만 소용없었다.[34] 수십 년 동안 더 많은 여성이 과학에 참여하도록 옹호해오며 비범한 업적을 거둔 한 학자의 명성이 건배하며 뱉은 가벼운 농담 하나로 산산이 무너졌다. 그의 아내 역시 뛰어난 과학자이자 페미니스트라는 사실도 언제나 분노한 척하며 피를 갈망하는 이들을 멈추게 하진 못했다.

라자 그린필드(Lazar Greenfield)는 수많은 과학적, 임상적 업적을 거둔 뛰어난 외과의다. '외과수술 뉴스(Surgery News)' 편집장으로 일하던 2011년 당시, 그는 피임 장비 없이 성교함으로써 정액에 노출된 여성이 그렇지 않은 여성에 비해 낮은 우울증 수치를 보인다는 연구와 관련된 사설을 썼다.[35] 그린필드는 이런 재담으로 사설을 마무리했다. '따라서 남성과 여성 간에는 성 밸런타인이 생각했던 것보다 더 깊은 유대감이 존재하며, 이제 우리는 밸런타인데이에 초콜릿보다 더 나은 선물이 있다는 걸 알게 됐다.' 언제나 가짜 분노에 사로잡힌 탈레반들에게 신호가 떨어졌다. 이 괴물은 용서받지 못할 그 농담에 대한 대가를 치러야 했다. 그린필드는 미국외과의협회(American College of Surgeon)의 선출직 회장 자리에서 물러나는 것은 물론《외과수술 뉴스》지 편집장 자리까지 떠나야 했다.[36]

그린필드가 인용했던 논문의 세 저자 중 한 명은 나 역시 잘 아는 스티븐 플래텍(Steven Platek)이었다. 플래텍은 공동 저자들을 대표해 반박문을 작성했다. '동료 평가 논문을 인용했다는 이유로 권고사직을 하는 게 가당한 일인가? 그린필드 박사는 증거가 아닌 정치에 입각해 사직을 강요받았다. 그의 사직에는 미국외과의협회의 페미니스트와 일부 독선적이고 분연한 회원들의 비과학적 태도가 영향을 끼쳤다. 과학은 정치가 아닌 증거에 기반한다. 과학에서 아는 것은 언제나 모르는 것보다 선호된다.'[37] 그러나 오늘날 학계에서는 진보적 이념이 과학적 사실에 우선한다.

매트 테일러(Matt Tayor) 역시 언제나 화내고 분노하는 이들과 충돌했다. 2014년 천재적이고 획기적인 그의 업적에 관한 생방송 인터뷰에서 그는 다소 거슬리는, 솔직히 말해 부적절한 셔츠를 입고 있었다. 그 셔츠에는 거의 벗다시피 한 여성들이 다양한 포즈를 취하고 있는 그림이 그려져 있었다.[38] 테일러는 유럽우주기구(European Space Agency)에서 천체물리학자로 일하며 지구에서 거의 4억 8,000킬로미터 떨어진 곳에서 고속으로 이동하는 혜성 위에 필라에(Philae) 탐사선을 안착시킨 팀의 일원으로 참여했다. 이런 일을 성공시키는 데는 진정 놀라운 과학적, 공학적 전문성이 필요했다. 당시 인터뷰는 그의 업적을 치하하는 순간이 됐어야 했다. 하지만 그는 놀라운 업적으로 기억되는 대신, 복장 불량이라는 범죄를 저지른 후 울먹이며 사과하는 모습으로 기억될 것 같다.

흥미로운 건, 이 셔츠를 만든 사람은 엘리 프라이즈먼(Elly Prizeman)이라는 테일러의 여성 친구였다. 셔츠는 그녀가 테일러에게 선물한 것이었다. 이 문제에 대한 인터뷰에서 프라이즈먼은 이렇게 대답했다. "각자 자기 의견을 가질 권리는 있어요. 모든 일에 대해 우리 모두가 똑같이 느낀다면 정말 따분할 거예요. 이 논쟁에서 두 가지 입장을 다 이해할 수 있어요. 하지만 그건 내가 좋아하는 스타일이고, 나는 그게 거슬린다고 생각하지 않아요. 그런데 그건 그냥 제 관점일 뿐이죠. 자기 의견에 권한을 주느냐 마느냐는 각자 자신에게 달린 문제예요. 능력이 있고 마음이 있다면 우리는 각자 원하는 걸 할 수 있어요."[39]

셔츠 한 장 잘못 입었다는 이유로 뛰어난 과학자의 경력을 기꺼이 무너뜨리려는 성난 페미니스트들은 남성의 눈길이 '시선 강간(visual rape)'의 한 형태라고 주장하는 바로 그 사람들이기 십상이다. 가부장제가 아름다움이라는 신화를 퍼뜨려 여성들로 하여금 자기 자신을 꾸미게 강요한다고 상정하는 바로 그들이다. 이렇게 음모론적이고 망상적인 사고방식에 감염된 이들에게, 비키니는 가부장제의 성차별적 도구지만 부르카는 남성들의 시선을 막아준다는 이유로 해방적이고 자유로운 복장이다.[40] 이토록 터무니없이 이성에서 동떨어진 상황을 풍자하기 위해, 나는 이 복장을 가리킬 때 #FreedomVeils라는 해시태그를 사용하기 시작했다.

수많은 서구 페미니스트에 의하면 뿌리 깊은 가부장제 사회에서 비롯돼 수백만 여성에게 강요되고 있는 히잡, 니캅, 부르카[xv]가 여성 해방적 복장이라는 것이다. 제2의 페미니즘 물결이 밀려오던 시절, 성적 해방을 올바로 추구하는 데 사용한다면 여권 신장을 위한 도구가 될 수 있으리라 여겨지던 비키니는 이제, 서구 가부장제식 여성 혐오의 발현인 모양이다. 다시 말하자면 비키니, 화장품, 미니스커트는 나쁘다. 반쯤 벗은 여성들의 장난스러운 그림이 그려진 셔츠는 매우 심각한 도발이다. 부르카, 니캅, 히잡은 남성들의 시선으로부터 여성들을 해방시킨다. 그 어떤 풍자도 진보주의자들만큼 웃길 수는 없다.

· · · · · · · · · · · · · · · ·
xv 히잡은 머리를 가리는 베일, 니캅은 눈만 남기고 전신을 감추는 길고 검은 장옷. 부르카는 니캅과 유사하나 눈까지 성근 천으로 가리는 옷이다.

샘 해리스의 팟캐스트에 출연했을 때, 나는 아내와 함께 우리 딸을 동네 어린이 공원에 데리고 갔을 때의 일을 얘기했다. 놀이터 한 가운데 검은 니캅으로 전신을 휘감은 사람 몇 명이 서 있었는데, 이들이 여성인지, 남성인지 그것도 아니면 현재 역동적으로 갱신되고 있는 '젠더 표현'을 이루는 873가지 중 과연 무엇인지 알 수가 없었다. 그 모습이 너무도 거슬린 나머지 우리는 그 자리를 떠나기로 했다. 이 이야기를 공유하자 서구식 관례주의자 몇 명이 우리 부부의 이 '실없는' 과잉 반응을 조롱했다. 하긴, 어린아이들이 놀고 있는 놀이터에 어린 자식을 데려갔더니 불길한 검정 장옷을 입은 귀신들이 내 아이를 바라보고 있는 것만큼 즐겁고 재미난 일이 또 어디 있겠느냐 말이다.

편견에 가득한 인종차별주의자들이 아니고서야 그런 세속주의와 근대성, 진정한 리버럴리즘의 상징이 불편할 리가 없다. 물론 나는 지금 비꼬고 있다. 어리석은 자살 행위를 피할 방법이라곤 그것밖에 없기 때문이다. 시각은 인간에게 있어 가장 지배적인 감각이다. 인간의 고도로 전문화된 시각 체계는 얼굴 생김새를 비롯해 다양한 영역에 걸쳐 비언어적인 시각적 신호를 읽을 수 있게 해준다. 일단 한 사람의 정체성과 인간됨이 '자유와 해방'을 상징하는 검정 장옷 뒤에 가려지면, 제정신인 사람 대부분은 그런 현실에 불편함을 느끼는 게 당연하다. 그럼에도 미덕 과시자[xvi]들은 불편한 시각적 자극에 대해 극히 합리적인 반응을 보이는 사람들을 놀리고 조소하고 비난한다.

••••••••••••••••
xvi   virtue signalers. 2000년대 초반부터 주로PC임을 과시하는 사람들을 겨냥해 사용되기 시작한 신조어. 남의 눈을 의식해 선행이나 선한 생각을 과시한다.

명확하게 생각하는 사람들은 감정과 이성, 유머와 진지함이 공존한다는 것을 알며, 살아가면서 언제 감정 체계를 작동하고 언제 인지 체계를 작동해야 하는지 이해한다. 그러나 사상의 병원체에 잠식당한 사람들은 자신의 마음과 감정을 제어하지 못한다. 그 병원체들은 급속히 퍼지며 우리의 자유를 위협한다.

제3장

자유 현대 사회를 이루는
타협 불가한 필수 요소들

"그러나 의견을 표명하지 못하게 가로막을 경우 그 기이한 악덕은
기존 세대는 물론 다음 세대의 유산을, 그 의견을 개진하는 사람들보다
그에 반대하는 사람들로부터 더 많이 강탈한다는 점이다.
옳은 의견을 막는다면 잘못을 바로잡고 진실을 배울 기회를 빼앗긴다.
그러나 틀린 의견을 막는다면, 그 잘못이 옳은 의견과 충돌할 때 얻을 수
있는 아주 큰 장점, 즉 진실에 대한 더욱 분명한 인식과 생생한 인상을
포착할 기회를 놓치게 된다."

-존 스튜어트 밀 John Stuart Mill[1]

진정으로 자유롭고 근대적인 사회가 되는 데 있어 반드시 필요한 요건
은 무엇일까? 하버드 대 역사학자인 니얼 퍼거슨(Niall Ferguson)은 서구를
위대하게 만든 요소로 '여섯 가지 킬러 앱(Killer Apps)',[i] 즉 경쟁, 과학혁명,
재산권, 현대 의학, 소비자사회, 근무 윤리를 제시했다.[2] 이번 장에서는 이
요소들을 보다 더 간략히 압축해서 설명하려 한다. 나는 어떤 사상에 대
해 토론할 자유(표현과 사상의 자유)가 다른 사상들을 검증하기 위해 이성
과 과학에 헌신(과학적 방법)하는 태도와 결합한 결과 서구 문명이 위대해
졌다고 상정한다.

소셜미디어 기업들과 표현의 자유

많은 서구인이 표현의 자유라는 개념을 제대로 이해하지 못한다. 소셜
미디어에서 내가 누군가를 보이지 않게 차단하면, 바보들이 시끌벅적하게
몰려들어 '남의 입을 막았다'면서 표현의 자유에 대한 위선자라고 비난한
다. 이들은 온라인 조롱, 모욕, 어리석음으로부터 떠날 권리가 내게 있음을
이해하지 못한다. 그렇게 떠나는 것은 그들의 말할 자유를 제한하는 게 아
니라 오히려 그들의 말을 듣지 않을 내 권리를 표현하는 것이다. 매우 분명
한 요지인데도 많은 사람이 이를 혼동한다.

두 번째 잘못은 "소셜미디어 기업들은 정부가 아니다. 그들에게는 어떤

---

i Killer apps. 등장하자마자 시장이 완전히 개편될 정도로 인기를 누리는 상품이나 서비
스를 말한다. 본래 디지털테크놀로지에서 사용되기 시작한 용어이나 최근 증기 엔진이나
자동차처럼 과학사-기술사에서도 일반명사처럼 사용되기 시작했다.

콘텐츠를 자기 회사 플랫폼에 올릴 것인지 선택할 권리가 있다"라는 말을 아무 생각 없이 되뇌는 경우다. 제정신이면 비웃음을 실 만한 데도 이 밀은 그 사악한 의미가 전혀 고려되지 않은 채 끊임없이 되풀이된다. 구글, 유튜브, 페이스북, 트위터는 다른 기업들을 모두 다 합한 것보다 더 큰 통제력을 전 세계인들에게 행사하고 있다. 이들 기업들이 역사상 모든 통치자, 성직자, 정치가보다 더 큰 집단 권력을 갖는다고 해도 과장이 아니다. 만일 지식이 권력이라면, 이들 소셜미디어 대기업들은 무소불위의 권력을 가졌다. 사람들에게 어떤 정보를 접하게 하고 소셜미디어 플랫폼을 사용할 수 있을지 없을지를 결정할 수 있기 때문이다. 대형 정보기술 기업들은 판에 박힌 듯 우편향 발언을 금지시키는데, 물론 이건 유감스러운 '알고리즘상 우연의 일치'일 뿐이다. 이보다 더 불길한 징조가 또 있을까?

표현의 자유를 억압하기 위해 온라인 기업들이 이용하는 또 다른 도구는 바로 당신의 지갑을 터는 것이다. 내 유튜브 채널에 있는 1,000여 개 이상의 동영상 중 약 1/3은 광고 수익을 올릴 수 없게 등록됐다(그 중 몇 편의 경우 내가 직접 검토를 요구해서 다시 수익 가능한 상태로 돌려놓긴 했다). 내 동영상 중 상당수는 공개적으로 게시하기도 전에 이미 수익 창출 불가 상태가 된다. 다시 말해, 알고리즘이 내 동영상들의 디폴트 값을 수익 창출 불가 상태로 자동 설정하는 것이다. 또 다른 경우, 자기들이 느끼기에 허용 수위를 벗어난 발언을 했다고 생각되는 개개인으로 하여금 페이트리언(Patreon)이나 페이팔(PayPal) 등 온라인 콘텐츠 제작자들이 재정적 지원을 청할 때 주로 이용하는 환금 포털을 이용하지 못하게 하기도 한다.

영향력 있는 유튜버 칼 벤자민(Carl Benjamin, 별칭 아카드의 사르곤 Sargon of Akkad)은 페이트리언에서 쫓겨났다. 나는 그의 방송에 두 번이나 출연한 적이 있다. 페이트리언은 그가 인종차별주의자들을 조롱하느라고 'N으로 시작되는 말'[ii]을 사용한 동영상을 찾아냈다. 맥락도 맞지 않고 그들의 주요 사용 약관에서 밝혔듯 그 동영상이 페이트리언 플랫폼에 게시된 것도 아닌데(따라서 페이트리언의 후원자들로부터 아무것도 받지 않았는데도), 페이트리언은 그의 계정을 삭제했다. 이는 페이트리언에 엄청난 반발을 가져왔다. 나의 좋은 친구 조던 피터슨과 데이브 루빈(Dave Rubin)은 항의하는 뜻에서 이 플랫폼을 떠났으며, 많은 사람이 페이트리언을 보이콧하겠다고 서약했다.

그러나 이 보이콧은 다른 콘텐츠 제작자들도 함께 수익을 잃게 함으로써 간접적으로 피해를 입히기도 했다(내 경우에는 후원금 중 2/3을 잃었다). 리버테리언[iii]으로서 나는 작은 정부를 열렬히 옹호한다. 나는 끝없이 늘어가기만 하는 정부의 사생활 침해를 혐오한다. 그러나 이런 온라인 기업들은 분명 공익 사업으로서 규제해야 할 것으로 보인다.[3] 전기회사나 전화회사가 당신이 하는 말이 마음에 들지 않는다는 이유로 전기나 전화선을 끊어버리지 않는 것처럼, 소셜미디어 플랫폼이 사람들의 발언을 감시하고 처벌해서는 안 된다.

----

ii 특히 미국 흑인을 지칭하던 니거(Nigger)는 현재 비하하는 의미로 굳어졌다.
iii libertarian. 자유시장과 시민의 삶 모두에 정부가 개입을 최소화해야 한다고 믿는 사람을 말한다.

자체 검열은 표현의 자유에 대한 최악의 재앙

일반 대중과 함께 한 결과, 나는 대학들을 지배하는 PC운동 치하에서 신음하고 있는 학생들과 학자들을 국제적으로 대변하는 교수가 됐다. 이런 PC운동 치하에서 고생하는 일인칭 증언의 공통적인 주제 중 하나는, 진보주의적 통설을 위반했다는 이유로 곤란을 당하지 않기 위해 자체 검열을 하는 게 옳으냐 그르냐 하는 문제다. 그 공포가 너무나 큰 나머지, 고전적인 자유적 가치를 옹호해줘서 고맙다고 나를 치하하는 교수들조차 종종 내게 자기들 이름을 밝히지 말아달라고 부탁한다(나는 허락 없이는 절대 이름을 밝히지 않는다). 이게 얼마나 소름 끼치는 일인지 한 번 상상해보라. 내가 받은 대표적인 이메일을 몇 편 소개한다.

저는 47세의 백인 남성으로, 부상 때문에 학교로 돌아가게 됐습니다. 첫 해, 저는 정규 학생 직위를 유지하려고 억지로 또 다른 사회정의 과목인 '블랙 라이브즈 매터(Black Lives Matter)' 강좌를 들어야 했습니다. 학생들은 강좌 내용에 대해 이의나 이견을 제시할 수 없었습니다. 무례하거나 누군가의 안전 공간을 파괴할 수 있다는 이유에서였습니다. 저는 제 자신이 출석도 성실히 하며 80점 중반의 좋은 점수를 받는 우수한 학생이라고 믿습니다. 그러나 두어 주 동안 편향된 교육 과정을 겪은 후, 학교를 완전히 떠나야 하는 게 아닐까 생각하고 있습니다. 좌익들의 학계는 제게는 너무 버겁습니다.

교수님께 연락드린 이유 중 하나는 인지과학 전공 우등생으로서 12학점의 필수 연구 과목을 이수하기 위해서입니다. 그러나 순전히 정치적인 이유로(저는 보아

하니 폭력적인 여성 혐오자이자 인종차별적인 트럼프 지지자인가 봅니다), 저는 〔생략〕 대학의 매우 권위 있는 행동신경과학연구소에서 일자리를 잃었을 뿐 아니라, 개인적으로 수행한 연구에 관한 출판물에서 이름을 삭제 당했고, 수석 연구원은 다시는 저와 함께 일하지 않겠다고 말했습니다.

미국 학계를 장악한 암덩어리와 싸우시는 선생님의 용기에 정말 많은 감사를 드립니다. 저와 같은 사람들은 저들이 종신교수직을 얻으려 애쓰는 모습을 보면 사기당하는 기분입니다. 매년 발간되는 〈현대언어협회(Modern Language Association)〉지의 구인란만 잠깐 훑어봐도, 저와 같은 졸업생들에게 기대하는 게 정치 활동이라는 걸 이해할 수 있습니다. 저는 그런 정치 행동을 제 학문적 관심과 뒤섞기를 거부합니다.

지금까지 일해오면서 페미니즘, 젠더 이데올로기, 트랜스 극단주의(trans-extremism), 이슬람 혐오 쪽에서 들려오는 PC주의자들의 허튼소리 때문에 제가 얼마나 고생했는지, 그 긴 이야기는 하지 않겠습니다. 제 아내가 매우 유망한 학자인데도 아직 종신교수직을 확보하지 못한 상황이라 당분간은 덮어두려 합니다. 제 생각과 주장을 소셜미디어에 내뱉기 시작하면 제 아내는 학계에서 완전히 쫓겨날 겁니다.

PC운동, 도덕적 상대주의, 사회정의와 같은 문제에 대해 학계 내에서 오가는 담론 때문에 실망했던 같은 교수로서 학계 내에 교수님 같은 분이 계시다는 것, 지금까지 그래 오신 것처럼 여전히 거리낌 없이 발언하시는 데 대해 감사를 표하고 싶습니다. (중략) 그럼에도 저는 제 주변에서 보고 듣는 순응주의와 집단 사고에 좌절해왔습니다. 그 문제만 아니라면 매우 이성적이고 유능한 사람들이, 여러 사회적 문세에 내해서는 이성을 내버리고 퇴행적인 좌익들의 서사에 겁먹는 것을 봅니다.

내가 이 교수에게 이런 문제들에 공개적으로 참여하고 토론하라고 하자 그 교수는 이렇게 답장했다.

일단 저의 종신교수직이 결정되면(약 1년 남았습니다) 이런 문제에 참여하고 싶습니다. 속상한 일이긴 합니다만, 그만큼 종신 재직 결정 이전에 사람들이 싫어할 생각을 표현하기가 두렵습니다. 당분간은 교수님께서 표현의 자유를 위해, 사상 경찰과 잘못된 통념에 맞서 잘 싸워주시기를 부탁드립니다.

무슨 북한이나 예멘, 혹은 과거 소비에트 연방의 반체제 인사들이 나에게 보낸 이메일들이 아니다. 이념적 스탈린주의는 북미 대학 캠퍼스에서 일상적인 현실이 됐다. 자유를 사랑하는 사람이라면 누구라도 간담이 서늘해질 노릇인데, 대부분 학자는 무관심 때문에 공모(共謀)하고 비겁함으로 인해 행동하지 않는다. 자기 경력에 대한 이기적인 걱정 때문에 그들은 이런 문제에 끼어들 생각을 하지 못한다. 이들은 개인적으로는 내 노력을 지지한다 말할 수 있어 기쁘다고 하면서도 "하지만 사드 박사님, 제 이름은 말하지 말아주세요. 내가 선생님과 같은 견해를 가진 걸 사람들이 몰랐으면 해요"라고 말한다. 어째서 자유로운 국가에 사는 사람들이 자기 신념을 말하기 두려워하는가? 생각해보면 이게 바로 그 '진보주의자'들이 원하는 방향이라는 걸 알 수 있다.

표현의 자유가 나치주의라고?

2017년 8월 22일, 라이어슨 대학(Ryerson University)에서는 사리나 싱(Sarina Singh, 사회정의전사들의 말투를 빌자면 시크교도 유색 여성)이 주관하는 '억압받는 대학 캠퍼스 내 표현의 자유'라는 행사가 열렸다. 사리나 싱은 20년 동안 사회복지사로 일하다, 그 현장에 만연한 치명적 반과학주의와 반자유적인 진보주의 도그마를 더 이상 견디지 못하고 그만두었다. 이벤트에 예정된 연사들은 조던 피터슨 박사, 라이어슨 대학 임상심리학자이자 강사인 오렌 아미테이(Oren Amitay), 다소 양극적인 저널리스트 페이스 골디(Faith Goldy), 나, 그렇게 네 사람이었다. 나는 표현의 자유가 어떻게 모든 자유의 근원이 될 수 있는지 강연하기로 돼 있었다. 나는 대학 캠퍼스를 감시하는 사상경찰에게 위협을 느낀 학생들과 교수들의 일인칭 증언을 낭독할 계획도 하고 있었다.

그 다음에 무슨 일이 일어났는지 짐작할 수 있겠는가? 안티파[iv] 같은 대원들이 행사장을 봉쇄해버리는 전체주의적 아이러니가 일어났다. 라이어슨 대학 측은 이 지성에 대한 테러리스트들과 이성의 적들에게 대항하기는커녕, '안전상 우려'를 핑계로 대학 캠퍼스 내 표현 자유의 중요성을 강조하기 위해 계획됐던 행사를 취소해버렸다. 광기는 거기서 끝나지 않았다. 행사장 봉쇄를 주도한 사람들은 나치 스와스티카 문양을 넣은 페이스북 페이지를 만들어 자신들은 나치, 백인우월주의자, 반유대주의를 '그들의' 도시 내에서 용인하지 않겠다고 선언했다(그들은 후에 이슬람 혐오와 트

---

iv ANTIFA. 반 파시즘, 반 인종 차별을 내세우는 미국의 좌익 정치 운동.

랜스 혐오를 추가했다).

나는 올리브색 피부의 레바논 출신 유대인으로 처형을 피해 레바논에서 탈출했음에도, 그들에게는 내가 반유대주의 나치였던 모양이다. 아미테이 박사는 유대인이고 그의 가족들은 홀로코스트 때 박해받았다. 그는 일본 여성과 결혼했으며 입양된 흑인이자 게이인 형제도 있다. 이 얼마나 인종차별적이고 트랜스 혐오적인 나치인가! 인간 존엄성을 훼손하는 그들은 우리의 정체성과 개인의 역사 같은 건 아랑곳하지 않았다. 그들은 그저 자기들 입장만 고집했을 뿐이다. 그들에게 우리는 증오를 파는 나치 행상이었다.

최근 벌어진 이 사건이 유일한 경우라고 보기는 어렵다. 미국 교육인적 권리재단(The American-based Foundation for Individual Rights in Education, FIRE)이 기록한 2000년부터 2014년 사이 미국 대학에서 일어난 초청 취소[v] 건은 192회에 달하며, 이런 고약한 상황은 늘어만 가고 있다.[4] 거부 요청이 받아들여지는 '성공율'은 대략 38~44%로, 미국 수정헌법 제1조[vi]에 대한 진정 심각한 모독이다. '문제의' 연사가 정치적으로 우익에 속하는 것으로 보이는 경우 초청 취소 움직임이 일어날 확률이 세 배 더 높다. 2014년 이 보고서가 발표된 이후, 펜실베이니아 대학에서 전직 CIA 국장 존 브레넌(John Brennan)을, 미들베리 칼리지(Middlebury College)에서 정치학자 찰스 머레이(Charles Murray)를, 루이스 앤 클라크 칼리지(Lewis & Clark College)에

．．．．．．．．．．．．．．
v disinvitation. 초청 연사를 거부하려는 시도.
vi 1791년 채택된 미국 수정헌법 제1조는 종교, 표현, 출판, 집회, 탄원 권리의 자유를 보장한다.

서 에쿼티 페미니스트^{vii} 크리스티나 호프 서머즈(Christina Hoff Summers)를, 예술종합대(the University of the Arts)에서 페미니즘의 아이콘인 카밀 파글리아(Camille Paglia)를, 뉴욕 대학(New York University)과 일리노이의 어바나-샴페인 대학(the University of Illinois at Urbana-Champaign)에서 노벨상 수상자 제임스 왓슨(James Watson, 분자생물학자)을 거부했다.

캐나다 대학들의 표현의 자유 상황도 거의 나을 게 없다. 헌법자유재판소(The Justice Centre for Constitutional Freedom, JCCF)가 발표한 2017년 캠퍼스 자유 지수는 60개 캐나다 대학의 1) 대학 정책, 2) 대학 정책 실행, 3) 학생회 정책, 4) 학생회 정책 실행의 네 가지 항목에 A부터 F까지 점수를 내어 합산해 계산한 것이다.[5] 이렇게 받은 240개(대학 60개×4개 항목) 점수 중 캐나다 대학들은 A를 여섯 개, F를 38개 받았다. 미국과 캐나다 대학들은 이제 표현의 자유를 지키는 보루 역할을 거의 하지 못한다. 오히려 좌익들을 위한 반향실^{viii}이다. 이 양떼 무리에서 벗어나려면 위험을 각오해야 한다.

나는 표현의 자유를 믿어요. 하지만…

이제 '소수'나 '진보적'인 사람을 자극하거나 화나게 하거나 모욕하는 말

---

vii equity feminist. 국가 차원에서 고용, 교육, 종교 활동 및 기타 사회 구성원으로서 활동할 기회를 남녀에게 동등하게 보장해줘야 한다는 취지를 가진 페미니스트를 지칭한다. 고전적 리버럴리즘 및 리버테리언 페미니즘으로 분류된다.
viii 반향실: echo chamber. 폐쇄된 계(界)에서 사람들이 자신들의 견해를 증폭하고 강화시켜주는 정보만 취하는 상황을 의미한다.

만큼은 해서는 안 된다는 게 서구 시대정신의 일부가 됐다. 이전에는 달랐다. 1988년 살만 루슈디(Salman Rushdie) 사건이 일어나며 표현의 자유를 제한하는 새로운 시대가 열렸다. 루슈디의 책《악마의 시(The Satanic Verses)》는 출간되자마자 곧 수많은 우마(국제 이슬람 사회) 일원의 분노를 불러 일으켰다. 우마 일원에게 이 책은 그들의 종교와 선지자에 대한 불경이었다. 당시 이란의 최고 지도자였던 아야톨라흐 호메이니는 루슈디에게 사형을 언도했다. 루슈디는 경찰의 보호 하에서 살 수밖에 없었다. 이 소설가는 래리 데이비드(Larry David)의 인기 텔레비전 코미디 시리즈 〈커브 유어 엔수지애즘(Curb Your Enthusiasm)〉에 게스트로 출연해서 여성들이 국제적 현상범과 섹스하고 싶어 하는 이유를 설명하면서 자신의 곤경을 희화화했다.

2005년 루슈디가 쓴 기사의 두 구절은 표현의 자유를 간결하게 옹호한다. '사람들이 절대 기분 상하거나 모욕당하지 않을, 혹은 기분 상하거나 모욕당하지 않게끔 자신들을 보호할 법을 제정하라고 촉구할 권리가 있는 자유 사회를 건설한다는 건, 터무니없는 일이다.' 하나 더 있다. '종교적 신념 체계든 세속적 이념이든 어떤 사상 체계가 숭고하다고 말하는 그 순간, 어떤 사상들은 비판이나 풍자, 조롱, 경멸의 영향을 받지 않는다고 선언하는 그 순간, 사상의 자유는 불가능해진다.'[6]

진보주의자들은 모든 종교적 신념을 비판하고 조롱하고 혹은 모욕하는 걸 칭송받을 일이라 여긴다. 단, 감히 건드릴 수 없는 한 가지 신앙은 여기서 제외된다. 서구에서 이슬람을 공격하는 것은 '이슬람 혐오적', '인종차별적'이며 '편협한' 짓이다. 공화당 정치인이 자신은 기독교인이라서 동성애를 잘못된 것이라고 믿는다고 말하면, 진보주의자들은 신속히 분노와 공포를 표명하고 항의 집회를 계획한다. ISIS 일원이 동성애자 남성을 파트와[ix]에 따라 지붕에서 내던지면, 진보주의자들은 한 마디도 하지 않는다. 감히 누가 이 고귀한 종교의 관행을 비판하겠는가? 특히 그들이 감히 건드려서는 안 될 그 신앙을 가졌을 경우, 우리 가치관을 남에게 투영하는 건 오만한 문화적 제국주의인 모양이다.

2005년 덴마크 신문 〈율란드포스텐(Jyllands-Posten)〉지는 이슬람의 선지자 무하마드의 캐리커처가 있는 12편의 만평을 게재했다. 그러자 폭력이 터지기 시작하면서 전 세계에서 약 200명의 죽음을 초래했다. 몇 년 후, 유테 클라우젠(Jytte Klausen)이 〈세계를 뒤흔든 카툰들(The Cartoons that Shook the World)〉이라는 책을 저술했다. 이 책을 출판한 예일대학 출판사(Yale University Press)는 캐리커처에 대해 쓴 이 책 안에 캐리커처를 싣지 않기로 결정했다![7] 대부분의 주요 언론 매체도 똑같이 겁을 먹고 자사 플랫폼에 카툰 싣는 걸 삼갔다. 약 10년 후에는 파리에서 샤를리 엡도(Charlie Hebdo) 학살이 일어났다. 풍자 전문 잡지가 이슬람에 불경했다는 이유로, 무슬림 테러리스트들이 잡지사 직원들을 공격해 12명이 잔혹하게 학살당하고 몇 명은 중상을 입었다.

기독교는 계속해서 비판받고 조롱당하지만 기독교인들은 폭력적으로 대응하기는커녕 폭력 비슷한 일도 하지 않는다.[8] 1987년 안드레스 세라노(Andres Serrano)가 〈예수에게 오줌을 갈기라(Piss Christ)〉라는 제목으로 자신의 소변에 젖는 예수 십자가상의 사진을 찍어 국립예술후원대행사(Na-

••••••••••••••••
ix Fatwa, 개인이나 판사, 정부 등의 질의에 대해 이슬람 법 권위자 무푸티들이 내리는 법적 해석.

tional Endowment of the arts, 미국 정부 기관에 속한다)가 일부 후원하는 예술 세에서 수상했다. 많은 기독교인이 분명 이에 분개했지만 폭력적인 시위를 주도하지는 않았다.

〈커브 유어 앤수지애즘〉의 2009년 작 에피소드 한 편에서 래리 데이비드(인기 시리즈 사인펠드 Seinfeld의 공동제작자)는 한 직원의 가정을 방문, 화장실을 사용하던 중 예수 그리스도의 그림에 의도치 않게 소변을 튀겼다. 직원은 데이비드가 무슨 사고를 쳤는지 모르고 이를 신의 눈물로 여긴다. 전 세계 20억이 넘는 기독교인에게는 이보다 더 모욕적인 스토리라인을 상상하기도 어렵다. 그럼에도 이 유치한 유머에 대한 보복으로 누가 죽거나 하지는 않았다.

오스트리아 영화 《파라다이스 신념(Paradise Faith)》에서는 십자가로 자위 행위를 하는 여성을 보여주지만 이 영화는 2012년 베니스 영화제에서 심사위원상을 받았다.[9] 《북 오브 몰몬(The Book of Mormon)》은 몰몬교의 여러 관행을 조롱하는 뮤지컬로 큰 성공을 거두었다. 이 뮤지컬은 토니 상을 받은 것은 물론 브로드웨이에서만 6억 달러의 매출을 거두었다. 그럼에도 몰몬교도 중 누구 하나 분노를 터뜨리거나 폭력을 저지르지 않았다. 이런 온순한 대응들은 2012년에 일어났던 일과 대조된다.

단편영화 《무슬림들의 무죄(Innocence of Muslims)》는 여러 나라에서 대규모 항의 시위를 일으켰으며 그로 인해 50명 이상이 사망했고 이 영화의 프로듀서, 감독, 배우들에 대해서는 사형 파트와가 선고됐다. 심지어 미국 정부 고위층에서는 2012년 리비아 벵가지의 미국인 거주 지역이 공격받으며 미국 대사를 포함해 네 명이 사망했던 사건도 혹시 이 영화에 대한 폭력적 대응이 아니었느냐는 논란이 있었다.

홀로코스트 부정은 아마 가장 사악한 형태의 공격적 발언일 것이다. 수백만 명의 유대인이 체계적으로 몰살당했다는 잘 기록된 역사적 사실마저 부정한다는 것은 인간 존엄성에 대한 모욕이다. 무언가 거짓이 있을 수 있다는 가능성을 모두 생각해본다 하더라도 홀로코스트가 존재했음을 부정하는 것은 어디에도 견줄 수 없이 심각한 진리의 살해다. 그럼에도, 레바논에서 처형을 피해 탈출했던 나는 홀로코스트를 부정하는 자들이 극악하고 비인간적인 쓰레기를 내뱉을 권리를 옹호한다. 표현의 자유를 절대적으로 신봉한다는 것이 무엇을 의미하는지 이보다 더 잘 설명하기도 힘들 것이다. 만일 당신이 진정으로 표현의 자유가 의미하는 바가 무엇인지 이해한다면, 다음 이 문장에 동의할 것이다. '인기 없는 견해를 가진 사람이 자기 생각을 표현하도록 허용하고, 이를 듣고 싶어 하는 사람들이 들을 수 있게 허용하는 것보다 더 좋은 대안은 없다.'[10]

"나는 표현의 자유를 믿어요. 하지만…"이라고 생각하는 군중은 이미 표현의 자유가 의미하는 기본 정신을 위반하고 있는 것이다. '하지만' 뒤에는 대개 다른 사람들의 감정이나 기분을 상하게 하고 싶지 않다는 표현이 나온다. 남들이 기분 상하지 않을 권리를 표현의 자유보다 더 중시해야 한다는 게 일반적인 생각이다. 그렇지 않다! 표현의 자유는 정확히 말해 가장 불쾌하고 공격적이며 역겨운 발언을 보호하기 위한 것이다. 표현의 자유는 듣기 좋은 소리만 들으려고 존재하는 게 아니다. 이따금 기분 상하는 일이 생기는 건 진정 자유로운 사회에서 살며 치러야 할 대가다. 당신 기분이 상할 수도 있다. 배포 있게 넘어가라. 말할 나위도 없지만, 아무리 절대주의적 표현의 자유라 하더라도 멀쩡한 극장 안에서 불이 났다고 소리친다든지, 서로 폭력을 부추긴다든지, 타인의 명예를 훼손하고 비방하는 담론들은 보호받지 못한다는 일반적 조건은 따른다. 하지만 '표현의 자유'의 적들은 이런 상식적인 제한들을 왜곡해서 자기들 목적에 부합하게 만들려 한다.

서구가 표현의 자유를 위해 싸울 의지를 잃게 할 한 가지 방법으로는 혐오발언금지법 제정이 있다. 앞 장에서 언급한 네덜란드 국회의원 헤이르트 빌더스(Geert Wilders), 국제자유언론협회(the International Free Press Society) 회장 라스 헤데고르(Lars Hedegaard), 오스트리아 운동가 엘리자베트 사바디슈-볼프(Elisabeth Sabaditsch-Wolff)와 같은 유럽의 유명 인사 몇 명이 넓은 의미의 혐오 발언으로 기소됐다. 이들과 그 외 많은 사람이 이슬람을 비판했다는 이유로 법정 분쟁에 휘말렸다. 캐나다에서는 수상 쥐스탱 트뤼도(Justin Trudeau)가 주시하는 가운데 캐나다 국회의원 이크라 칼리드(Iqra Khalid)가 M103 법안(Motion 103)을 발의했는데, 이는 본래 사메르 마주브(Samer Majzoub)가 착수한 E-411 법안(하원에 제출된 탄원서)에서 비롯된 것이다. 이 탄원서와 발의안 모두(둘 다 법은 아니다) '이슬람 혐오'(그 개념 자체부터 무의미하다)에 대항하기 위해 모색됐다. 자유로운 사회의 구성원들에게는 어떤 이념이든 놀리고 책망하고 비판하고 경멸하고 두려워할 권리가 있다.

종교(물론 나는 여기서 어떤 특정한 한 가지 종교를 말한다)를 비판할 개인의 자유를 억누르려는 여러 가지 시도 중에서도 가장 소름 끼치는 것은 이슬람협력기구(Organization of Islamic Cooperation, OIC. 56개국과 팔레스타인 자치구로 이뤄졌다)에서 나왔다. 그들이 유엔에서 가장 큰 투표 집단을 형성하고 있기 때문에 이스라엘이 전 세계의 그 어떤 잔혹한 정권들보다 훨씬 더 많은 유엔의 공식 규탄을 받고 있다는 것은 놀랄 일도 아니다. OIC는 서구 국가들로 하여금 카이로 이슬람인권선언을 채택하게 하려고 여러 차례 시도해왔는데, 이렇게 되면 유엔 조인국들은 이슬람을 비판하는 개개인들을 처벌해야 한다. 마치 샤리아처럼 이슬람과 관련해 표현의 자유를 제약하겠다는 이 거듭된 시도는 전 미 국무장관 힐러리 클린턴과 전 대통령 버락 오바마에게 호의적으로 받아들여졌다. 오바마는 유엔 회의에서 "미래는 이슬람의 선지자를 비방하는 사람들의 것이 아니다"라고 한 것으로 유명하다. 천만의 말씀입니다, 대통령님. 미래는 모든 선지자와 사상, 종교, 이념을 비판하고 놀리고 조롱하고 풍자하는 사람들의 것이어야 합니다.

외과 의사의 칼날처럼 풍자하라

"객관적 진실이 있는 곳이면 어디든 풍자가 있다."
– 윈드햄 루이스[11]

"어떤 사안이 얼마나 진실한가를 확인하는 가장 좋은 방법은 이를 완전한 웃음거리로 만들어보고 그 진실이 얼마나 많은 조롱을 감내하는지를 지켜보는 것이다. 진실은 조롱과 비아냥을 견디면 견딜수록 더더욱 강해지기 때문이다. 풍자를 견디지 못하는 것은 진실이 아니다."
–페터 슬로터디크[12]

"조롱은 반지성적 명제에 대항해 쓸 수 있는 유일한 무기다.

사상은 이미 이성을 적용하기 이전에 분간할 수 있어야 한다."
　　　　　　　　　　　　　　　　　　　　　　　－도마스 제퍼슨[13]

　풍자는 내가 사상의 병원체들을 비판하기 위해 자주 채용하는 전략이다. 메리 워틀리 몬태규가 시에 쓴 것처럼 '풍자는 날카로운 면도날처럼 / 거의 느껴지지도 보이지도 않게 살짝 베어내는'[14]게 효과적이다. 전체주의 통치자가 언제나 자신들과 자신의 이념에 대한 풍자를 금지했던 이유가 바로 이것이다. 만일 어떤 사상이 진실되다면 그 사상은 굳건해야 한다. 반어법, 풍자, 비꼼과 같은 공격을 견딜 수 있어야 한다. 너무 불안정한 사상이라 그렇게 안 된다면 그 사상은 분명 거짓이다. 풍자작가들은 이미 수천 년 전부터 이를 깨닫고 있었고 호라티우스(Horatius), 아리스토파네스(Aristophanes), 유베날리스(Juvenalis), 사모사타의 루키아누스(Lukianus), 알 마아리(Al-Ma'arri), 볼테르(Voltaire), 프랑수아 라블레(François Rabelais), 조내선 스위프트(Jonathan Swift), 오스카 와일드(Oscar Wilde), 마크 트웨인(Mark Twain), 앰브로즈 비어스(Ambrose Bierce), 조지 오웰 등의 작품들이 바로 그 증거이다. 나는 여기에 레니 브루스(Lenny Bruce)와 조지 칼린(George Carlin)과 같은 코미디언들, 텔레비전 쇼《사우스파크(South Park)》,《매드(Mad)》나《샤를리 엡도》와 같은 잡지도 포함시키고자 한다.

　2018년 7월16일, 저명한 진화학자이자 무신론자 리처드 도킨스는 이런 트윗을 게시했다. "우리의 위대한 중세 성당 중 하나인 윈체스터의 사랑스러운 종소리를 듣는다. '알라후 아크바르'라는 공격적인 소리보다 훨씬 좋다. 그저 내 문화적 성장 배경 때문인가?"[15] 내가 응답했다. "리처드 선생님, 아랍어는 제 모국어입니다. 제대로 번역하면 알라후 아크바르는 '우리는 모든 사람을 사랑하지만 유대인, 여성, 게이를 특별히 더 좋아한다'라는 의미입니다. 걱정 마세요. 사랑과 관용과 자유의 메시지입니다."[16]

처음 이 농담을 이해하지 못한 뉴스위크지는 내가 도킨스의 '편협함'을 비판했다고 보도하고 나서야 내가 빈정댄 것임을 알아차렸다. 하지만 내 풍자의 힘은 멀리 파키스탄까지 도달해, 파키스탄 신문《익스프레스 트리뷴(The Express Tribune)》지가 도킨스의 '이슬람 혐오'를 비난하는 기사를 쓰게 할 만큼 헷갈리게 만들었다(이 신문사는 내가 농담한 것을 알아차리고 나에 대한 언급과 내 트윗 내용을 삭제했다).[17] 때로 내 풍자는 너무 강력해서 트위터에서 한동안 나를 팔로우 해온 사람들까지도 헷갈리게 한다.

알렉산드리아 오카시오-코르테즈(Alexandria Ocasio-Cortez, AOC)가 미국-멕시코 국경에 있는 밀입국자 수용소를 딱하게도 '강제수용소(concentration camp)'라고 지칭한 사건에 대해 도널드 트럼프 주니어가 끼어든 적이 있다. 코르테즈의 비교가 기괴하지는 않더라도 최소한 어리석다고 지적하기 위해, 트럼프 주니어는 특별히 실제 홀로코스트 생존자들을 보여주는 동영상을 트윗에 포함시켰다. 상대방에게 나치 같다고 그릇되게 비난하기 일쑤인 좌익들을 풍자하고자 나는 트럼프 주니어의 트윗에 이렇게 응답했다. "말도 안 됨. @AOC는 트럼프의 MAGA[x] 나라 유색 여성임. 날마다 홀로코스트 생존자들이 받는 것보다 더 큰 위협에 직면하고 있음."[18] 태어난 지 사흘 된 비둘기라도 이런 말도 안 되는 풍자는 이해할 수 있다. 하지만 보수의 현자이자 〈미국의 전환점(Turning Point USA)〉 설립자인 찰리 커크(Charlie Kirk)는 알아듣지 못한 모양이었다. 그는 이렇게 트윗했다.

• • • • • • • • • • • • • • • •
x Make America Great Again의 약자

와, 캐나다 존 몰슨 비즈니스 스쿨[원문 그대로]에서 젊은이들을 가르친다는 @Gad Saad 교수는 AOC가 홀로코스트 생존자들보다 너 큰 위험에 처했다고 한다. 이런 자가 우리 아이들을 가르친다. 이게 리버럴(liberal)[xi] 교육의 면면이다. 역겹다. RT!

결국 나는 수많은 사람으로부터 분노의 트윗을 받아야 했다. 그 중 누구도 풍자가 가진 힘을 이해하지 못하는 것 같았다. 커크가 마치 사회정의 전사처럼 행동한 것을 주목하라. 그는 격노해서 내게 대항하라고 인터넷 군중을 불러모았으며 내가 가르치는 학교를 표적으로 삼았다. 그는 결국 그의 트윗을 삭제했지만 내게 사과하지는 않았다.

하지만 내 풍자 중 최고로 사람들을 혼동시켰던 건 〈피제이 미디어(PJ Media)〉가 2018년 '최악의 어록 20편' 중 하나로 내 글을 인용했을 때였다.[19] 현재까지 그게 내 최고의 업적이다! 문제의 트윗은 이랬다. "모든 무비자 '이민자'께: 우리의 편견과 인종 차별을 사과합니다. 우리 선거에 여러분이 투표하지 못하게 하는 건 나치주의입니다. 결국 국경도 나치주의입니다. 국가 개념도 나치주의입니다. 공정한 세상에서는 아무나 아무 구역에서 투표할 수 있어야 합니다. #우리는 사과합니다"[20] 나는 이 기사 작성자에게 연락했다. 그는 정치 풍자와 실제 정치적 광기를 구분하지 못하는 것 같았다. 결국 그는 '최악의 어록' 목록에서 내 트윗을 삭제했다.

여기에서 배울 점은 자유 사회는 풍자의 힘으로 위축되지 않는다는 것

---

xi 사회적으로 진보적이고 복지 우선 정책을 지지하며 도시의 개인의 권리와 자유, 민주주의를 강조하는 정치적 입장을 가진 사람들. 미국에서 리버럴은 주로 민주당 지지자들을 뜻한다.

이다. 자유 사회에서는 모든 믿음과 이념들이 공정하게 경기한다. 풍자의 한계를 정하는 순간, 그 사회는 더 이상 자유 사회가 아니다.

정체성 정치는 과학의 반테제다

2018년 가을, 나는 내가 일하는 대학에서 진화론적 소비에 관한 심포지엄을 주관했다. 심포지엄 며칠 전, 나는 우리 대학 다른 과의 한 여성 동료로부터 이메일을 받았다. 그녀는 여성 연사를 더 포함시키지 않은 내 '불찰'을 탓하며 심포지엄에 참석할 수 없다고 했다. 나는 이렇게 응답했다.

보내주신 이메일 감사합니다. 오실 수 없다니 유감입니다.

지적하신 대로 나는 정체성 정치를 지지하지 않으며 특히 과학에서는 더욱 그러합니다. 만일 이번 심포지엄 연사 대부분이 여자라 해도 전 그런가 보다, 합니다. 이번 경우처럼 남성 대 여성 연사의 숫자가 균형을 이루지 못한다고 해도 그런가 보다, 할 겁니다. 나는 다른 여성 연사를 초대했지만 그분은 시간이 되지 않았습니다. 나는 배란(排卵) 여부에 따라 연사들을 고르지 않았습니다. 심포지엄 주제에 얼마나 적합한 사람인지, 시간이 되는지 등을 따져서 연사들을 선택했습니다. 미국 정부는 다섯 개 인종과 4단계 교육 수준에 따른 자료를 발표했습니다(준학사, 학사, 석사, 박사). 이 경우 분석할 자료가 20가지로 분류됩니다. 모든 셀에서 여성이 남성보다 많았습니다. 모든 경우에 대해 더 큰 성별 균형을 지향하시는 건가요? 이보다 더 '편향된' 실상을 상상하기 어려워서?

덧붙여 저는 남성 연사 중 자신을 여성이라고 생각하는 사람이 있는지 없는지 모릅니다. 따라서 실제로는 성별 균형이 더 잘 맞을 수도 있습니다.

어쨌든 이메일 보내주셔서 감사합니다. 나시 연락할 기회가 있기를 바랍니다.

나는 아직 이 동료로부터 답장을 받지 못했다. 흥미로운 것은 그녀의 대학교 웹사이트에 가서 그녀가 아홉 명의 실험실 동료와 찍은 사진을 보니 모두 여자였다는 점이다. 이게 본질적 문제가 아니라고 생각한다면 조 로건[xii]의 사례를 보자. 최근 진보 조직 〈미디어 매터즈(Media Matters)〉는 조 로건이 여성 게스트보다 남성 게스트를 더 많이 초대한다고 질책했다.[21] 캐나다 정부는 이제 캐나다 대학들의 연구직들을 '공정, 다양성, 포용 계획에 의거해 할당'해야 한다. 더 많은 '여성, 토착인, 장애인, 가시적 소수 인종 집단'들이 연구직을 차지하도록 보장한다는 의미다. 이 사업 계획을 준수하지 않는 대학은 정부 보조 기금을 받지 못한다. 이 파괴적인 사고방식은 노벨상마저 오염시켜왔다. 《네이처(Nature, 세계에서 가장 중요한 과학 학술지 두 개 중 하나)》지에 게재된 어떤 기사에서는 과학 분야 수상자들이 성별 격차(수상자 중 3%만이 여성)를 보인다고 비난하고, 거의 대다수 수상자가 서구 국가 출신이라고 덧붙였다.[22] 과학 업적의 평가는 성과주의적 이상에 따라 이뤄져야 하는데, 정체성 정치는 이런 평가 과정마저 나날이 오염시키고 있다.

2017년 4월, 과학의 중요성을 재확인하기 위해 '과학을 위한 행진(March for Science)' 첫 집회가 전 세계 수백 개 도시에서 열렸다(도널드 트럼프의 소위 반과학적 어젠다에 대한 대응의 일환이기도 했다). 2017년 1월 30일, 나는

---

xii Joe Rogan. 미국의 코미디언. 인기 팟캐스트 운영자이자 UFC 해설자이기도 하다.

이 행사에 참석할 것을 독려하는 웹사이트를 방문해 다음과 같은 목표 강령을 발견했다.[23]

과학을 위한 행진에서 우리는 흑인, 라틴계, 아시아 및 태평양 도서인, 토착인, 비기독교인, 여성, 장애인, 빈민, 게이, 레즈비언, 바이섹슈얼, 퀴어, 트랜스, 논바이너리[xiii], 무성(無性)[xiv], 간성(間性)[xv]인 과학자들과 과학 옹호자들을 중심에 두고 부각시키는 데 전념한다. 우리는 모든 이가 과학을 이용할 수 있게 하고 모든 배경의 사람들이, 특히 고급 학위와 직위에 올라 과학을 직업으로 추구할 수 있도록 고무한다. 다양한 집단의 과학자들이 더더욱 다양한 연구를 해냄으로써, 과학적 연구는 물론 궁극적으로는 세계에 대한 이해의 폭을 넓히고, 강화하고, 풍부하게 한다.

당신이 만일 기독교인이자 백인이고 이성애자이며 남성 과학자라면, 참 안된 일이다. 하버드 대학 심리학자 스티븐 핑커와 나를 포함해 몇 명의 저명 학자로부터 비판이 쇄도하자 뒷부분이 수정됐다. 여전히 반과학적인 횡설수설은 남아 있지만 말이다.

과학은 그 정의에 의하면 비정치적 절차이며 또 그래야만 한다. 과학적 진실과 자연법칙은 연구자의 정체성과 무관하게 존재한다. 소수(素數)의

....

xiii Non-binary, 남성과 여성이라는 이분법적 구분에서 벗어나는 성별. 트랜스젠더, 젠더 퀴어 등.

xiv Agender, 2017년 미국 오리건 주에서 처음 인정됐다.

xv Intersex, 본래 생물학 용어로 자웅 이체(자웅 이주) 생물의 한 개체가 자형도 웅형도 아닌 상태를 말한다. 인간의 경우 전형적인 남성 혹은 여성의 몸을 하지 않은 경우를 지칭하기 위해 사용된다.

분포는 수학자가 백인 이성애자 기독교인 남성이든, 트랜스젠더이든, 무슬림이든, 체구가 나르든(비만인) 그로 인해 변하지 않는다. 원소의 주기율표 역시 화학자가 라틴계 퀴어이냐 시스젠더주의자[xvi]이냐, 하시디즘[xvii]이냐, 혹은 유대인이냐에 따라 바뀌지 않는다. 아, 논바이너리 양성애자 화학자시라고요? 그렇다면 탄소, 팔라듐, 우라늄의 원자번호가 완전히 바뀌겠습니다. 이렇게까지 비꼬지 않더라도, 과학이 해방적인 것은 과학이 당신의 정체성과 상관없기 때문이다.

과학은 증거에 입각한 비편파적 규칙을 이용해서 세상을 이해하기 위해 우리가 추구하는 인식론적 수단이다. 이것 말고 달리 중요한 것은 없으며, 지식을 얻을 다른 방법도 없다. 이 이야기를 하다 보니 대학가 생태계에 퍼진 또 다른 유해한 마음의 병원체 이야기가 떠오른다. 과학은 '사물을 알기 위한 백인들의 식민주의적 방식'이라는 생각이 그것이다. 2016년 가을, '폴리스트(fallist, 과학이 몰락하리라고 믿는 사람들)'라 알려진 남아프리카공화국 케이프타운 대학의 학생들이 백인의 식민주의적 과학이라는 족쇄에서 벗어나 식민지화된 마음을 해방시키는 게 불가피하다고 주장하여 전 세계적인 주목을 받았다. 죄송합니다, 앨버트 아인슈타인, 찰스 다윈, 아이작 뉴턴, 갈릴레오 갈릴레이 선생님들. 선생님들께선 유색 인종이 아니시네요. 선생님들의 업적은 신뢰할 수가 없어요. 처음부터 완전히 다시 시작해야 합니다. 독자들은 별로 걱정할 일이 아니라고 생각하기 쉽다. 문

---

xvi Cisnormativity, 생물학적 성과 본인의 실제 성정체성이 일치하는 것을 기본으로 간주하는 사상.
xvii Hasidism, 18세기 현재 우크라이나 지역을 중심으로 시작된 하레디 유대종파의 한 분파. 영적 부흥 운동을 불러일으켰다.

제가 된 남아프리카공화국의 헛소리는 어쨌든 이례적인 일이며, 이런 식의 반과학적 치기(稚氣)가 널리 퍼질 리 없다고. 과연 그럴까?

캐나다 대학들 전반에 커리큘럼 토착화 정책이 추진되고 있다. 지난 역사에서 토착민들에게 원한을 샀던 데 대해 회유적으로 대응하기 위해서다. 이 관점에 따르면, 과학적 방법은 단지 여러 가지 '아는' 방식 중 하나일 뿐이다. 토착민들의 전승이나 신화에 해당하는 다른 방식들이 과학적 방법론과 대등한 형태의 발견이라는 생각이 퍼지고 있다. 이 자리를 빌려 단언하는데, 그런 것들은 과학적 방법론과 대등하지 않다. 물론 토착민들은 자신들이 수세대에 걸쳐 살아온 땅의 식물과 동물에 대해 고유한 통찰을 갖고 있다. 그런 특정 분야의 지역 지식이 매우 귀중하며 배우고 공유할 가치가 있다고 추정하는 것도 완벽히 일리 있는 얘기다.

그러나 인간 지식이라는 만신전(萬神殿)에서 과학적 정보를 성문화하는 방식은 문화에 따라 좌지우지되지 않는다. 퀘벡 주 고위공무원인 파트릭 보셴(Patrick Beauchesne)은 최근 토착민의 지식을 과학적 지식에 대비해 어떻게 평가할 수 있는지 무모한 질문을 했다가 호된 질책을 받았다(환경 평가와 관련된 일이었다). 그는 '지식의 위계설'을 지지하는 잘못을 저지른 것으로 보인다.[24] 과학적 방법은 우리 세계를 이해하기 위한 공통적인 인식론적 체계다. 과학은 '조상들의 지혜', '부족의 지식', '노인들의 방식'을 우위에 두든 말든 개의치 않는다. 과학에는 드러난 진리라는 게 없다. 토착민 식으로 아는 방법이 따로 없는 것과 마찬가지로 레바논 출신의 유대인이 아는 방법이 따로 있는 게 아니다. 자연계에 대한 모든 주장은 과학적 방법론의 증거 입각 분석 과정을 거쳐야만 한다.

이것 말고도 학계의 토착민 우선(indigenization) 현상이 일어나는 방법이 몇 가지 더 있다. 학계에서 공식 행사(가령 졸업식 같은)가 열릴 때마다 연사들은 참석자들이 앉은 바로 그 장소가 과거 토착민에게 속했던 신성한 땅이었음을 알리는 '토착민 땅 선언(indigenous land acknowledgement)'을 낭독하는 것으로 시작한다. 이 의례가 더욱 강력한 버전으로 바뀌면서, 훔친 땅을 참석자들이 무단 출입하고 있다는 표현이 사용되기 시작했다. 2017년 가을, 나는 레지나 대학(University of Regina)에서 '천 번을 베인 끝에 죽은 서구: 자유롭고 합리적인 사상의 교환을 방해하는 폭력들'[25]이라는 제목으로 강연했다. 진행자는 캐나다 군주[xviii]와 여러 토착민 사이에 1876년 조인된 제6조약을 소개하고, 그곳은 메티스(Métis) 부족의 땅이라고 덧붙였다. 대학 학위수여식에서 대개의 주관자가 그런 선언으로 행사를 개시한다.

당신이 수천 명의 졸업생 중 한 명으로 그 자리에 조용히 앉아 바로 그 시점에서 역사적 죄를 뒤집어쓴다고 입장을 바꿔 생각해보라. 그들은 여러 해 동안 열심히 공부해서 그 자리까지 왔다. 그 순간은 그들의 것이다. 그들이 스포트라이트를 받아야 한다. 그럼에도 졸업생들은 자기들과 아무런 상관없는 역사적 과오 때문에 돌팔매질을 당한다. 현실적으로 수없이 많은 땅이 이전의 어느 시점에서는 누군가 다른 사람들의 땅이었다. 그것이 역사의 본질적 특성이다. 그것이 사라지지 않는 호모사피엔스의 본질이다. 모든 행사를 시작할 때마다 그 땅에 살았다고 주장하는 모든 사람을 법의학적, 역사적으로 기술해야 하는가? 그렇다면 장차 사우디아라비아에서 개최하는 모든 행사마다 이슬람이 도래하기 전까지 그 땅에 바누

....
xviii 형식적으로 캐나다의 군주는 영국의 군주다.

나디르, 바누 카이누카, 바누 쿠라이자 같은 유대인 부족들이 살았음을 알려야 한다고 유대인들도 주장해야 한다.

토착민 우선 정책은 대학교 커리큘럼이나 대학교 행사장에만 국한된 일이 아니다. 토착민 우선 정책은 학계의 기본적 평가 수단인 동료 평가 절차마저 공격한다. 잠시 한 발 물러서 동료 평가가 어떻게 진행되는지 간단히 설명하겠다. 학술지들은 편집장, 부편집장(없는 경우도 있다), 해당 분야 학계 전문가들로 이뤄진 편집위원회가 관리한다. 동료 평가 절차는 편집장이 심사할 논문을 접수한 후, 곧 이 논문이 요건을 갖췄는지, 학술지의 취지와 맞는지 결정한다. 이런 요건이 충족되지 않으면 편집장이 편집장 자격으로 논문을 거부하는데, 이는 평가가 이뤄지지 않으리라는 의미다. 요건이 충족된 경우에는 적정한 수의 검토자들에게 논문을 보내 학술평가를 의뢰한다(보통 편집위원회 중 두세 명에게 보내지만 때로 위원회에 속하지 않는 전문가, 즉 외부 심사인(ad hoc reviewer)에게 보내기도 한다).

일단 심사위원들이 모두 심사 결과를 제출하면 저자에게 결과 통지서가 전송되며 그 결과는 대개 다음 네 가지 중 하나다. 해당 학술지가 1) 논문을 접수하거나 2) 저자에게 사소한 사항들을 수정해서 다시 제출할 것을 요청하거나 3) 저자에게 주요 사항들을 수정해서 다시 제출할 것을 요청하거나 4) 해당 논문을 탈락시킨다는 것이다. 이 과정에서 수년 동안 전문가들의 강도 높은 철저한 조사가 몇 번이고 거듭될 수도 있다. 이와 같이, 학술지에 출판된 논문은 일단 광범위한 평가를 거친 것이다. 동료 평가가 결코 완벽하다고는 할 수 없지만(때로 훌륭한 논문이 거부되고 형편없는 논문이 채택되기도 한다) 이 절차는 인간 지식을 평가하는 데 있어 필수불가결한 요소다.

이 동료 평가 절차는 통상 이중 맹검(평가자와 저자가 서로 누군지 모르는 상태) 방식으로 이뤄지는데, 그럼에도 '인종차별적' 질자라 불린다고 하면 독자들은 놀랄지도 모른다. 2016년 브리티시 콜롬비아 대학의 법학 교수 로나 준 맥큐(Lorna June McCue)가 했던 주장이다.[26] 맥큐는 특히 토착민 여성으로, 동료 평가 연구들이 토착민들의 전통과 합치하지 않으며 따라서 대학이 그녀의 혈통을 차별 대우한다고 주장했다. 놀랍게도 브리티시 콜롬비아 인권재판소에서 이에 관한 진상청문회가 열렸는데 그 결과, 대학이 맥큐 교수를 차별하지 않았다고 판결했다. 유대주의 역시 이미 한참 전에 풍부한 구전 전승에서 비롯됐으므로 글 쓰느라 애먹을 필요 없다고, 모든 유대인 노벨상 수상자에게 누군가 귀띔했었으면 좋으련만.

현대 사회의 진보적 만트라에 의하면 다른 인종과 문화 혹은 종교들이 서로 다른 방식으로 지식을 축적한다고 주장하는 건 칭송할 만한 일이다. 그러나 그리 멀지 않은 과거에는 서로 다른 인종이나 계급의 사람들이 다른 방식으로 생각하고 추론한다는 건, 인종차별주의자들이나 기타 악당들이나 할 법한 생각이었다. 오스트리아 학파 경제학의 거장으로 고전적 리버럴리즘을 굳건히 옹호하던 루드비히 폰 미제스(Ludwig von Mises)는 바로 이런 어리석은 생각을 지칭하기 위해 폴리로지즘(polylogism)이라는 용어를 만들어냈다. 미제스는 마르크스주의 폴리로지즘과 인종주의적 폴리로지즘의 차이도 설명했다. 마르크스주의 폴리로지즘은 개인의 생각하는 방식이 그의 사회적 계급에 따라 결정되며, 인종주의적 폴리로지즘의 경우에는 인종이 사고방식을 좌우한다.

미제스가 다음과 같이 말할 때, 그는 이런 전제 조건의 비논리적인 성격을 잘 파악하고 있었다. "폴리로지즘을 일관적으로 옹호하는 사람들은 단지 어떤 사상을 만들어낸 자가 올바른 계급, 올바른 나라 혹은 올바른 인종 출신이라는 이유로 그 사상이 옳다고 고집하려 든다. 그러나 일관성이라는 미덕이 그들에게는 없다. 따라서 마르크스주의자들은 자기들이 승인한 교리를 가진 자들 모두에게 '프롤레타리아 사상가'라는 명칭을 기꺼이 부여한다. 그 외의 모든 사람은 계급의 적이나 사회의 배신자라고 폄하한다."[27] 현재의 사회정의전사들도 유사한 이념적 사고를 한다. 따라서 "나는 당신에게 동의하지 않소"라고 말하는 대신 기후 변화를 부정하는 자, 백인 민족주의자, 신(新) 무신론자[xix], 백인우월주의자, 알트라이트[xx] 등의 폄하하는 딱지를 붙임으로써 진보적 정통성에 반대하는 사람들을 사악하고 부도덕한 악마로 만든다.

미제스가 잘 알고 있었듯이, 폴리로지즘은 반과학적인 관념이다. "[미제스는] 폴리로지즘을 '논리와 과학에 대한 낭만주의적 반란'이라 그 성격을 밝히고 폴리로지즘이 '사회 현상과 인간 행동의 과학 영역에만 국한되지 않는다. 폴리로지즘은 우리 문화와 문명 전체에 대한 저항'이라 지적하면서, 폴리로지즘의 보다 더 큰 의의에 대해 역설했다."[28] 과학적 방법론은 우리 정체성과 무관하게 우리를 해방시켜서 진리를 추구할 수 있게 해준다. 마찬가지로, 수많은 진보주의자가 본능적으로 경멸하는 분야인 진화심리학은 명확하게 반인종차별주의적이다. 외형적 차이 이면에서 본 우리 인

••••••••••••••••
xix New Atheist. 샘 해리스, 리처드 도킨스, 크리스토퍼 히친스, 대니얼 데닛을 중심으로 "종교는 쉽게 용인돼서는 안 되며, 종교가 그 영향을 끼치는 곳에서는 반드시 반박되고, 비판되고, 합리적인 논쟁의 대상이 돼야 한다"라고 주장하는 21세기 무신론자 지식인들의 사상을 가리킨다.
xx Alt-Right. 미국의 보수 세력 중 하나로, 극단적 백인우월주의에 기반해 반세계화, 반이민, 반유대주의, 반이슬람, 반페미니즘 등을 주요 기조로 한다.

간들의 마음은 인종이나 민족적 배경과 무관하게 동일한 진화의 힘에서 탄생했음 을 인지히는 까닭이다. 환경의 힘(혹은 문화의 힘)은 당연히 우리의 사고방식이나 논리 및 의사결정에 영향을 끼치지만, 그 효과는 어느 한 사람의 인종이나 민족에 따라 결정되는 요소들이 아니다. '흑인의 마음'이나 '백인의 마음' 혹은 '백인 남성이 아는 법'이나 '토착민들의 아는 법' 같은 건 없다. 진리는 오직 하나뿐이며, 우리는 과학적 방법을 통해 그 진리를 발견한다.

다양성, 포용 및 공정이라는 이념적 순응

진보주의자들은 '다양성, 포용, 공정'이라는 말을 충분히 자주 사용하면 모든 문제가 해결된다고 믿는 듯하다. 그들에겐 물론 특정한 유형의 다양성-포용-공정만 중요하다. 인종과 민족, 종교, 성별, 성적 지향성 및 성적 정체성에 기초한 다양성은 다양성 추종 컬트의 기본적인 성례 성체다. 반면 지적 다양성이나 정치적 다양성은 퇴출시켜야 할 이단적 사상들이다. 사우디아라비아의 국교가 이슬람이라면, 서구 대학들의 공식적인 준(準)종교는 다양성, 포용, 공정, 즉 DIE(Diversity, Inclusion, Equity)다. 대학들은 이 DIE가 최고 권력을 장악하고 있는지 확인하기 위해 갈수록 더 많은 학사행정가를 고용한다. 미시건-플린트 대학(University of Michigan-Flint) 경제학과 교수 마크 J. 페리(Mark J. Perry)는 미시건 대학이 DIE 신조 유지를 위해 고용한 93명에게 매년 1,100만 달러의 인건비를 지출한다고 추산했다.[29] 이 인명부에서 가장 고위직 행정인은 미국의 대학 교수 네 명의 급여에 해당하는 39만 6,550달러의 연봉을 받는다. 비대화된 행정 조직 급여는 이미 대부분의 대학에게 큰 재정적 부담이다. 끊임없이 추가되는 DIE 관료주의로 인해 사태는 악화되고만 있다.

사회 곳곳, 구석진 곳에서 상상 속의 인종차별주의자들을 끊임없이 찾아내야 하는 까닭에, DIE 컬트 일원들은 사람들 마음속에 잠재한 편견을 측정한다는 암시적연상검사(IAT)[xxi]의 덕을 봐왔다. 다시 말해, 누가 자기는 인종차별주의자가 아니라 말하고 평생 단 한 번도 그런 생각을 품어본 적이 없다 해도 IAT 결과는 다를 수 있다는 것이다. 라브렌티 베리야(Lavrentiy Beria, 조세프 스탈린의 비밀경찰 수장)의 그 유명한 원칙과도 비슷하다. "사람 하나를 데려오시오. 그러면 내가 그 사람이 저지른 범죄를 찾아내겠소." 이 경우에는 '사람 하나(의심할 여지없이 이성애자 백인 기독교인 남성)를 데려오시오. 그러면 IAT를 통해 그가 가증스러운 인종차별주의자임을 증명할 것이오'라고 하면 된다. 사실 IAT는 그 예언 타당도가 매우 낮고,[30] 이른바 무의식적 편견을 알아내는 데서 시작한다는 다양성 교육[xxii]은 별 효과를 거두지 못하는 것으로 보이며,[31] 과연 IAT가 과학적인가에 대한 논란은 여전히 뜨겁게 지속되고 있다.[32] 따라서 마치 IAT가 과학적으로 입증되기라도 한 양 기업 및 교육 기관들에서 이용하는 것은 매우 현명하지 못한 처사다.

• • • • • • • • • • • • • • • •

xxi Implicit Association Test. 사람들이 밝히지 않으려 하거나 무의식 중에 있어서 밝힐 수 없는 태도나 믿음을 알아내는 사회심리학적 테스트라고 알려졌다. 1998년에 처음 도입됐으며 그 유효성이나 신방성에 대해 많은 논란이 있다.

xxii diversity training, 작업장 내 인종 및 성이 다른 구성원들이 서로의 차이를 인정하고 그 차이에서 비롯된 문제를 해결하고 다양성의 장점을 살릴 수 있는 방법과 지식을 찾는 훈련.

그러나 DIE 광신도들은 자기들의 통치권 내의 모든 이가 진보주의 신앙으로 완전히 개종해야 한다고 고집한다. 갈수록 많은 대학이 교수진 임용과 승진 때 DIE원칙을 고수한다고 표명하는 것을 의무화하고 있다. UCLA(캘리포니아 대학 로스앤젤레스 캠퍼스)의 공정, 다양성, 포용 사무국의 경우를 예로 들어보자. 이 대학은 교수진 각자가 자기의 '과거, 현재, 미래(계획)에 공정과 다양성 및 포용에 대해 어떻게 기여해왔으며 장차 어떻게 기여할 것인지' 피력하는 진술서를 제출해야 한다고 보고했다.[33] 바스xxiii 당원들이 과거의 독재자 사담 후세인에게 충성을 맹세했던 것이나, 사망했어도 여전히 경애하는 영광스러운 김정일 지도자 동지에게 북한이 불멸의 사랑을 열광적으로 공공연하게 노래하는 것처럼, 학계 교직원들은 이제 DIE의 제단 앞에 엎드려야 한다. 그러지 않을 경우 학계 경력이 끝장날 수 있다.

날로 만연해가는 이 현실을 대변하는 한 가지 개인적 일화를 소개하겠다. 존 몰슨 비즈니스 스쿨 여학생회 회원인 여학생(우연히도 내 연구의 팬이 확실해 보이는)이 내게 연락해왔다. 이들이 주최하는 한 행사에서, 남성이 직장에서 어떻게 하면 여성의 협력자가 돼 줄 수 있는지를 주제로 강연을 해달라는 요청이었다. 나는 그 여학생과 스카이프 채팅을 하면서 이 세션에 대해 좀 더 알아보았다. 그녀는 내가 교수로 일해오면서 여성들을 지지하고 여성들의 성공을 돕는 데 어떤 전략을 사용했는지 그 내용을 공유하기를 원한다고 했다. 그녀에게 나는 모든 개인을 성별이나 기타 변경 불가능한 특성과 관계없이 동등하게 대하며, 그들의 개인적 특성에 따라 판

xxiii Ba'ath, 아랍의 민족주의 정당.

단한다고 되새겨주었다. 또한 우리 비즈니스 스쿨 학장이 여성인 것처럼, 부학장도 여성인 점을 지적했다(이 채팅을 하던 당시부터 우리 과 학장은 여성이었다). 과거에는 여성들이 차별당했음을 인정했지만, 자료를 통해 남성과 일대일로 비교했을 때 여성들이 학계 여러 분야에서 남성들을 능가하고 있으므로 현재 상황은 매우 다르다는 점도 지적했다. 가짜 피해의식 서사를 부추기는 대신 성별 차이에 대한 과학적 연구 결과에 대해 강연하면 어떻겠냐고 제안했다. 행사조직위원회에서는 나를 초청하지 않기로 결정했다. 동조하는 척하면서 남성들이 더욱더 나은 조력자가 돼야 한다는 내용의 강연을 할 수도 있었다. 하지만 진실에 헌신하고 현실을 고수하는 사람으로서, 나는 양심상 그렇게 할 수 없었다. 여성에게 남성의 조력이 필요한 척 가장하는 건, 끔찍하리만큼 거들먹거리고 잘난 척하는 짓이기 때문이다. 이것은 능력우선주의 체계에서 존재해서는 안 될 유아증[xxiv]의 한 형태다.

그러나 학계에서는 이런 현상이 대세를 장악했다. 미국보건연구소(National Institutes of Health) 소장 프랜시스 콜린즈(Francis Collins)는 연설 약속을 수락하기 전, 그 회의에서 패널 전원이 남성인 현상을 근절하려 노력하는지를 먼저 알아보곤 한다고 언급한 바 있다.[34] 유감스럽게도 사이먼 배런-코헨(Simon Baron-Cohen)이라는 선두적 뇌과학자가 콜린즈의 입장을 지지했다.[35] 이런 고위직 남성 '동맹'들의 '미덕 과시' 행위는 실제로 능력 위주의 체계로부터 애지중지 보호받을 필요가 없는 유능한 여성 과학자들에게 모욕으로 여겨져야 마땅하다. 그런 유능한 여성 과학자들에게는 소

....
xxiv infantilism, 乳兒症. 심리학에서 성인이 돼서도 어린애처럼 행동하는 증세를 말한다.

위 말하는 '차별철폐조치(affirmative action)'가 필요 없기 때문이다.

진체주의적 이념은 순응을 강요하며, 한 인구 집단에 집단적 사고방식을 심어줄 방법은 여러 가지가 있다. 마오쩌둥의 공산당 중국이나 극도로 정통주의적인 하시디즘 분파[xxv]의 의복 규정들을 예로 들어보자. 모두가 똑같이 보인다. 개인으로서 두드러져 보이는 건 곧 자기가 남보다 더 중요하다고 공공연히 선언하는 것으로 간주한다. DIE의 관료주의는 어떻게 순응을 강요하는가? 학계에서는 각자 원하는 대로 옷을 입을 수는 있어도, 각자의 지성적인 사상과 믿음은 진보주의 이념에게 지배당한다.

지금껏 교수들의 정치적 입장에 대한 수많은 연구가 이뤄졌는데, 그 밝혀진 결과가 참으로 놀랍다. 2005년 캘리포니아에서 11개 대학을 대상으로 수행된 연구에 따르면 교수 중 민주당 대 공화당 지지자의 비율이 5 대 1이라는 게 밝혀졌다.[36] 별로 놀랍지도 않지만, 가장 편파적인 결과는 유씨버클리(UC-Berkeley)로 8.7 대 1이었다. 학과별로 나눠 연구한 경우, 42개 학과 중 39개 학과에서 민주당 지지 교수의 비율이 더 높았다. 당연히 사회정의운동이 만연한 학과들이 가장 편파적이었다(사회학의 경우 그 비율이 44 대 1에 달한다). 2016년 미국의 40여 개 주요 대학의 모든 전공 분야에 걸쳐 교수들의 선거인 등록을 조사한 결과, 공화당 지지자 1명당 민주당 지지자 비율은 4.5(경제학), 33.5(역사학), 20.0(저널리즘), 8.6(법학), 17.6(심리학) 명이었다.[37] 이 다섯 개 학과의 평균을 내면 공화당을 선호하는 교수들보다 11.5배 더 많다.

. . . .

xxv Hasidic sect. 17세기 폴란드 및 리투아니아 지역의 유대인들을 중심으로 한 유대교 분파 미국 대학들의 법학 교수들을 세밀하게 조사해보면 15%만이 보수로 분류되며(정치후원금 기부 여부를 기준으로 분류했다) 세부 전공으로 들어가면 리버럴리즘의 편파성이 차등적으로 극심화된다.[38] 예상한 대로, 사회정의 운동가들이 많은 세부 전공이 가장 리버럴한 것으로 나타났다. 리버럴 비율이 가장 높은 세부 전공은 페미니스트 법 이론이며 그 다음으로 빈곤법, 여성과 법, 비판적 인종이론, 이민법, 장애인법 순이다.

마지막으로 미국 내 상위 60개 인문대학 중 51개 대학 교수들의 정당 등록 상황에 대한 최근 조사에서는 민주당 대 공화당의 비율이 10.4 대 1이었다.[39] 이 조사에서 '극단치'인 두 사관학교를 제외하면 그 비율은 12.7 대 1이 된다. 놀랍게도, 20개 기관에서 공화당 지지 교수의 수는 통계학적으로 말하자면 0명이었다. 주목할 것은 권위 있는 학교일수록 민주당으로 더 많이 기울었다는 점이다(1, 2, 3, 4급 대학에서 각각 21.5, 12.8, 12.4, 6.9 대 1의 비율을 보였다).

1960년대와 1970년대에 사회정의전사의 원조 저격수 중 한 사람이었던 경제학자 토마스 소웰(Thomas Sowell)은 이런 재담을 남긴 것으로 유명하다. "다음에 어떤 학자가 '다양성'이 얼마나 중요한지 얘기하면, 당신네 사회학과에 공화당 지지자가 몇이나 되느냐고 물어보라."[40]

급진 리버럴인 새러 로렌스(Sarah Lawrence) 칼리지의 정치학과 교수 새뮤얼 J. 에이브럼즈(Samuel J. Abrams)는 최근 《뉴욕타임즈》 의견란에 기고, 대학 캠퍼스에서 학생들의 생활 관리를 담당하는 행정직원 900명을 대상으로 설문조사한 내용을 보고했다.[41] 그는 이 집단 내 리버럴(liberals) 대 보수주의자(conservatives)들의 비율이 12 대 1임을 알아냈다(교수 집단의 편향된 비율과 잘 들어맞는다). 맺음말에서 그는 다음과 같은 의견을 밝혔다. "이처럼 대학 행정직원들 내에서 한쪽으로 치우친 이념 분포에 대해 학생들과 학부모들은 잠시 생각해봐아 한다. 학교에서 첫 학기를 보내는 신입생에게 는 학교 행정직원들이 하는 말을 아무 생각 없이 받아들이지 말라고 나 는 강력히 권고한다. 행정직원의 이념적 불균형은 의제를 좌지우지할 수 있는 그들의 권한과 맞물려 공개적으로 자유롭게 생각을 나누지 못하도 록 위협한다. 자유롭게 공개적으로 생각을 나누는 것이야말로 정치적으로 편파된 이 시대의 고등교육기관에서 우리가 꼭 지켜야 할 일이다." 이는 그 저 단순히 분별 있는 입장 표명이었음에도, 학생들과 교직원들은 어린아 이나 보일 법한 신경질적인 반응을 보였다. 그의 연구실에 위협과 모욕이 담긴 메모들을 남기고 일단 사과하고 사임하라 요구했다.[42] 학장은 그가 공감 능력이 부족해서 캠퍼스 내 사람들에게 '불안감을 준다'는 이유로 그 를 비난했다.

대학 캠퍼스가 리버럴리즘 쪽으로 극히 편향된 정황이 문서화된 연구 결과를 발견할 때마다 나는 끊임없이 이런 이야기를 듣는다. "교수들은 교 육받았고 지적으로 교양을 갖췄으며 똑똑하다. 그러니 물론 그들은 리버 럴이다. 이것은 자기선택적 편향[xxvi]이다. 지적인 사람들은 리버럴이다. 대 학들은 지적인 사람들로 이뤄졌다. 따라서 대부분은 불가피하게 리버럴이 다." 하지만 대학 캠퍼스에 리버럴 편향이 퍼지는 건 자기선택적 편향 때문 이 아니라, 어느 정도 체계적이며 정치적 기반에 따른 차별 행위로 인한 것 이다. 한 사회심리학 및 성격심리학 연구에서는 대학에서 보수주의자 교직

····················

xxvi Self-selection bias. 사람들이 각자 주관적인 의사에 따라 선별한 어떤 집단에 자신들 이 속한다고 보는 경우 발생하는 편향. 주관적 입장이나 편견으로 표본을 선정하는 비확 률적 표집을 유발한다.

원들이 부족하다고 밝힌다(조사한 표본 중 6%만이 보수였다).[43] 주목할 것은, 대학 교직원 중 상당수가 심포지엄 초빙 여부나 인사 여부를 결정하려고 서류나 승인 신청을 검토할 때 보수적인 직원들을 차별하리라고 인정했다는 점이다. 교직원이 더 '리버럴'할수록 이런 뻔뻔한 차별을 더 공개적으로 지지했다. 교직원에 대한 차별적 편견이 만연한 상황에서, 보수 학생이나 교수가 학계에서 환영받지 못한다고 느낀 결과 대부분의 대학생이나 교직원이 자기의 정치적 성향을 감춘다고 해도 전혀 놀라울 일이 아니다.

'학자들은 똑똑하다. 따라서 그들은 리버럴이다'라는 전제는 또 다른 이유로도 잘못됐다. 이 전제에서는 보수주의자들이 대개 과학을 부정한다고 암시하지만, 이것은 틀렸다. 리버럴들의 과학부정주의는 적어도 보수주의자들 사이에서만큼 자주 찾아볼 수 있다. 맞다. 일부 보수주의자들이 종교적인 이유로 진화론을 거부하는 게 사실이다. 그러나 많은 진보주의자 역시 급진 페미니즘 등 여러 가지 세속적 이념과 상충한다는 이유로 진화심리학을 거부한다. 개인의 정치 정체성과 무관하게, 자기 신념의 잘못된 점을 지적당하는 수모를 피하고 싶은 건 인간의 본능이다.[44] 이러한 인간 영혼 자체의 취약점은 리버럴과 보수주의자를 가리지 않는다. 자기가 가장 소중히 생각하는 입장을 반대하는 관점에 드러낼 만큼 지적으로 용감한 사람은 매우 드물다. 인간의 에고는 연약하고 부서지기 쉽다.

'학자들은 똑똑하다. 따라서 그들은 리버럴이다'라는 허튼소리는 앞서 제시한 이유들만큼이나 중요한 세 번째 이유를 봐도 형편없이 잘못됐다. 보수적인 생태학 교수가 진화론—중력의 존재만큼이나 이론(異論)의 여지가 없는 과학적 사실—을 거부한다면, 이는 분명 문제다. 한 사람의 정치적 혹은 종교적 신념이 사실로 인정된 과학 지식을 대체할 수 없다(그렇더라도 과학 지식은 언제나 잠정적인 것이며 언제든지 반증할 수 있어야 한다는 점을 우리는 기억해야 한다). 그러나 서로 상충할지라도 완벽히 합리적이고 유효해서 토론 시에 제시할 수 있는 입장도 많이 있다.

한 나라의 외교 정책, 재정 정책, 이민 정책은 어떠해야 하는가? 실행 가능하고 지속 가능한 보편적 의료 제도는 존재하는가? 정치, 사회, 경제적인 면에서 실질적으로 중요한 문제는 수도 없이 많으며, 이런 문제들에 대해 각기 이질적인 관점을 접한다면 대학생들에게 매우 큰 도움이 될 수 있다. 따라서 보다 큰 지적 다양성의 추구란 그저 이론적인 추상 개념 같은 게 아니다. 대학 캠퍼스에서 생각의 자유는, 미래를 이끌어갈 학생들이 각기 다른 관점과 의견과 사실들의 경중을 따져보고 건전한 판단을 내릴 수 있게끔 교육시키는 데 도움이 된다. 지적 다양성은 다원식 경쟁 과정을 가능케 하는 원동력이 돼 최고의 사상(우리는 이를 진화론적 인식론[xxvii]이라 부른다)을 선택할 수 있게 해준다. 이런 의미에서, 오늘날 대학들은 척박한 이념적 순응밖에 남지 않은 반다원주의적 구정물 웅덩이가 돼 버렸다.

지적, 정치적 다양성이 부족한 것은 학계만의 문제가 아님에 주목해야 한다. 이념적 순응은 정보를 다루는 모든 핵심 산업 전반에 만연한 현상이다. 다양한 산업계 전반에 걸쳐 정치후원금 기부 내역을 분석한 결과, 가장 리버럴한 직업 네 가지는 내림차순으로 연예계, 학계, 온라인 컴퓨터 서비스, 신문 및 출판 매체들이었다.[45] 이 직업들의 리버럴 정도는 보수로 분류되는 직업군이 보수적인 정도에 비해 훨씬 더 극심했다. 다시 말해, 정

••••••••••••••••

xxvii Evolutionary epistemology. 1) 동물 인지 체계의 생물학적 진화론, 2) 지식 자체가 자연 선택에 의해 생존한다는 이론, 3) 추상적 개념들이 역사적으로 발견돼 온 과정을 연구하는 분야를 가리킨다. 본문에서는 2)번을 의미한다.

치적 편향이 비대칭적이라는 것이다. 이런 일반적 조사 결과는 직업군 간 정치 학습에 관한 다른 연구(정치후원금 기부를 바탕으로 진행된 연구)에서도 확인됐다. 가령 영화 및 연극 프로덕션 산업에서는 민주당 대 공화당 비율이 93 대 7, 도서 및 잡지 출판업계 편집자들의 경우는 92 대 8, 학계에서는 90 대 10이었다.[46]

임기 중반의 정치인에게 200달러 이상 기부한 테크놀로지산업 고용인들을 조사한 결과, 천문학적 비율로 리버럴에 편향된 것으로 나타났다. 넷플릭스(Netflix) 직원들이 기부한 정치후원금 중 99.6%가 민주당에게 갔다. 트위터에서는 98.7%, 애플에서는 97.5%, 구글/앨퍼벳(Google Alphabet)에서는 96%, 페이스북에서는 94.5%, 페이팔(PayPal)에서는 92.2%, 마이크로소프트(Microsoft)에서는 91.7%였다.[47] 편향? 무슨 편향? 주류 매체들은 어떻게든 자기들이 정치적으로 편향됐다는 생각 그 자체를 비웃는 모습을 자주 보여준다. 글쎄, 2013년 인디애나 대학 저널리즘 스쿨에서 진행한 한 연구에서는 미국 저널리스트 중 민주당 지지자가 공화당 지지자의 네 배에 가까웠다.[48]

많은 저널리스트가 자기들은 중립이라고 선언했지만, 그건 그저 인상 관리[xxviii]의 한 형태라고 간주하는 게 안전할 것이다(자기들이 이념적으로 공정하다고 착각하고 있는 경우라 하더라도). 중요한 것은, 정보를 다루는 업계(학계, 저널리즘, 소셜미디어) 말고도 정치적 편향이 큰 반향을 일으킬 직업군은 많다는 점이다. 가령 내과 의사들은 각자 정치 학습 내용에 의거해

• • • • • • • • • • • • • •

xxviii impression management. 심리학에서 사람, 물체, 사건 등에 대한 다른 이들의 지각에 영향을 주려고 시도하는 의식적, 무의식적인 목표 지향성 과정을 말한다.

각기 다른 치료법을 제공할 수도 있다.[49] 문제를 더 복잡하게 하자면, 각기 다른 의료 전문 분야에 따라 사기 다른 정치적 입장 유형을 보인다. 가장 보수적인 분야는 외과, 마취과, 비뇨기과이며 가장 리버럴한 분야는 감염내과, 정신의학과, 소아과이다.[50] 정신과 의사를 고를 땐 신중해야 한다. 그렇지 않으면 정신분열증 탓을 기후 변화나 고압적인 어머니 혹은 도널드 트럼프에게 돌릴 수도 있다.

나는 로널드 레이건(Ronald Reagan)이 거의 20년 전, 미국 대통령이 되기 전에 했던 매우 통렬한 지적을 인용하며 이 장을 마치고자 한다.

하지만 자유가 멸종되는 데는 한 세대도 남지 않았습니다. 우리는 피를 흘리며 우리 자녀들에게 자유를 물려주지 않았습니다. 우리가 아는 한, 우리 자녀들이 자유를 물려받을 유일한 방법은 오직 한 가지뿐입니다. 바로 우리가 자유를 위해 싸우느냐, 자유를 지키고 보호하고 수호하느냐 그리고 자녀들에게 그들이 살아가며 우리가 했던 것과 똑같이 자유를 위해 싸우고 자유를 보호하고 수호해야 한다고 제대로 가르쳐서 그 가르침과 함께 자유를 물려주느냐에 달렸습니다. 여러분과 제가 그렇게 하지 않는다면, 여러분과 저는 자녀들과 또 그들의 자녀들에게 예전에 사람들이 자유로웠던 미국은 어땠는지 얘기해주면서 인생의 황혼기를 보내야 할 수도 있습니다.[51]

레이건 대통령의 헤아릴 수 없이 지혜로운 이 말에 귀를 기울이자. 우리는 새로이 마음을 다잡고 표현의 자유를 위해 헌신해야 한다. 우리를 비합리성에 빠뜨리고 이념적으로 순응하게 만들려 하는 좌파들의 사상 병원체들과 맞서 싸워야 한다.

제4장

반과학, 반이성, 반자유적 운동

"당신이 부조리를 믿게 한 사람은
당신이 잔혹한 행위를 저지르게 할 수도 있다."
― 볼테르

대학 캠퍼스의 사상의 병원체들은 크게 몇 가지 범주로 분류된다. 포스트모더니즘(Postmodernism)의 경우, 거의 잠꼬대나 다름없이 모호하고 불가해한 산문(散文)들을 만들어내면서 모든 지식은 상대적이라고(따라서 절대적 진리는 없다고) 상정한다. 이 반과학적 헛소리는 '인종차별적' 서구 과학으로부터 '식민지화된 마음을 되찾아오라'라고 촉구하는 〈과학은 필멸하리(Science Must Fall)〉라는 단체까지 탄생시켰다. 사회구성주의는 인간 행동, 욕망, 기호(嗜好)의 대다수가 인간 본성이나 생물학적 유전형질이 아닌 사회에 의해 형성된다고 제시한다. 즉 성별 차이는 생물학적으로 결정되는 것이 아니라 단지 문화적으로 '성 역할'이 부여된다는 것이다. 급진 페미니즘은 이러한 성 역할이 가부장제의 모호하고도 사악한 힘 때문에 생겼다고 확언한다. 트랜스젠더운동은 생물학적 성이나 '젠더'가 이분법으로 나뉘지 않고 유동적으로 구성된다고 주장한다. 포스트모더니즘, 사회구성주의, 급진 페미니즘, 트랜스젠더 투쟁은 모두 거짓으로 입증될 수 있는 과학적 기반 위에 세워졌다. 하지만 이념에 최고의 가치를 두다 보면 과학적 사실의 부정이라는 피해는 필연적으로 따를 수밖에 없다.

현실로부터의 해방

많은 사상의 병원체들에게는 한 가지 공통된 맥락이 있다. 사람들을 현실이라는 족쇄로부터 해방시키고 싶어 하는 심원한 욕망이 바로 그것이다. 한 예로 인간의 마음이 빈 서판(書板) 같다는 전제가 있다.[1] 이 전제에서는 인간이 아무런 진화생물학적 청사진이나 선천적인 개인차 없이 태어난다고 상정한다. 우리 삶의 궤적은 궁극적으로 각자 어떤 환경에 노출됐느냐에 따라 완전히 달라진다는 것이다. 이는 희망적이긴 하지만 거짓된 믿음이다. 행동주의[i]의 창시자 중 한 사람인 존 왓슨(John Watson)은 이런 말을 한 것으로 유명하다.

내게 건강하고 잘생긴 유아 열두 명을 데려와 보라. 각자 내가 지정한 세상에서 그들을 양육시켜보라. 그 중 누구를 골라도 나는 그 아이를 재능이나 기호, 성향, 능력, 소명의식, 물려받은 인종과 무관하게 어떤 유형의 전문가로도, 가령 의사,

....
i behaviorism. 인간과 동물의 행동은 생각이나 느낌이 아닌 외부 조건만으로 설명될 수 있다고 보는 이론. 따라서 정신이상은 행동 유형을 개조함으로써 치료될 수 있다고 믿는다.

변호사, 예술가, 기업가는 물론 걸인이나 도적 등 내가 선택하는 대로 교육시킬 수 있다. 아직 입증하지 못한 사실인 것은 인정하나, 반대 이론의 옹호자들 역시 그들의 이론을 입증하지 못했으며, 그들은 수천 년 동안 그렇게 입증하지 못한 사실을 주장해왔다.[2]

진정 대단한 선언이다. 이 선언은 여러분의 부모(혹은 존 왓슨 박사)가 당신을 차세대 NBA 슈퍼스타로 키워낼 수도 있었다는 가정을 부당하게도 사실로 상정한다. 마이클 조던, 저리 비켜! 여기 이 동네의 샛별, 존 왓슨이 훈련시킨 통통하고 굼뜬 신장 163센티미터의 10대 소년 모르데카이 골드버그[ii]가 나가신다! 왓슨은 유전과 선천적 재능의 중요성을 거부했다.

따라서 우리의 결론은, 특성이 유전된다는 실제 증거가 하나도 없다는 것이다.[3] 오늘날 우리가 '본능'이라 습관적으로 불러온 모든 것은 대개 교육의 결과로, 인간의 학습된 행동에 속한다. 이로써 필연적으로 나는 **능력, 재능, 기질, 정신적 체질, 개성의 유전** 같은 것은 존재하지 않는다는 결론에 이른다. 이런 것들은 역시 거의 다 성장기 학습에 의해 좌우된다.[4] (굵은 글씨는 원문에 따름)

부모님들, 자녀에게 제대로 된 환경만 제공한다면 여러분의 자녀가 제 2의 리오넬 메시(아마도 역사상 가장 훌륭한 축구선수일 것이 확실한)나 제2의 앨버트 아인슈타인이 될 수도 있음을 확신하시라. 이는 생명과학(과 상식)

....

ii Mordechai(Mordecai)는 히브리어로 '작은 사람'이라는 의미로 성경에서는 모르드개라고 표기하기도 한다. Goldberg는 독일계 유대인들에게 흔한 성 중 하나. 즉 '모르데카이 골드버그'는 유대인들의 평균 신장이 작은 것을 스스로 희화한 이름이다.

거부에 그 뿌리를 둔, 진정으로 희망에 찬 메시지가 아닐 수 없다!

마찬가지로, 급진 페미니스트는 남성과 여성의 능력, 흥미와 재능이 서로 다를 수 있다는 사실을 인정하지 않으려 든다. 평범한 세 살배기도 이 자명한 사실을 알고 프로 미식축구 라인배커와 자그마한 팝스타 아리아나 그란데의 차이를 구분하는데, 사회구성주의자들은 남자와 여자가 서로 다르다는 걸 '가부장적' 개념이라며 거부한다.

그러나 아마도 현실의 족쇄에서 해방시킬 가장 뛰어난 도구는 '트랜스(trans)'라는 접두어일 것이다. 이 마법 같은 말은(자기 자신을 흑인이라고 생각했던 백인 여성 레이첼 돌러절[iii]이 그랬던 것처럼) 당신의 생물학적 성별이나 인종을 당신이 되고 싶은 아무 성별이나 인종으로 바꿔준다. 다행히도 실제 성별 위화감[iv]을 갖는 사람들은 극히 드물다. 그러나 그런 사람들이 존재한다고 해서 우리 모습을 불가역적으로 형성해놓은 생물학적 사실마저 거부해서는 안 된다. 한 사람의 '자아정체성'을 현실과 어긋나게 하라고 부추긴다고 현실에서 벗어날 수 있는 게 아니다. 그저 진실을 거부하는 것뿐이다. 그러니 포스트모더니즘이 급진 페미니스트와 사회구성주의자, 트랜스 운동가들 사이에 그토록 만연한 것도 결코 놀라운 일이 아니다. 포스트모더니즘은 인식론적 해방자로, '나의 진실'을 기림으로써 우리를 객관적 진실에서 벗어나게 해준다.

---

iii Rachel Dolezal, 1977~. 자신이 흑인으로 인종 차별을 당했다고 주장했던 미국의 여성. 흑인 조상이 있다는 증언이 거짓으로 판명되자 자신은 스스로를 흑인으로 인식한다고 주장했다.

iv gender dysphoria. 자기가 다른 성으로 잘못 태어났다고 느끼고 자기 몸을 불편하게 느끼는 상태. 트랜스젠더나 자기 성별을 부정하는 사람들에게서 간혹 나타난다.

임신하는 남자, 음경 달린 여자

　2002년의 한 대화에서 나는 대학 캠퍼스들뿐 아니라 의회의 상하원을 통째로 집어삼킬 수 있는 광기를 예언하는 징조를 보았다. 박사과정의 학생 한 명이 학위 논문 방어를 막 마치고 이를 기념하기 위해 축하 만찬을 준비했다. 악명을 남긴 이 만찬에는 나와 아내, 박사과정을 마친 학생과 그의 여자 친구, 이렇게 네 명이 참석했다.[5] 학생은 내게 자기의 여자 친구가 포스트모더니즘, 급진 페미니즘, 문화인류학에 심취한 반과학적 '사고'의 완전체라고 미리 귀띔했다. 여러 사람이 섞여 있을 때는 정치와 종교와 관련된 토론을 피하는 것이 일반적이다. 그 여자 친구의 믿음은 정치적 이념이나 준종교적 컬트와 유사하기에, 나는 마지못해 진중히 행동하겠다고 합의했다. 내 학생은 이게 아무리 해봐야 지키기 힘든 약속이라는 걸 알 만큼 나를 잘 알았다. 《이브의 모든 것(All About Eve)》이라는 고전영화에서 베티 데이비스가 남긴 영원한 대사에 이런 말이 나온다. "안전벨트 단단해 매요. 덜컹거리는 밤이 될 테니까."

　포스트모더니즘은 객관적 진실이라는 게 세상에 존재하지 않는다고 선언한다. 인간의 보편성은 공통적인 생물학적 유산의 요소들로 구성되기 때문에, 나 같은 진화심리학자는 인간의 보편성이 확실히 존재한다고 믿는다. 나와 내 학생의 동반자는 결국 불가피하게 논쟁으로 만찬을 마치고 말았다. 그녀는 나의 제1원리들을 비웃었고 나는 그녀의 원리들을 비웃었다. 그래서 나는 상대에게 도전장을 내밀었다. 내가 인간의 보편성이라 생각하는 걸 제시하면, 그녀는 왜 그게 보편적이지 않은지 말하기로 했다. 나는 확실히 이론의 여지가 없으리라 생각하는 사례로 시작했다. '호모사피엔스의 경우 여성만이 아이를 낳는다.' 그녀는 내 무지막지한 '어리석음'에 기가 차다는 듯 눈알을 굴리더니 일본에는 남성들이 어떻게 해선지 몰라도 '영적으로' 아이를 낳는 부족이 있다고 말해주었다. 그녀는 내가 물질적이고 생물학적인 영역에만 초점을 둔다며, 나 같이 생각하는 사람들 때문에 여성들이 헐벗고, 임신하고, 부엌에 갇히게 됐다며 나를 나무랐다.

처음으로 든 사례가 너무 고약하고 짜증을 유발한 것 같아서 두 번째로는 좀 덜 '논란이 될' 만한 주제를 골랐다. 나는 제시했다. 옛날 선원들은 언제나 태양이 동쪽에서 뜨고 서쪽에서 진다는 사실에 의지해 항해했다고, 그리고 이것은 객관적이며 보편적인 진리라고. 그녀가 내 두 번째 사례를 어떻게 해체시켜버렸는지 아는가? 그녀는 포스트모더니즘 헛소리 모음집에 나오는 해체주의식 반박으로 응수했다. 동쪽, 서쪽, 태양이라고 '무작위적으로 붙인' 명사 사용에 이의를 제기한 것이다. 내가 태양이라고 부르는 것을 그녀는 '춤추는 하이에나(농담이 아니라 진짜 이렇게 말했다)'라고 부를 수도 있다고 덧붙였다. 우리 대화는 오래 가지 못했다. 이후 12년이 넘도록 특히 '성별'과 관련해 이런 대화들이 점점 더 빈번해지기 시작했다(가령 2014년 웰슬리 칼리지Wellesley College에서 강연 후 한 학생은 학기 초에 교수들이 성 정체성과 관련해 학생들에게 설문조사를 해야 한다고 했다). 만일 해체주의자들이 상정하듯 언어가 현실을 만들어내는 게 사실이라면, 누군가에게 잘못된 성을 붙이는 행위는 그 사람의 '진실'에 대한 모독이라는 것이다.

2016년 9월 하순, 토론토 대학 심리학 교수 조던 피터슨은 성 정체성과 성별 표현(gender expression)을 증오 범죄 조항에 보호 항목으로서 추가하는 법안(캐나다 법안 C-16)을 비판하는 유튜브 동영상을 제작했다. 피터슨은 '젠더 대명사'와 관련해 정부가 그의 발언을 좌지우지하게 내버려두지 않겠다고 단호하게 성명했다. 말할 것도 없이 진보 학세의 무리가 들고 일어나서 그를 종신교수직에서 해임시키라고 요구했다. 피터슨이 연락했을 때, 나는 그를 내 유튜브 쇼인 〈더 사드 트루스(THE SAAD TRUTH)〉에 초청해 이 문제에 대해 토론했다.[6] 2017년 5월, 피터슨과 나, 두 사람 모두는 C-16 법안과 관련해 캐나다 상원 앞에서 진술했다.

내 차례가 되었을 때, 나는 다음과 같이 하버드 대학의 BGLTQ학생회를 인용했다. 1) 개인의 성 정체성과 성별 표현은 일상적인 변화에 따라 달라진다(월요일에는 남자, 화요일에는 여자, 수요일에는 논바이너리, 목요일에는 젠더뉴트럴[v] 하는 식으로). 2) '고정된 이분법적 성별'(남성과 여성이라는 개념)과 '생물학적 실재론'을 전파하는 것은 '조직적 폭력'을 이끄는 '트랜스 혐오적 오보(誤報)'라고 귀결된다.

증언 중 나는 내 강의 분야와 전문 영역, 즉 진화심리학을 행동과학에 적용하는 건 법안 C-16 위반으로 해석되기 십상이라고 논박했다. 일부 '진보적인' 상원의원은 그럴 리 없다며 코웃음 치거나 웃어댔지만, 상원의원 한 명은 내가 종족 학살에 찬성한다며 비난했다.[7] 따라서 21세기에, 진화행동학자인 임용 교수가 캐나다 상원 앞에서 인간은 유성 생식을 하며 남성과 여성 두 가지의 성적 이형성[vi]을 갖춘 종이라고 진술해야 했다.

혹시 이게 캐나다에서나 볼 수 있는 특이하게 미친 경우라고 생각할까 싶어 말하는데, 캘리포니아 로클린 아카데미(Rocklin Academy)에서는 어느

....

v   gender-neutral. 남녀 구분 자체를 없애고 사람 자체로 생각한다는 의미.

vi sexual dimorphism. 같은 종의 암수가 서로 다른 형태를 띠는 현상을 말한다.

1학년 학생이 급우의 성별을 잘못 불렀다는 이유로 교장실로 불려가 조사를 받았다.[8] 캘리포니아 입법자들은 장기 요양 환자의 성별을 '알면서도 반복해서 잘못 부를 때' 이를 형법으로 다스릴 법안을 통과시키려 고려하는 중이다. 뉴욕시에는 이미 이와 유사한 법이 존재하는데 이 법은 의료 서비스에만 국한되지 않는다. 내가 한참 경쟁력 있는 축구선수로 활동하는 동안 선수들이 혈기 넘쳐 내뱉던 쓰레기 같은 농담들을 돌이켜보면, 그때 선수들의 90%는 '말로 상처 준 죄'로 샌 퀜틴 캘리포니아 주립교도소에 갇힐 뻔했다. 중요한 것은, 본래 강요된 표현[vii](A는 B의 성별 호칭을 잘못 사용해서는 안 된다)법이었던 데서 더 나아가 이메일 서명이나 이름표에도 각자 자기가 선호하는 성별 호칭을 명시하도록 바뀌면서, 내가 캐나다 상원의원들에게 한 번 시작하면 걷잡을 수 없으리라고 경고했던 내용들이 사실로 입증됐다는 점이다.

이러한 광기의 쓰나미가 알아서 사그라지리라고 방심해서는 안 된다. 조용하다 싶으면 힘을 모으고 있는 중이기 때문이다. 이제 남자도 월경을 한다는 주장이 나오고 있으며(작가이자 진보주의의 아이콘인 J.K. 롤링Rowling은 최근 이 '사실'에 의문을 제기했다는 이유로 캔슬컬처[viii] 단체와 충돌했다), 이 '진실'은 성교육의 일환으로 어린이들에게도 가르쳐진다.[9] 2020년 민주당 대통령 후보 경선 토론 당시, 줄리앤 카스트로(Julian Castro)는 여성으로 성전

---

vii compelled speech. 법으로 표현의 자유가 규제되는 것을 말한다. 표현의 자유가 자유롭게 표현할 권리를 보호하는 데 반해, '강요된 표현' 법은 한 개인이 하고 싶어 하지 않는 말을 하지 않도록 보호해준다.

viii Cancel Culture. 소셜미디어에서 자신과 생각이 다른 사람들에 대한 팔로우를 취소한다는 의미에서 나온 신조어. 주로 차별이나 혐오 등 PC주의적이지 않은 것으로 간주되는 실수를 저지른 유명 인사들에 대한 집단 배척 운동이다.

환을 한 생물학적 남성도 낙태할 권리를 보장받아야 한다고 발언했다. 카스트로는 다음과 같은 트윗을 통해 발언을 수정했다. "어젯밤에는 제가 잘못 말했습니다. 전면적인 낙태와 생식 보건 복지[ix]를 이용할 수 있어야 하는 것은 바로 트랜스 남성, 트랜스 매스큘린(transmasculine), 논바이너리인들입니다. 또한 모든 트랜스와 논바이너리가 이 문제와 관련해 절 지도해주신 데 대해 감사드립니다."[10]

사실로부터 도피하려는 망상에 빠지면 정말로 헷갈릴 수 있다. 어쨌든 나는 이렇게 트윗했다. "줄리앤 카스트로님, 저는 트랜스 여성으로 자궁경부암 검사를 받으려 합니다. 혹시 추천할 만한 산부인과 의사 알고 계신지요?"[11] 캐나다암협회(Canadian Cancer Society)가 자궁경부암 위험이 큰 인구 계층을 대표한다며 광고에 트랜스 여성(생물학적 남성)의 사진을 사용하면서, 이 풍자적 트윗의 예언이 실현되고 말았다.[12] 마침내 엘리자베스 워런(Elizabeth Warren) 미국 상원의원이 민주당 대통령 경선에서 승리하려 시도하며, 대통령이 되면 9세 트랜스젠더 아동을 교육부 장관 자리에 지명하겠다고 선언했다.[13] 이런 망상 좀 받아준다고 해서 별 탈 없으리라 생각해서는 안 된다. 이것은 이성에 대한 전쟁이다.

• • • • • • • • • • • • • • •
ix Reproductive healthcare. 여성 가정 보건에 해당하나 PC주의적이지 않은 번역이므로 원문을 살려 생식 보건 복지로 번역했다.

포스트모더니즘: 가짜 심오함으로 분장한 지적 테러리즘

사람들은 이따금 복잡한 현상을 자기가 잘 이해하고 있다고 과대평가하는데, 일부 학자는 이를 '심오한 설명이라는 착각'이라 부른다.[14] 한 좋은 예로, 여러 색깔로 처리한 뇌신경 이미지 패턴의 사진을 보여주는 경우, 그 패턴이 거의 아무것도 설명하지 못하는 경우조차 사람들은 그것을 과학적 설명이라며 훨씬 더 큰 권위를 부여한다.[15] 포스트모더니즘도 비슷한 이유로 학계에서 번성한다. 자크 데리다(Jacques Derrida), 자크 라캉(Jacques Lacans), 미셸 푸코(Michel Foucault)가 그들의 허풍으로 학계에서 크게 성공할 수 있었던 것은 무언가를 거의 이해할 수 없을 때, 이건 분명 심오한 것(사람에 따라 거짓말에 흔들리는 정도가 다르다는 점에 주의하라[16])이라고 사람들이 추정하기 때문이다.

푸코는 미국 철학자 존 설(John Searle)과 나눈 대화 중에 이 가짜 심오함에 대해 고백했다. "프랑스에서는 이해하지 못하는 부분이 10% 정도 있어야 합니다. 안 그러면 사람들이 심오하지 않다고, 당신은 심오한 사상가가 아니라고 생각할 겁니다." 이렇게 시인했음에도 불구하고, 푸코는 데리다의 경우 이 전략을 너무 멀리 끌고 가는 바람에 공포 정치식 반계몽주의(obscurantisme terroriste) 수준까지 가버렸다고 생각했다.[17] 나 역시 포스트모더니즘을 지적 공포 정치 즉 지적 테러리즘[x]이라고 언급한 적 있다.

예술계는 뛰어난 객관적 계량 방법을 수립하기에 매우 어려운 영역이기

---

x   테러리즘(terrorism)은 어원상 프랑스 혁명 당시 자코뱅 당의 '공포 정치(terrorisme)'에서 나온 말이다.

에 포스트모더니즘식 허튼소리에 특히 취약하다. 일단 주관성이라는 요술봉을 휘두르기반 하면, 소위 말하는 보이시 않는 예술의 아름나움을 찾아낼 수 있다. 1996년, 나는 피츠버그 시의 카네기홀을 방문했다. 전시장 사이를 돌아다니다가 '예술품'이라고 전시된 빈 캔버스에 마주쳤다. 이 '예술 작품'에 대한 포스트모던식 뒤틀기를 이해했음에도, 나는 박물관 대표에게 이 텅 빈 '회화'가 걸린 이유를 어떻게 정당화할 수 있는지 물었다. 그녀는 이 작품에 대해 그렇게 토론하게 된 것 자체가 그 가치를 증언한다고 설명했다.

2012년 런던의 헤이워드 갤러리(Hayward Gallery)에서는 〈비가시적: 보이지 않는 것들에 관한 예술 1957~2012〉라는 제목의 전시회를 열어 보이지 않는-독자들의 예상대로-예술을 소개했다.[18] 헤이워드 갤러리의 디렉터 랄프 러고프(Ralph Rugoff)는 보이지 않는 작품들을 감상할 때 상상력이 얼마나 중요한지 되풀이해 강조했다. 그렇다면 나도 다음 책을 쓸 때 보이지 않는 원고를 써봐야겠다. 300쪽의 빈 종이를 둘러싼 앞표지와 뒤표지를 제공하는 거다. 독자들의 풍부한 상상력으로 그 내용을 채우게 비워두겠다(사실, 마이클 J. 놀즈Michael J. Knowles라는 미국의 한 영리한 팟캐스터이자 해설자가 《민주당에게 투표해야 하는 이유 Reasons to Vote for Democrats》라는 책으로 이미 나보다 먼저 해내긴 했다).

불만 연구 프로젝트(The Grievance Studies Project)

1996년 뉴욕 대학 물리학과 교수인 앨런 소칼(Alan Sokal)은 주요 포스트모더니즘 학술지인 《사회적 텍스트 Social Text》에 '경계를 초월하다: 양자 중력의 변형적 해석학을 향해'라는 제목의 횡설수설하는 논문을 게재했다.[19] 이는 반계몽주의자들의 허튼 산문들도 포스트모더니즘적 '생각'을 지원하는 것처럼 보이기만 하면 얼마든지 출판될 수 있다는 걸 보여주기 위한 거짓 논문이었다. 학술지 편집자들은 물리학자의 포스트모던식 중력 분석을 출판하고 싶었던 게 분명하다. 그렇게 함으로써 포스트모더니즘이라는 넌센스의 체계가 과학의 승인을 받게 할 수 있으리라 본 것이다. 이 패러디가 그 분야에 파괴적인 효과를 미쳤을 거라고 생각하겠지만 그렇지 않다. 포스트모더니즘에서는 현실이란 주관적이라고 주장하기에, 한 사람이 패러디를 해봐야 다른 사람들에게 수많은 다른 의미를 캐낼 노다지가 될 뿐이다.

포스트모더니스트들은 이러한 인식론적 야바위를 이용해 가장 무의미한 텍스트에서도 의미를 짜낼 수 있다. 자, 그러니 포스트모더니즘이란 마치 그리스신화에 나오는 괴물 히드라와 비슷하다. 머리 하나를 자르면 몇 개가 새로 생긴다. 2010년 나는 개인적으로 소칼에게 연락해 내가 《사이콜로지 투데이(Psychology Today)》지에 쓴 칼럼에서 그의 뛰어난 장난에 대해 언급했다고 알렸다.[20] 그는 내가 자신이 쓴 운문의 특성을 '의사(擬似) 임의 생성 구절들'이라고 특정 지은 것은 옳지 않다고 정중히 지적했다. 그는 가짜 논문을 쓰면서 한 단어, 한 단어를 공들여 선택했던 것이다. 광기로 가는 방법론이 정말로 존재했다니!

2017년, 제임스 린지(James Lindsay)와 피터 보고시언(Peter Boghossian, 내 좋은 친구이기도 하다)은 (가명으로) 가짜 논문을 출판해 인간의 음경이 개념적 구성물로서 기후 변화의 원동력이 된다고 주장했다. 미친 듯 웃어대지 않으면서 이 논문을 읽는 게 과연 가능한지, 독자들은 한번 시험해 보기 바란다. 나 사신도 카메라 앞에서 해봤는데 실패하고 말았다.[21] 일단 이 가짜 논문이 공론화되자 부편집장은 공지를 내걸어 해명했다. "두 명의 검토위원이 논문 리뷰에 합의했으며 그 중 한 명은 아무런 변경 없이, 또 다른 한 명은 몇 가지 사소한 변경을 제안한 후 논문이 채택됐습니다. 조사 결과 두 검토위원이 관련 분야에 대한 관심이 있음은 사실이나, 그들의 전문 지식은 이 주제와 관련해 충분한 역량을 갖추지 못했으며, 두 검토위원이 본 논문을 심사할 최적자가 아닌 것으로 사료됩니다."[22] 인간의 음경을 기후 변화와 연결한 완전히 터무니없는 이 논문을 적절한 전문가들이 검토했다면 그 결과가 다를 수도 있었던 모양이다. 나는 이 음경 기반 기후학에 대한 전문가를 한 명도 알지 못하지만 열심히 찾으면 찾을 수 있었을는지도 모르겠다.

음경-기후 변화 가짜 논문을 폄하하는 사람들은 이 학술지(Cogent Social Sciences)가 돈만 내면 게재해주는 약탈적인 곳이라 학술적 권위가 거의 없음을 고려할 때, 이 사건은 설득력이 별로 없다고 주장한다. 충분히 그럴 수 있다. 하지만 이 사건을 저지른 사람들은 이에 대한 반박으로 과격한 선택을 했다. 그들은 헬렌 플럭로즈(Helen Pluckrose, 아레오 매거진 Areo Magazine 편집자)와 협업해서, 아마도 역사상 가장 대규모였을 소칼식 프로젝트에 돌입했다. 그들은 스무 편의 말도 되지 않는 논문을 써서 이들을 각종 유명 학술지에 보낸 후 어떻게 되는지 지켜보았다.

아래 [표1]은 그 세 사람이 프로젝트를 마치고 실토하기(거의 발각되려던 참이었다) 전까지 채택됐던 논문들의 제목이다. 논문들은 너무도 우습고 말도 되지 않는 소리를 뒤죽박죽 섞어놓은 것에 지나지 않았지만, 페미니

[표1] 불만 연구 프로젝트에서 채택된 논문 7편

논문 제목	게재한 학술지
강간 문화에 대한 인간의 반응 및 오리건 주 포틀랜드 도시 애견 공원에서의 퀴어 수행성	성, 장소, 문화 (Gender, Place, and Culture)
뒷문으로 들어가다-수동적 삽입 섹스토이 사용을 통해 이성애자 남성의 동성애 히스테리 및 트랜스 혐오에 대항하다	성생활과 문화 (Sexuality & Culture)
우리의 투쟁은 나의 투쟁: 네오리버럴과 초이스 페미니즘xi에 대한 분파적 응답으로서의 연대 페미니즘	어필리어: 여성과 사회 복지 저널 (Affilia: Journal of Women and Social Work)
판단하는 저들은 누구인가: 인체 치수 측정과 체지방 증가 보디빌딩의 프레임워크를 극복하다	지방 연구(Fat Studies)
당신에게 농담의 화살이 돌아갈 때: 사회적 위치가 풍자에 끼치는 영향에 관한 페미니스트적 관점	히파티아(Hypatia)
브레스토랑xii 남성성의 인종 분포: 성적 대상화를 경영 수단으로 삼는 식당에서의 대상화, 성적 정복, 남성 지배 및 남성적 힘	성역할(Sex Roles)
문 미팅(Moon Meeting) 및 자매애의 의미: 생생한 페미니스트 영성의 시적 자화상	시 치료 저널 (The Journal of Poetry Therapy)

스트 철학, 젠더xiii 연구 등과 관련해 터무니없는 사상들을 다루는 유수의 학술지들은 그 논문들을 출판할 가치가 있다고 봤다. 나는 내 유튜브 채널에서 이 대단한 계략에 대해 정색하고 다루려고 시도해봤다.[23] 물론 실패했다. 이 논문들이 얼마나 어처구니없는지 살펴보자. [표1]에서 가장 먼

• • • • • • • • • • • • • •

xi   choice feminism. 한 개인으로서 그 사회적 위치나 활동에 무관하게 여성이라면 누구나 내재적으로 페미니스트이며 서로 연대해야 한다는 믿음을 가리키는 말이다.

xii   Breastaurant. 젊은 여성 종업원들이 핫팬츠 등 몸매가 드러나는 옷을 입고 서빙하는 미국의 대중 레스토랑 체인들을 지칭한다.

xiii   gender. 1995년 베이징여성대회 회의에서 sex 대신 사용하기로 합의한 용어로, 타고나는 생물학적 성(sex)이 아닌 사회적-문화적 의미의 성을 의미한다.

저 나오는 논문은 흑인 페미니스트 범죄학 관점으로 애완견 공원의 강간 문화에 대해 조사했고, 세 번째 논문의 경우는 페미니스트의 유행이를 이용해 아돌프 히틀러의 《나의 투쟁(Mein Kampf)》을 다시 쓴 이야기다. 이 터무니없는 광기는 과대평가가 어려울 정도다. 공동 저자 세 사람 중 한 명으로 대학에서 일하던 피터 보고시언은 '윤리 강령 위반'으로 학교의 조사를 받았다.[24] 사기 같은 학과들에 대해 경종을 울린 지적 용기를 치하하기는커녕, 그의 대학에서는 그를 처벌할 방법부터 모색했다.

인생이란 기회비용의 미로를 헤쳐 가는 일이다. 만일 대학에서 공부하는 데 몇 년을 보내려 한다면, 당신 부모가 힘들게 번 돈을 터무니없이 비싼 등록금을 내는 데 쓰려 한다면, 비판적 인종 이론[xiv], 교차성 페미니즘[xv], 퀴어이론[xvi], 포스트모더니즘 등을 공부하는 건 아마 삼가야 할 것이다. 학생들을 현실의 족쇄로부터 해방시키려는 욕망에 굳게 뿌리를 내린 주제들을 피하라.

••••••••••••••••
xiv critical race theory. 학계 및 시민 운동가 사이에서 일어나고 있는 움직임으로, 미국의 법이 인종 문제와 어떻게 교차하는지 비판적으로 조사하고, 주류 리버럴들이 인종 문제에 접근하는 방식에 문제를 제기한다.
xv intersectional feminism. UN에 의하면 인종, 계급, 민족, 종교, 성적 지향성 등으로 동시에 여러 가지 억압을 겪는 여성들의 목소리를 대변하여 주어진 맥락에서 불평등의 깊이를 이해하기 위한 것이다.
xvi queer theory. 이성애자 이외의 젠더와 성행위를 연구하고 이론화하며, 이성애적 욕망이 '정상'이라는 관념을 비판적으로 다룬다.

트랜스 운동 – 소수의 폭정

생물학적 남성이며 스스로 자신을 여성이라 인식하는 레이첼 맥키넌(Rachel McKinnon)은 2018년 UCI 마스터즈 트랙 사이클링 세계 선수권대회 35~44세 부문에서 우승했다.[25] '그녀'가 우승한 후 나는 트위터를 통해 내 쇼에 그녀를 초청했다. "레이첼 맥키넌 박사님, 트랜스젠더 권리와 관련, 공정성을 위해 투쟁하고자 하는 갈망을 높이 평가합니다. 하지만 여성들을 위한 시합에서 생물학적 남성에게 패배했다는 데 불만을 가질 권리가 박사님께 패배한 생물학적 여성들에게도 있으리라 생각하지 않으시는지요? 아니면 남성이 여성에 비해 이런 시합에서 행동학적, 해부학적, 생리학적, 형태학적, 호르몬 상 우위를 갖고 있다는 건 그저 트랜스 혐오적 가부장제가 부과한 사회적 구성에 지나지 않는다고 생각하시는지요? 제 쇼 〈더 사드 트루스(THE SAAD TRUTH)〉에서 함께 이야기를 나눌 수 있다면 기쁘겠습니다."[26]

혹시 뭐라고 응답을 받았는지 알고 싶은가? 맥키넌 박사가 그녀의 입장을 옹호하기 위해 내 거대 플랫폼을 이용할 기회를 포착했을까? 그녀는 철학 교수이니만큼, 선뜻 이 문제에 대해 나와 토론하겠다고 수락했어야 했다. 하지만 그녀는 나를 차단했고, 그녀의 승리에 이의를 제기한 모든 사람을 들먹이기 시작했다. 맥키넌 박사는 생물학적 남성들에게 패배한 실제 여성들에게 그녀의 승리가 얼마나 터무니없이 불공평한 것인지 생각조차 하지 못한 모양이었다. 이런 게 바로 2017년 캐나다 상원 연설에서 내가 '소수의 폭정'이라고 언급했던 것이다. 피해자학 서사는 트랜스젠더의 권리가 여성들의 권리에 우선한다는 것을 의미한다.

맥키넌의 '영웅적' 승리에 대한 대응으로, 나는 내 유튜브 채널에 이 순전한 광기를 풍자하는 동영상을 올렸다.[27] 트랜스-나이(trans-ageism), 트랜스-중력(trans-gravity. 내가 만들어낸 말이긴 하지만, 이런 것들은 '나의 사실'이니 이걸로 나를 비판하면 안 된다)이라는 개념을 이용해, 나는 나 자신을 8세 미만 아동이라 스스로 인식하기에 유도 대회 8세 이하 부문에 출전하겠다고 발표했다. 그리고 한 사람의 성적 정체성은 매일 바뀔 수 있다는 하버드 대학 BGLTQ 학생회 사무실의 논리를 이용, 내가 인식하는 나이는 매일 바뀌기 때문에 80대 이상 부문에도 출전하겠다고 선언했다. 마지막으로, 나는 체중 역시 생물학적 성, 젠더, 인종 및 나이처럼 단순히 사회적 구성에 지나지 않으며 '트랜스'라는 접두어의 권능을 통해 해방될 수 있다고 주장했다. 따라서, 내 체중은 실질적으로 90kg이 넘지만 나 자신은 55kg도 되지 않는다고 인식하기에, 특히 나 자신을 80대 노인이라 스스로 인식하는 날 그러하기에, 따라서 나는 삐삐 마른 노인들과 겨루겠다고 했다. 여러 번 그래왔던 것처럼, 내가 풍자한 것 같은 일이 예언이라도 된 듯 실제로 일어났다. 3주도 채 되지 않아 뉴스에서는 69세 네덜란드인 에밀 라텔반트(Emile Ratelband)가 그의 법적 나이를 49세로 변경할 방법을 구한다는 소식을 전했다(그렇게 된다면 인력 시장과 짝찾기 시장에서 더 유리해질 터였다).[28]

내가 소셜미디어에서 자주 언급하는 대로, 내 비꼼과 풍자는 말도 안 되는 헛소리로 눌러 붙은 찌꺼기를 절개하는 데 있어서는 외과의의 메스보다 더 날카롭다. 하지만 때로 아주 교양 있는 사람이 그걸 알아듣지 못할 때도 있다. 최근 건강검진 때, 내 주치의는 내 상태가 '차별된 체중의' 개인이라고 한탄했던 내 트윗 몇 편을 거론했다. 그는 내가 비꼬는 걸 전혀 알아차리지 못하고 내 정신건강과 감정 상태를 걱정하는 모양이었다. 그 중 한 트윗은 이랬다. "내 주치의는 자기가 뭔데 나한테 한물 간 체중 관념을 들이대며 체중을 줄여야 한다는 건가? 오늘날 진정한 과학자들이라면 체중계 눈금은 한 가지가 아니라 유동적이라는 걸 알아야 한다. 게다가 체중을 거부하는 사람이 있으면 어쩔 건가? 그들에게도 권리가 있지 않은가?"[29]

피해의식의 제왕들은 최근 경쟁적 교차성에 대한 시범적 사례를 제공했다. 캐나다 온타리오 주 윈저(Windsor)에서 한 트랜스 여성이 '그녀에게' 왁싱 서비스 제공하길 거부한 스파를 상대로 인권 피해 소송을 걸었다.[30] 무슬림 여성인 왁싱 시술자는 생물학적 남성에게 왁싱해주는 것을 당연히 꺼렸다. 이는 대단히 흥미로운 피해자학 포커 게임이었다. 누구 카드가 더 센가? 즉 누가 더 큰 피해자인가? 무슬림 여성, 아니면 트랜스 여성? 탄압 올림픽 전문 심판쯤은 돼야 이 사례에 대한 판결을 내릴 수 있을 것이다. 브리티시컬럼비아 주에서도 또 다른 트랜스 여성이 '그녀'에게 왁싱 서비스하기를 거부한 스파들을 상대로 15건의 소송을 걸었다.[31]

밴쿠버 시 성폭력 피해자 및 여성 쉼터(Vancouver Rape Relief and Women's Shelter)는 트랜스 운동가들로 인해 이보다 더 개탄스러운 타격을 입었다. 쉼터가 트랜스 여성 수용을 거부했다는 이유로 지방 자치 단체 예산이 중단된 것이다.[32] 1973년 이후 지금까지 이 쉼터는 4만 6,000여 명의 여성을 도왔다. 그러나 끔찍한 상황에서 벗어나려 애쓰던 수많은 여성 피해자의 복지는 트랜스 여성들(캐나다 전체 인구에 비하면 놀라우리만큼 적은 수다)이 '여성으로 포함될 권리'보다 중요하지 않아 보인다. 모든 캐나다인은 평등하지만, 어떤 캐나다인들은 다른 사람들보다 더 평등하다.

시드 자이글러(Cyd Zeigler)는 LGBTQ 운동가이자 국립 게이 플래그 풋볼 리그 창설자(National Gay Flag Football League)이다. 2019년 2월, 그는 폭스뉴스에 출연해 트랜스 운동선수들이 더 우위를 점한다는 과학적 증거가 없다고 말했다. 나는 트위터로 이렇게 질문했다. "시드 자이글러 씨, 지금 폭스뉴스에서 님을 보고 있습니다. 트랜스 여성(생물학적 남성)이 생물학적 여성과 생리학적, 해부학적, 형태학적으로, 호르몬 상 차이점을 보이지 않는다고 생각하신다고요? 진화에 기반한 성별 차이를 연구해온 진화행동학자로서, 저는 성별 차이가 존재한다는 인상을 받았습니다. 제 쇼에 출연해서 저를 좀 가르쳐주시겠어요?"[33]

그가 내 제안을 정말 받아들이는 동안 사태는 급격히 악화됐다. 나는 과연 대화하는 게 생산적일지 가늠하고 싶었고, 그러기 위해 자이글러가 따분한 과학적 사실들은 차치하더라도 일단 현실적인 사람인지, 아니면 그저 완강한 운동가인지 확실히 알고 싶었다. 나는 그 날 핑크뉴스[xvii]의 트위터 포스팅에 대한 그의 생각을 개인적으로 물었다. 핑크뉴스의 트윗은 다음과 같았다. "트랜스 여성도 여성이다. 따라서 트랜스 여성의 몸은 여성의 몸이다. 따라서 트랜스 여성의 음경은 여성의 음경이다."[34] 자이글러는 내 질문에 기분이 좋지 않았다.

얼마 지나지 않아 나는 코네티컷 여고생 육상 경기에서 각각 1등과 2등을 차지한 두 트랜스 여성(생물학적 남성들)과 관련한 질문을 트위터에 공개적으로 올렸다.[35] 이는 특히 트랜스 운동선수들이 더 경쟁력 있는 건 아니라고 폭스뉴스에서 자이글러가 본래 주장한 것과 관련된 사건이었다. 이

....
xvii PinkNews. 영국에 본사를 둔 LBGTQ용 온라인 신문.

때 운동가로서 그의 본색이 바로 드러났다. 그는 내가 과학자인 척하는 트랜스 혐오 문화 전사[xviii]라고 비난했으며, 따라서 나와 교류할 가치가 없다고 했다. 나는 개인적 모욕을 가볍게 받아들이는 사람이 아니어서, 트위터에서 계속 따라다니며 그가 유니콘 나라 대통령이라고 선포했다. 물론 그는 나를 트위터에서 차단했다. 그런 게 바로 중력이 존재하는 것만큼이나 명백한 생물학적 사실을 거부하는 사람들과 관계하려 노력할 때 겪는 현실이다.

리사 리트먼(Lisa Littman)은 내과 의사이자 브라운 대학 행동과학 및 사회과학 실습 조교수이다. 리트먼은 2018년 학술지 〈플로스 원(PLOS ONE)〉에 발표한 논문을 통해, 일부 동료 집단으로부터 받는 압박으로 인해 급성 성별 위화감이 소셜네트워크에 전염병처럼 점점 더 빠른 속도로 번진다고 주장했다.[36] 브라운 대학은 본래 이 연구의 결론을 다룬 보도 자료를 발행했지만, 이 때 그 결론이 불쾌하다고 생각했던 트랜스젠더 운동가들이 기사를 웹사이트에서 삭제시켜버리는 사건이 발생했다.[37] 궁지에 몰린 동료를 구출하려는 연대감의 일환으로, 나는 리트먼에게 연락해 그녀를 내 쇼에 초대했다. 초청을 수락하는 경우 자신에게 일어날지도 모를 학계의 반향을 분명히 우려했기에 그녀는 수락하기를 꺼렸다. 이렇게 해서 또 다시 가짜 분노가 학문의 자유를 짓누른 사례가 탄생했다. "나 기분 상했어!" 하고 충분히 시끄럽게 떠들면 학술 담론마저 바꿔버릴 수 있다.

최근 오스카상을 수상한 배우 샤를리즈 테론(Charlize Theron)과 트위터

<hr>

xviii culture warrior. 비이성적이고 소모적인 정치 논쟁을 하는 사람들을 일컫는 말. 2006년 정치평론가 빌 오라일리(Bill O'Reilly)가 미국의 정치 지평을 '전통주의자들'과 '세속적 진보주의자들' 간의 문화전쟁이라 표현한 책의 제목이기도 하다.

로 교전한 일이 있다. 내가 보기에, 테론을 비롯해 이제 막 트랜스젠더가 된 아이들의 부모 다수는 대리인을 통한 뮌하우젠 증후군의 전형적인 징후를(전염을 통해) 보이고 있다. 그 부모들은 트랜스젠더 아동을 자녀로 둔 덕에 '깨어있는' 진보들로부터 보상을 거두어들일 수 있다. 테론은 입양한 두 자녀 중 한 명(생물학적으로 남자아이)이 트랜스젠더가 됐으며, 이 아이는 세 살 때 자기는 여자아이라고 테론에게 알려줬다고 밝혔다.[38] 따라서, 자녀의 성 정체성을 결정하는 건 자기가 할 일이 아니라서(혹은 생물학과 무관한 일이라서) 테론은 이 아이를 여자애로 키운 모양이었다.

나는 여기에 이렇게 트윗했다. "매우 용감하고 매우 놀랍고 매우 진보적입니다. 샤를리즈 테론 씨, 잘 하셨어요! 나는 내 아이들을 비교목성(非喬木性) 다세포 탄소 기반 작용자(作用子)로 키웠습니다. 내 아이들에게 어떤 종(種)이 돼야 한다고 정해주지 않았어요. 호모사피엔스가 될지 말지 결정하는 건 그 아이들의 몫입니다." 나는 계속했다. "나는 샤를리즈 테론이 부모로서 보인 영웅적 행위를 본받겠다. 나는 내 비교목성 다세포 탄소기반 작용자들(아이들)에게 아내와 나를 각각 '엄마', '아빠'라고 부를 필요 없다고 조언했다. 우리는 성 중립적이고 논바이너리인 부양자 1, 2다." 계속된 트윗에서 나는 주기율표 유동성이라는 새로운 개념을 소개했다. "내 자녀들이 탄소 기반 생명체라는 관점에 자기 자신을 묶어두지 말았으면 한다. 그런 이유로 나는 내 아이들을 주기율표의 유동성이라는 새로운 개념에 몰두시키고 있다. 나는 아이들에게 모든 원소를 살펴보고 각자 어떤 원소가 스스로 생각하는 정체성과 맞는지(구성원소 관점에서) 결정하라고 했다."[39] 아주 드물지만 실재하는 진짜 성별 위화감 환자들을 폄하하려고 이런 풍자를 한 게 아니다. 아이들은 가족의 사생활 안에서 보호하고 지켜야 한다. 진보적 친구들에게 잘 보이려고 미덕 과시를 위한 사회 정의의 졸(卒)로 아이들을 이용해서는 안 된다.

진보주의는 그 자체로 인지적으로 비일관적이며 공리적으로 비이성적인 신념 체계다. 한 사람의 나이와 인지적 능력 간의 관계가 이념적 편의에 따라 어떻게 유동적으로 변하는지 따져보자. 만일 한 개인이 끔찍한 계획 살인을 만 17세 하고도 364일째 되는 날 저지른다면, 진보주의자들은 가장 먼저 나서서 그를 소년법원으로 송치해야 한다고 주장할 것이다. 결국 그는 자기가 한 행동의 결과를 완전히 이해할 수 없는 '어린애'다. 아직 전전두엽 대뇌피질이 완전히 발달하지 못했다는 사실에 입각, 아직 너무 충동적이어서 건전한 판단을 할 수 없다는 것이다.

청소년의 뇌는 20대까지도 성장하며, 따라서 청소년 살인을 처벌하는 것은 '잔인하고' 또 '진보적'이라 말하기 어렵다.[40] 하지만 총선 투표 연령과 관련된 문제에 대해서는 하원 의장 낸시 펠로시(Nancy Pelosi)를 비롯한 많은 진보 민주당원이 16세까지 그 투표 연령을 낮추자는 안을 지지한다.[41] 미합중국에서 입대해 악당들을 해치우려 외국에 파병되는 문제일 경우에는, 17세면 전전두엽도 충분히 발달된 것으로 보는 모양이다. 그러나 샤를리즈 테론과 같은 진보적 부모들에 의하면, 세 살배기도 자신의 성 정체성을 확정해 공표할 수 있을 만큼 인지적으로나 감정적으로나 성숙하다.

발달심리학 분야의 역사적 인물인 장 피아제(Jean Piaget)가 무덤에서 곡할 노릇이다. 선구적 연구를 통해 전반적으로 어린아이들이 성장해가며 거치는 인지발달단계를 뚜렷이 구분해서 기술했던 피아제와 달리, 진보주의자들은 생각하고, 느끼고, 행동하는 데 연령이 끼치는 영향들에 대해 매우 유동적이다. 그것이 바로 병적으로 신경질적이라고까지는 아니더라도 교만하리만큼 독실한, 인류를 악의 길로부터 구원하고자 하는 스웨덴 출신의 17세 환경운동가 그레타 툰베리(Greta Thunberg)를 비판해서는 안 되는 이유이기도 하다. 진보주의자들의 유니콘ˣⁱˣ 나라에서, 과학은 오직 이념적 도그마에 들어맞을 때만 가치 있다. 이념에 부합하지 않는 과학적 사실들은 그저 편견에 가득한 증오일 뿐이다.

최근 플로리다에서는 생물학적으로 여성이지만 스스로를 남성이라 인식하는 한 중학생이 남학생 및 그 부모의 의견도 구하지 않은 채 남학생용 탈의실 출입을 허락받았다. 한 남자 교사는 이 트랜스젠더 중학생이 있을 때 탈의실 지도를 하지 않겠다고 했다. 어린 생물학적 여학생의 벌거벗은 모습을 보는 게 부적절하다고 느꼈기 때문이다.[42] 이 교사는 트랜스 혐오자인가? 소년들은 생물학적 소녀 앞에서 옷 벗기를 거부할 권리가 있는가, 아니면 그것도 그저 또 다른 트랜스 혐오의 사례인가? 트랜스젠더 학생에게 맞춰주기 위해 다른 모든 사람의 권리를 짓밟는 것은 자유의 침해가 아닌가? 그러나 이 사건은 그저 소수의 폭정이 드러난 또 하나의 사례에 지나지 않는다. 내가 정한 내 정체성, 생물학적 사실과 충돌하는 내 정체성을 찬양하고 수용하라. 안 그러면 진보주의 감시자들의 분노를, 법적 처벌까지는 아니더라도 제도상 처벌을 감수해야 할 테니까.

· · · · · · · · · · · · · ·
xix   상상의 동물 유니콘은 서구 문화에서 극히 드물거나 아예 존재하지 않는 사람을 흔히 일컫는다.

학계 페미니즘이라는 괴상한 세상

역사를 돌이켜보면 페미니즘은 전 세계 수많은 여성의 삶을 개선했다. 하지만 다른 이념이나 제도와 마찬가지로 영속할 방법을 찾고 있으며 그러기 위해 조작된 피해의식 서사를 유지해야 한다. 어떻게 하면 피해의식의 황홀경을 영원히 지속할 것인가? 양가적 성차별 목록(ambivalent sexism inventory, ASI)이 그 해답을 제시한다. ASI는 적대적 성차별(11개 항목)과 온정적 성차별(11개 항목) 22개 항목으로 이뤄진 정신 작용 측정 방법이다. 적대적 성차별은 성추행을 하거나 남성과 동일한 업무를 맡은 여성에게 더 낮은 임금을 지급하는 등 용납할 수 없는 형태의 성차별을 의미한다. 하지만 남성이 여성을 우상화하고, 여성을 존중하고, 여성 없이는 자신들의 삶이 불완전하다고 선언하고, 여성을 보호하려 드는 경우, 그 남성은 악독한 온정적 성차별주의자가 돼 버린다. 온정적 성차별주의를 측정하는 데 사용되는 서술문 중 일곱 문장을 아래 인용한다.[43] 응답자들은 각 문장에 대해 '강력히 부정'부터 '강력히 긍정'에 이르기까지 여섯 단계로 대답하고 점수를 매긴다. 항목 3번, 6번, 13번은 응답자가 주의를 기울여 응답하고 있으며 따라서 응답에 일관성이 있는지 확인하기 위해 뒤집어 질문한 경우다.

1. 아무리 성공했더라도 사랑하는 여성이 없다면 그 남성은 한 사람으로서 진정 완성된 것이 아니다.
3. 재난 시에 여성을 꼭 남성보다 먼저 대피시켜야 할 필요는 없다. *
6. 이성(異性)과 연애하지 않고도 진정으로 행복한 경우가 흔하다.

8. 많은 여성에게는 남성이 거의 갖지 못한 순수함이라는 품성이 있다.

9. 여성은 남성에 의해 소중히 여겨지고 보호받아야 한다.

12. 모든 남성에게는 흠모하는 여성이 있어야 한다.

13. 남성은 여성 없이도 완전하다

17. 좋은 여성은 그의 남자로부터 존중받아야 한다.

19. 남성에 비해 여성의 도덕성이 더 우수한 경향이 있다.

20. 남성은 여성을 재정적으로 지원하기 위해 자신들 삶의 복지를 기꺼이 희생해야 한다.

22. 여성은 남성에 비해 더욱 세련된 문화적 감각과 취향을 갖는 경향이 있다.

인간은 유성 생식을 하는 종이며, 인간의 가장 기본적인 원동력은 이성 중에서 짝을 찾아 의미 있는 결합을 이루는 데서 나온다. 그러나 ASI에 의하면 그런 원동력을 인정한다는 것은 곧 온정적 성차별을 저지르는 일이다. 이런 입장이 얼마나 터무니없는 미친 소리인지 이해하는 데 꼭 지성적인 진화심리학자까지도 필요 없다.[44] 또한 여성을 보호하고 소중히 여기려는 남성은 누구든 사악한 성차별주의자가 된다는 데 주목하라.

최근 연구에 의하면 여성에게 인명 구조 응급 처치를 하려는 사람들이 점점 더 줄고 있다는 것도 놀라운 일이 아니다.[45] 40년 동안 페미니스트의 세뇌와 마녀사냥이 남자들을 너무 잘 가르친 모양이다. '성차별주의자' 영웅이 되는 것보다는 그냥 성차별주의자 안 하고 비겁한 방관자가 되는 편이 낫다는 것이다. 누군가 여성들에게 더 이상 용감한 소방관과 제복을 입은 영웅적 군인에 대한 환상을 버리라고 조언해야 한다. 새로 부임한 보안관이 남성성에 대한 진보적 정의를 한 마디로 요약했다. 무심하고 비겁한 방관자 남성. 그런데 여기에는 굉장한 인지적 모순이 내재돼 있다. 남자들은 끊임없이 일터에서 여성들의 협력자로서 기여하라는 설교를 듣는데, 만일 그렇게 하면 그들은 온정적 성차별을 하는 게 돼 버린다. 모든 길은 성차별로 통한다.

망상적인 젠더 연구계에서 비롯된 여러 가지 끔찍한 반과학적 사상의 병원체 중에서도, 유독한 남성성이라는 어처구니없는 개념만큼 해로운 것도 별로 없다.[46] 거의 20년 전, 크리스티나 호프 소머즈는 소년들을 부단히 공격하는 현상에 대해 중요한 책 한 권을 저술했다.[47] 이후 이 문제는 더 악화됐다. 인류가 유성 생식을 하는 이상, 인류 절반을 환자로 취급하는 건 아마도 좋은 생각이 아닐 것이다. 수많은 일류 대학이 이제 어떻게 하면 유독한 남성성을 폐기하고, 이에 대항하고, 이를 극복할 것인가에 대한 정규 과목을 개설하거나 적어도 대담이나 세미나 등을 제공한다.[48]

내 모교 코넬 대학에서는 패션을 이용해 유독한 남성성에 대항해 싸우는 법에 대한 대담회를 개최했고, 리하이 대학(Lehigh University)에서는 이 끔찍한 '질병'이 주는 고통에 맞서 싸우기 위해 남성들을 위한 치유 포옹 그룹을 만들었다.[49] 한 교육학 교수는 최근 어떻게 하면 해로운 남성성을 극복할 수 있을지를 유치원 원아일 때부터 배워야 한다고 제안했다.[50] 공론가들은 언제든 자기들의 사상의 병원체들로 어린 아이들을 감염시키고 싶어 한다. 세뇌를 시작하기 가장 좋은 시기이기 때문이다. 급진 페미니즘은 정말이지 전염성 바이러스다.[51]

유독한 남성성이란 무엇인가? 듣자 하니 남성으로서 바람직하지 않은 요소를 가리키는 모양이다. 여기에는 스포츠에서 과도하게 경쟁적이고, 사회적으로나 육체적으로 우세함을 드러내거나 공공연히 감정을 드러내지 않는 것 등이 포함될 수 있다. 유독한 남성성이야말로 폭력, 전쟁, 성폭력을 포함한 수많은 사회악의 원흉으로 지목된다. 만일 우리가 남성의 유독성을 제거하고 그 남성성의 좋은 요소만 남겨둔다면-마치 질레트 회사에서 최근 터무니없이 자책적이고 모욕적인 광고를 통해 모든 유독한 남성에게 독성을 제거하라고 청원했던 것처럼-이 세상은 더 나아질 것이다. 그러나 유독한 남성성이라는 것은 단지 전형적으로 건장하고 매우 남성적인 유형들에게만 해당되는 이야기가 아니라는 데 주목해야 한다.

텔레비전 시트콤 〈빅뱅이론(The Big Bang Theory)〉의 남성 캐릭터들 같은 괴짜들의 유독한 남성성도 주의해야 한다.[52] 어마어마하게 남성적인 네이비씰(Navy SEAL)이나 〈대수(Logarithms) 애호회〉 회원인 유순한 공부벌레나 모두 유독한 남성성의 발현 사례임을 주목하라. 당신이 좋아하는 식사를 포함해 모든 길은 유독한 남성성으로 향한다. 완전채식주의(veganism)는 백인의 남성성을 증진시키는데, 한편으로 육식 역시 잠재적으로 유독하고 패권적인 남성성의 예시화[xx]라는 것이다.[53] 아무 흠도 잡히지 않으려면 남자들은 달걀과 치즈까지만 섭취할 것을 권한다. 하지만 유일한 문제가 한 가지 예상되는데, 대부분 달걀 껍질과 치즈가 백색이기 때문에 이 식이요법은 내면적인 백인우월주의가 미묘하게 발현된 것으로 여겨질 수도 있다는 점이다. 진짜 이 문제를 해결할 방법은 하나밖에 안 보인다. 남자들이 모두 죽음을 맞을 때까지 집단으로 단식하면 결국 그 유독한 남성성을 없애버릴 수 있을 것이다. 남성들이여, 진정으로 여성들에게 협력하고자 한

---

xx　instantiation. 논리학에서 말하는 실존적 오류와 같은 의미로 쓰인다. 여기서는 '남자들은 육식을 좋아한다. 따라서 육식은 유독하다'라는 그릇된 논리를 가리킨다.

다면 집단 자살 혹은 집단 거세를 진지하게 고려해봐야 한다.

많은 학계 페미니스트는 일반적 남성성에서 유독한 남성성을 분리해 생각하는 걸 탐탁지 않게 여긴다. 여성학 프로그램에서 상당히 흔히 찾아볼 수 있는 그들의 입장은, 남성성은 그 자체로 '문제가 있다'는 것이다. 얼마나 유독한가는 측량할 필요도 없다. 옥시덴털 칼리지(Occidental College)의 페미니스트 사회학 교수인 리사 웨이드(Lisa Wade)는 이렇게 설명했다.

트럼프의 남성성이 우리가 유독한 남성성이라 부르는 바로 그것이다. 트럼프 이전 시대, '유독하다'는 한정어는 나쁜 남성성의 이상과 좋은 남성성의 이상을 구분하기 위해 사용됐다. 성폭력, 총기 난사, 자외선 차단제 거부 등 남성들의 기이한 행태 뒤에 유독한 남성성이 있다고 주장하는 사람도 일부 있지만, 그들은 남성성을 **일반적으로** 고려하지 않았으므로, 이 생각은 버려야 한다. 남성성이라는 말에 오랫동안 수많은 한정어를 붙여왔지만, 이제 우리는 남성성 자체가 문제일 가능성에 직면해야 한다.[54] (굵은 글씨는 원문에 따름)

남성이라는 것 자체가 내재적으로 나쁜 것이기 때문에, 사회학 교수이자 노스이스턴 대학(Northeastern University)의 여성, 젠더 및 성적 취향 연구 프로그램 지도교수이며 젠더 연구 학술지인 《사인즈(Signs)》의 편집자 수재너 대누터 월터즈(Suzanna Danuta Walters)가 워싱턴포스트지에 기고한 '왜 우리는 남성들을 미워할 수 없나?'를 봐도 별로 놀랍지 않다. 그 기고문의 결론은 다음과 같다.

따라서 남성들이여, 지금까지 수천 가지 문제를 일으키고 그로부터 이득을 취했으면서도 진정으로 우리와 함께하고(#WithUs) 우리에게 미움을 받지 않으려면 이것부터 시작해야 한다. 우리가 짓밟히지 않고 똑바로 설 수 있게 비켜나라. 페미니스트 여성들에게만 투표하겠다고 서약하라. 공직에 출마하지 말라. 아무것도 맡지 말라. 권력에서 물러나라. 우리가 한다. 우리는 더 이상 당신들 악어의 눈물을 닦아주지 않으리라는 걸 알라. 우리에게는 당신들을 증오할 이유가 헤아릴 수 없이 많다. 당신들은 우리에게 잘못했다. 가부장제 때문이다. 긴 세월 페미니즘 팀을 위해 싸웠다. 우리는 이긴다.[55]

  1998년 엘살바도르에서 열린 가정 폭력 관련 회의에서, 힐러리 클린턴은 "여성은 언제나 전쟁의 주요 피해자였다. 여성들은 남편을, 아버지를, 아들을 전투에서 잃었다"고 말했다.[56] 국가와 가정, 가족을 지키겠다는 숭고한 명분으로 수백만 명씩 죽은 것은 역사적으로 남성들이었기에 자칫하면 전쟁의 주요 피해자들이 남성인 걸로 착각할 수 있는데 아니, 그게 아니라 여성들이 항상 피해자라는 것이다. 젠더 연구 프로그램들은 '나는 피해자다, 고로 존재한다'는 정신 위에 세워졌다. 모든 길은 피해의식으로 통한다. 많은 페미니스트 학자와 여성 정치인이 선언했듯, 미래는 진정 여성들의 것이다.

  혹시 독자들이 학계 페미니즘이 젠더 연구라는 망상적이고 음모론적인 세계에 국한됐다고 생각한다면, 내가 그 생각을 바로잡아 주겠다. 듣자 하니 과학 그 자체마저 페미니스트 인식론이라는 독특한 렌즈로 바라볼 수 있다고 한다. 이런 말도 안 되는 생각 따위에 영향받지 않으리라 생각됐던 분야들조차도 서서히 이 사상의 병원체에게 오염돼 가고 있다. 이제 우리는 페미니스트 건축, 페미니스트 생물학, 페미니스트 물리학, 페미니스트 화학, 페미니스트 지리학, 페미니스트 수학, 페미니스트 빙하학(氷河學)까지 볼 수 있다.[57] 다음 문장은 페미니스트 빙하학 관련 논문의 초록에서 발췌한 것이다. '페미니스트 빙하학 체계는 페미니스트 탈식민성 과학 연구와 페미니스트 정치생태학을 융합, 동적 사회생태계 내의 젠더와 권력, 인식론의 확고한 분석을 해냄으로써 더욱 정의롭고 공정한 과학과 인간 대 빙하의 상호 작용을 이끌어낸다.' 빙하가 그렇게 성차별주의적이고 가부장적인지 누가 알았겠는가?

거의 125년 전, 페미니스트 샬롯 퍼킨즈 길먼(Charlotte Perkins Gilman)은 이런 유명한 선언을 했다. "여성의 마음 같은 건 따로 없다. 뇌는 성기가 아니다. 여성 간이 따로 없는 것과 매한가지다."[58] 남성과 여성 사이의 생물학적, 해부학적, 생리학적, 형태학적, 호르몬적, 인지적, 감정적, 행동적 차이들을 문서화한 수천 건의 과학 연구가 현실을 완강히 부정하는 그들 마음에 조금이라도 영향을 끼쳐서, 생물학에 기반을 둔 성별 차이가 존재한다는 사실을 받아들일 수도 있지 않았을까 생각하는 사람도 있을지 모르겠다. 오랜 경구를 빌리자면, 더 많이 바뀔수록 더 그대로다. 이 광기의 최신 예시화는 뉴로섹시즘(neurosexism)이라는 이름으로 포장됐다. 남성과 여성이 신경해부학적으로 다르다고 입증하는 게 성차별이라고 하는 모양이다. 대신, 지구 평면설 신봉자들처럼 현실을 거부하던 이들은 특정 피질 영역의 두께 등 남녀 뇌의 계량치수들 간 유사점을 밝힌 뇌과학 연구들을 가리키며 "자 봐라, 남성과 여성의 뇌는 서로 구분할 수 없다"라고 주장한다.[59] 남성과 여성 모두 손가락 열 개, 발가락 열 개, 눈 두 개, 신장 두 개를 가졌으므로 둘은 서로 구분할 수 없는 존재들이라는 것과 똑같은 논리다. 동일한 선에서 그레이트 데인(가장 큰 견종)과 치와와(가장 작은 견종)

모두 눈 두 개, 꼬리 하나, 귀 둘을 가졌으므로 둘을 서로 구분할 수 없다고 주장할 수도 있다. 최근 나는 내 유튜브 채널에서, 우리 가속은 기린이나 개나 서로 구분할 수 없이 똑같으므로(모두 꼬리 하나, 눈 둘, 이빨 등 수많은 형태학적 유사성을 갖고 있으므로 둘은 같은 종인 게 분명하다) 기린을 입양할 거라고 선포했다.[60] 현실은, 학술 문헌에 헤아릴 수 없이 많은 신경해부학적 성별 차이가 기록됐다는 것이다.[61] 즉 뇌 구조는 각 성마다 특정한 방식으로 호르몬에 반응하기 때문에, 두 성 사이에 동일한 해부학적 특성을 보인다고 해서 그것이 곧 기능마저 똑같다는 의미가 아니라는 것이다. 특별히 더 화나는 것은, 최고의 권위를 갖는 과학 학술지 중 하나인《네이처(Nature)》지가 뉴로섹시즘을 긍정적으로 다뤘다는 점이다.[62] 자신들이 애호하는 이념을 위해 기꺼이 진실을 희생시키려는 사람들이 사상의 병원체를 퍼뜨리는 이상, 그 어떤 플랫폼도 그 병원체들로부터 자유로울 수 없다.

급진 페미니스트는 다양성, 포용, 공정이라는 컬트의 충실한 지지자들이지만, 여성학과에서 보이는 당황스러우리만큼 기울어진 성비 불균형에 대해서는 입을 다문다.[63] 짐작하건대 이런 학과들에서 수행하는 '중요한' 학술 연구가 유독한 남성성의 유입으로 손상되는 것을 원치 않는 모양이다. 급진 페미니스트는 남성들이 업무 중 사망자 중에서 압도적인 비율을 차지하는 데 대해서는 불평하지 않는다. 남성의 자살 가능성이 훨씬 높고, 살인 사건 피해자가 되거나, 감금되거나, 노숙자로 전락하는 등 삶의 질이 현격히 떨어지는 경우가 훨씬 더 많다는 사실에도 역시 눈썹 하나 까딱하지 않는다. 전 세계적으로 찾아볼 수 있는 이런 남성들의 현실은 유독한 남성성 때문인 게 분명한 모양이다. 급진 페미니스트는 허구적인 남녀 간 급여 차이에 관한 유언비어 퍼뜨리기를 매우 좋아한다. 수없이 많은 사례

를 통해 그런 거짓들이 다 반박돼도 아랑곳하지 않는다.[64]

최근 프랑스에서 여성 월드컵 축구 경기가 열렸다. 이 토너먼트에서 승리한 미국 여성 국가대표팀은 예선 그룹 리그에서 타일랜드를 13 대 0으로 무참하게 격파했다. 이 팀의 성공은 여러 분야의 사회정의전사들의 분노를 촉발하면서, 이들 모두 여자 축구선수들에게 동일한 임금을 지급하라고 요구했다. 키어스틴 길리브런드(Kirsten Gillibrand)는 월드컵 경기 신기록을 달성한 그 여자 선수들에게 남자 대표팀과 동일한 임금을 지급해야 한다고 언급했다.[65] 복스 미디어(Vox Media)는 2006년 이후 미국 남자 국가대표팀의 득점을 모두 합한 것 이상의 골을 기록했다고 지적했다.[66] 마침내 유엔이 나서 한 남자 선수(리오넬 메시)가 일곱 개 상위 여자 리그의 선수들이 받는 임금을 모두 합한 것보다 더 많이 받는다고 지적했다.[67] 사람들이 이렇게 놀라우리만큼 논리적으로 그릇된 '주장'을 할 수 있다는 게 정말 믿기지 않았다.

미국을 포함, 최고의 여자 국가대표팀들은 15세 이하 지역 소년 클럽 팀과 경기에서 참패한 적이 있다.[68] 남성과 여성의 재능이 다른 것이 바로 관객 수가 차이나는 이유다. 이것은 경제학개론에 해당하는 지식이다. 미국 여자팀이 한 경기에서 13개 골을 기록했다는 사실은, 덴버 시의 어떤 청소년팀이 또 다른 청소년팀을 15 대 0으로 이겼다는 사실만큼이나 남녀 선수 간 임금 차이와 무관한 일이다. 리오넬 메시는 역사상 가장 훌륭한 축구선수라고 봐도 거의 틀림없다. 아마도 세계에서 가장 유명한 사람일 것이다.

대부분의 사람은 세상에 일곱 개의 여자 축구 리그가 있는 걸 알긴 고사하고 여자 축구선수 다섯 명의 이름도 채 대지 못한다. 이것은 가부장제 탓이 아니라, 경제적 현실로 인해 임금 격차 사례들이 생긴다는 것을 인식하는 것이다. 레이디 가가(Lady Gaga)가 나에 비해 상상할 수도 없으리만큼 많은 돈을 버는 것과 동일한 이유다. 그녀의 터무니없이 높은 수입은 (나 같은) 전쟁 난민들에 대한 고질적인 반유대주의 때문이 아니라 시장의 힘이 작용하는 데 따른 것이다. 어쩌면 경제학 학위가 있는 알렉산드리아 오카시오 코르테즈[xxi]에게 부탁해 이 점을 길리브런드에게 설명해주라고 부탁할 수도 있겠다.

이렇게 틀린 게 뻔한데 어떻게 공론가들은 그런 사상의 병원체들을 옹호할 수 있을까? 전제주의 정권 하에서는 그 답이 간단하다. 전체주의 정권은 반대의 목소리를 억누르거나 죽이지는 않는다 하더라도 범죄로 취급한다. 서구에서는 이념 주입이 이보다 교묘하게 이뤄진다. 이념은 PC운동이라는 정신으로 달성되며, 대학 캠퍼스에 지적 다양성이 결핍됐을 때 가장 잘 집행된다. PC운동은 별대모벌에게 쏘이는 것과도 같다. 쏘인 거미는 좀비 같은 상태가 돼 별대모벌의 구덩이로 끌려간 후, 몸 속에서 부화한 별대모벌 새끼들에게 뜯어 먹힌다. PC운동도 이와 똑같이 섬뜩한 목표를 달성한다. 우리가 너무 두려워 아무 말도 하지 못하고 좀비 같은 상태로 조용히 앉아 있는 동안 사악한 사상이 우리를 서서히 갉아먹게 한다.

PC운동은 9·11테러 모의를 주도했던 모하메드 아타가 비행기를 하이재킹할 때 그 불운한 승객들에게 했던 말을 떠올리게 한다. "아무도 움직이지 마. 별 일 없을 거다. 움직이면 움직인 사람이고 비행기고 다 위험에 빠

....
xxi   Alexandria Ocasio-Cortez. 30세 나이에 뉴욕에서 하원의원이 되며 일약 유명해졌다. PC운동을 추구하는 극렬 사회정의전사로 알려졌다.

뜨리는 거다. 가만히 있어. 아무도 움직이지 마. 공항으로 돌아갈 거야. 허튼 짓 할 생각 마."[69] 이와 유사하게, 지적 테러리스트들은 수 세대에 걸쳐 반과학적인 허튼 생각들을 주입시키면서 그 순진한 학생들에게 교실에 가만히 앉아 있으라고 지시한다. 질문하는 걸 삼가라. 비판적 사고를 하는 교수들과 엮이지 말라. 지적 저항은 소용없는 짓이다. 내가 주입시키는 대로 암기하고 가만히 있으라. 대학들은 PC운동을 감시하는 사상경찰들과 그들의 사회정의전사들을 양성하는 훈련장 역할을 하고 있다.

제5장

캠퍼스의 광기:
사회정의전사들의 부상

"나는 리버럴 교수인데도 리버럴 학생들이 무섭습니다.

정치 풍향이 바뀌면서 나는 일부러 강의 방식을 조정했어요.

(중략)

지도 과정에서 최대한 적절한 예의를 갖췄다고 해도,

학생의 감정을 상하게 하면 교육자로서 심각한 문제에 시달리게 됩니다."

– 에드워드 슐로서[1]

"소수의 폭정은 다수의 폭정과 비교가 안 될 정도로

훨씬 더 끔찍하고 견디기 힘들고 두려운 일이다."

– 미국 25대 대통령 윌리엄 맥킨리[2]

학생운동 사회정의전사(SJW)들은 캠퍼스에서 소수에 지나지 않지만 '진보주의자' 교수들과 캠퍼스 행정가들의 지원을 받으며 소수의 폭정이라는 형태로 대학을 지배한다. 이들은 모두 함께 PC운동이라는 경직된 분위기를 조성한다. PC운동이라고 하면 떠오르는 '사전 고지', '안전 공간', '마이크로어그레션', 캠퍼스 언어 규범[i] 등은 항상 분노하고 격앙된 이 사람들에게 권력을 부여한다.[3] 진보주의자들에게는 느낌이 진실을 이긴다. 경험적 진술은 더 이상 그 진실성 여부가 아닌, 잠재적으로 '편견적'일 수 있느냐 아니냐에 따라 평가된다. 편견이라고 생각되는 경우 그 진술은 포용이라는 이름으로 억눌러야 한다.

느낌이 한 사람의 존재를 입증하는 원동력임을 고려하면, 항상 심기 불편한 사람들 사이에 속하는 게 이익이 되는 사회에서는 '모욕 문화(culture of offence)'가 형성된다. 이렇게 되면 피해의식 서열에서 우위를 차지하고자 경쟁 충동이 일어난다. 탄압 올림픽(피해자학 포커라고도 부른다)은 정체성 정치와 교차성("나는 퀴어에 비만인이며 무슬림이고 장애자이며 트랜스인 흑인 페미니스트다")을 이용, 기괴한 부조리극[ii]의 승리자를 가르기 위해 서로 피해의식을 겨루는 경기장이다. 나는 사회정의전사들이 일종의 집단적 뮌하우젠 증후군(동정심을 구하기 위해 병을 꾸며대는 정신 이상)을 보이는 거라고 설명한다. 그 기풍은 한 마디로 '나는 피해자다, 고로 존재한다'이다. 이 피해의식의 페티시즘은 오래전 영국의 저명한 철학자 버트런드 러셀(Butrand Russel)이 《탄압받는 자들의 우월한 덕성》이라는 아주 적절한 제목의 에세

<hr>

i speech code. 차별적 언어를 피하기 위한 언어 지침.
ii theatre of the absurd. 제2차 세계대전 이후 1950~1960년대에 실존주의 이론 입장에서 인간 삶의 무상함을 구현하던 연극들을 말한다.

이에서 시사한 바 있다.[4]

이 피해자학 포커에서 아주 강력한 패를 쥐고 있다고 해서 사회정의전사들이 당신을 쫓아오지 않을 거라 섣불리 판단해서는 안 된다. 베스트셀러 작가 아얀 히르시 알리(Ayaan Hirsi Ali)는 이슬람 신앙을 가진 부모에게서 태어나 뿌리 깊은 가부장과 여성 혐오 사회에서 개인적으로 고초를 겪었던 소말리아 여성이다. 정치 쇼 진행자 데이브 루빈은 동성애자 유대인으로 과거 자랑스러운 좌파의 일원이었다. 저널리스트 앤디 응오(Andy Ngo)는 동성애자 아시아인이다. 일단 이들이 진보주의 교리(이슬람과 급진 좌파는 비판하지 말라)를 어기자, 그들을 보호해주던 정체성의 방패가 사라지고 말았다. 이들은 몰아치는 진보주의자들의 분노를 속절없이 당해야 했다. 응오는 안티파 선동가들에게 폭력적인 공격을 받아 결국 입원까지 했다. 많은 진보주의자에게 이런 폭력은 용납되는 모양이다. 응오가 '틀린' 견해를 갖고 있다면 말이다.[5]

로라 키프니스(Laura Kipnis, 노스웨스턴 대학), 레베카 튜벨(Rebecca Tuvel, 로즈 칼리지), 브렛 와인스타인(Bret Weinstein, 에버그린 스테이트 칼리지), 마이클 렉턴월드(Michael Rectenwald, 뉴욕 대학)을 포함한 여러 리버럴 교수는 이 교훈을 아주 어렵게 얻었다. 이들은 배짱 좋게도 각각 캠퍼스 강간 문화, 성전환, 캠퍼스의 인종을 기반으로 한 좌익 운동, 캠퍼스의 급진 좌파들에 대한 의문을 제기했다. 이는 진보주의 사제들의 분노를 촉발했다. 캠퍼스에 더 이상 MAGA[iii] 모자를 쓴 트럼프 지지자들이 보이지 않아 모욕하고

---

iii Make America Great Again. 2016년 미국 대선 당시 트럼프 캠프의 구호였던 '미국을 다시 위대하게 만들라'의 약어.

능멸할 사람이 없어지면, 이 진보주의 폭도들은 그들보다 덜 순수한 일원에게 달려들 것이다. 급진적인 뱀은 언제나 자기 꼬리를 삼키며 자멸한다. ISIS는 남보다 덜 무슬림다운 무슬림을 죽인다. 진보주의자들은 충분히 진보적이지 못한 모든 이를 격렬히 비난한다.

안전 공간과 반향실의 부적응성

사회정의전사들은 반대 견해는 일종의 폭력이며, 이들 폭력으로부터 보호받아야 할 필요가 있다는 피해자 서사를 밀어붙인다. 견해가 다른 연사의 초청을 취소시키도록 대학교 행정직원들에게 압력을 넣는 게 완벽히 가능하다고 생각하는 건 바로 그런 이유다. 사회정의전사 학생운동가들과 정치적으로 편파적인 교수들의 만남은 현재의 대학들과 같은 이념적 무균 반향실이 만들어지기 위한 완벽한 조건이다. 신경정신병학자 스티브 스탱커비셔스(Steve Stankevicius)는 학계의 지적 무균성이 갖는 본질적 위험을 알레르겐 없는(알레르기 증상을 일으키는 물질이 없는, 즉 무균성의) 환경에서 성장한 어린이들이 직면하는 위험에 비유했다.[6] 그런 환경에서 성장한 어린이들은 호흡기 질환에 걸릴 가능성이 더 높은데, 이는 인체가 면역 체계를 가동하기 위해서는 알레르겐에 노출돼야 하기 때문이다. 이와 비슷한 일이 바로 지적인 무균실에서 교육받은 현 세대의 대학생들에게 일어나고 있다. 이들은 감정적으로 성숙하지 못한 건 둘째 치고라도 험난한 의견 충돌의 바다를 헤쳐 나가기 위한 비판적 사고 능력을 키우지 못했다.

진화는 인간에게 행동 적응의 기제를 제공해왔다. 예를 들어 따뜻한 기후에서 사는 사람들이 음식에 향료를 많이 넣어 먹는 경향이 있는 것은, 향료에 음식물 속 병원균을 막아줄 항균 성분이 있기 때문이라고 진화학자들은 설명한다.[7] 이는 문화적 형식(국민 요리)이 어떻게 생물학적 문제(세균 노출)에 대한 적응 반응으로 나타나는지 보여준다. 행동생태학자들은 이런 문화적 차이들을 지역마다 있을 수 있는 사태에 대한 적응 반응으로 간주하고 연구한다. 하지만 적응하는 능력이 단지 문화적 단계에서만 생기는 것은 아니다. 적응 반응은 개인의 몸 안에서도 일어난다. 가령 우리 몸의 면역 체계를 보자. 면역 체계는 급속하게 변형하는 병원체에 맞서 싸워야 하기 때문에 적응 능력을 갖도록 진화됐다. 만일 인간의 면역 방어 체계가 단순히 어떤 고정된 수의 병원체만 파괴하도록 선택됐더라면 인간은 벌써 오래 전에 멸종됐을 것이다. 하지만 면역 체계에는 놀라우리만큼 융통성이 있어서, 여러 가지 다양하게 변형된 병원체에 대응할 '임기응변'식 해법을 찾아낼 수 있다.

이와 비슷하게, 우리의 행동 면역 체계[iv]는 각기 다른 조건에 대한 적응 반응들로 구성된다.[8] 예를 들어, 일정 기간 질병으로 인해 한 사람의 면역 체계가 심각하게 위태로워질수록 그 사람은 향료가 든 음식을 더욱 선호하게 된다.[9] 따라서, 진화는 한 개인으로서 적응할 능력(면역 체계)과 여러 사람에 걸쳐서 적응할 능력(행동 면역 체계), 문화 전반에 걸쳐 적응할 능력(향료를 이용해 항균 작용 도모)을 우리에게 주었다. 우리의 몸과 마음은 알려지지 않은 새로운 상황에 노출될 것에 대비하지만, 비판적 사고 능력인

••••••••••••••••
iv behavioral immune system. 심리과학자 마크 샐러(Mark Schaller)가 만든 용어로, 기생충이나 병원이 존재 가능한 상황을 알아차릴 수 있도록 해주는 한 개인의 심리적 메커니즘을 일컫는다. 보다 자세한 사항은 주석 참조.

경우에는 이런 면역 체계를 닫아버린다. 오늘날 수많은 대학 졸업생에게는 토론할 능력이 없다. 반대 관점에 접해본 적도 없으며, 반대 관점은 곧잘 이단으로 몰려 항의나 신경질적인 발작에 부딪히게 마련이기 때문이다. 비판적 사고를 위해 진화한 능력을 제대로 작동할 수 있으려면 반대 입장에 부딪혀봐야 한다.

무균성 안전 공간은 대학 캠퍼스에만 국한되는 이야기가 아니다. 최근 트위터 설립자인 잭 도시(Jack Dorsey)를 내 유튜브 채널에 초청했다.[10] 대화 중에 나는 트위터가 플랫폼 상에서 사람들의 언어를 감시하는 것은 별로 적절하지 않다고 주장했다. 건강한 인간은 잘 부서지지 않는다. 다시 말해, 사람들은 사회적 상호 관계의 추한 면모에 노출돼야 한다. 모든 상호 작용이 공손하고, 희망적이고, 풍요로울 것으로 예상되는, 멸균된 버블[v] 안에 사람들을 가두어 보호할 수는 없다. 소량의 알레르겐에 어린아이들을 노출시키다가 점점 더 많은 알레르겐에 노출시켜서 인체가 특정 알레르겐에 대한 면역을 구축할 수 있게 해주는 음식 알레르기 면역 요법처럼, 사람들도 지적으로나 감정적으로 건강한 개인으로 성장할 수 있게끔 모든 경우의 인간 상호 작용에 노출될 필요가 있다.[11] 그럼에도 오늘날, 우리는 반대 의견을 다루기엔 너무 불안정하고, 과학적으로도 유효하지 않은 개념인 소위 '마이크로어그레션'에 마주해 피해의식을 가장하면서 태아처럼 웅크리는 젊은 세대를 만들어내고 있다.[12]

대학생들을 불쾌할 수 있는 자극으로부터 보호하겠다는 본래 취지의

....

v bubble. 감염성 질환이 유행해 사회적 거리두기를 할 때 서로 만나는 게 허용되는 제한된 규모의 모임을 말한다.

사전 고지는 젊은이들을 감정적으로 더 허약하게 만들고 만다. 레바논의 내 어린 시절을 회상해본다. 내가 겪은 그런 공포를 경험한 사람은 거의 없겠지만, 나는 삶을 헤쳐오는 데 사전 고지 같은 것 없이도 과거를 극복할 줄 알게 됐다. 말할 나위도 없지만, 그렇게 비인도적이고 고통스러운 경험은 내 정신 상태에 지워지지 않는 흔적을 남겼다. 나는 레바논을 오래전에 떠났지만, 레바논은 여전히 내 마음에 남아 있다. 내 악몽 중 한 가지는 두 가지 형태로 반복해서 나타난다. 1) 집안에 바리케이드를 치고 앉아 다가오는 '나쁜 놈들'과 총으로 교전하려는데 탄약이 떨어진 걸 깨닫는다. 2) 똑같은 상황이지만 총구가 막혀서 쏠 수 없다. 이런 어린 시절의 트라우마에도 불구하고 나는 과거에 빠져 허우적대지 않았다.

전쟁 영화를 보기 전 사전 고지 같은 건 필요 없다. 그보다는 부정적인 경험을 극복하고 앞으로 나아가야 한다. 심리치료사들이라면 누구든 그렇게 말할 것이다. 사전 고지는 젊은 성인들을 애지중지 보호하며 삶에 직면할 정신적 강인함이 없다고 스스로 생각하게 만들어, 결국은 어린아이 같은 수준의 회복탄력성vi을 갖게 한다. 물론, 인간적이고 조심스럽게 돌봐야 할 특수한 상황은 있으며, 그런 경우에는 배려심 많고 친절한 교수가 이 문제를 섬세하게 숙고해봐야 한다. 그러나 모든 상황에 의무적으로 사전 고지가 돼야 한다는 건 괴이한 접근 방식이다. 2015년 허프포스트(Huff-Post)지 기사에서 나는 부정적 반응을 '유발'할 수 있다는 이유로 사전 고지를 해야 하는 주제가 얼마나 터무니없이 다양한지를 보였다.[13] 그 주제 중 일부는 다음과 같다.

• • • • • • • • • • • • • •
vi resilience. 어려움이나 곤경에서 벗어나 회복할 수 있는 정신적 능력을 말한다.

학대(육체적, 정신적, 감정적, 언어적, 성적), 아동 학대, 강간, 유괴

중독, 알코올, 약물 사용, 주사 바늘

피, 토사물, 곤충, 뱀, 거미, 점액질 물체, 시체, 두개골, 해골

괴롭힘, 동성애 혐오, 트랜스 혐오

죽음, 죽는 과정, 자살, 부상, 의학 처치의 서술 및 영상

폭력 및 전쟁의 서술 및 영상, 나치 용품

임신, 출산

인종 차별, 계급 차별, 성 차별, 비만인 차별, 장애인 차별 및 기타 차별들

성행위(합의에 의한 성행위도 해당)

욕설, 비방('바보'나 '멍청이'와 같은 낱말 포함)

강박신경장애 환자를 거스르는 모든 상황

정말이지 그 목록은 끝이 없기에, 나는 다음과 같은 범용 사전 고지를 제안한다. "실제 세상을 각자의 뇌를 사용해 헤쳐갈 때는 사전 고지가 따르지 않습니다. 이 과정은 여러분이 성인으로서 인지적이고 감정적인 명민함을 갖췄다는 추정 하에 진행됩니다. 삶 자체가 여러분의 사전 고지입니다."

사전 고지는 노출 요법의 기본 원칙에 정반대된다.[14] 노출 요법이란 일반적 불안장애, 사회불안장애, 공포증(가령 거미공포증 등), 공황장애, 강박신경장애, 외상 후 스트레스장애의 극복을 위해 잘 연구된 치료법이다. 이 치료법을 적용하는 경우, 환자들은 증세를 촉발시키는 자극에 노출돼 공포와 두려움에 대처하는 전략을 배우게 된다. 사전 고지의 효과를 실험해본 몇 안 되는 연구에 의하면, 사전 고지는 학생들로 하여금 '촉발자'들을 더 피하게 하고[15], 회복 탄력성을 키우지 못하게 하며[16], 과거 트라우마가

있는 사람들에게조차 효과가 없다는[17] 게 밝혀졌다. 사전 고지가 고통스러운 감정을 일시적으로 줄여줄 수는 있더라도, 예측할 수 없는 삶을 헤쳐가는 데 필요한 건강한 사고방식을 키워주지는 못한다.

대학은 왜 있는가?

18세기의 위대한 수학자 레온하르트 오일러(Leonhard Euler)는 선언했다. "우주의 구성은 가장 완벽하고 가장 현명한 창조주의 작품이므로 최대나 최소의 법칙 같은 것이 나타나지 않는 우주에서는 아무 일도 일어나지 않는다."[18] 많은 경우, 우리는 실세계에서 최적의 실제 행동 방침을 알아내야 한다(가령 이윤을 최대화하거나 대기 시간을 최소화하는 것처럼). 운영 연구(혹은 경영과학)는 최적의 행동 지침을 찾기 위해 분석 기법을 사용하는 학문 분야다. 어떤 경우에는 자연 선택이 유기체의 뇌에 최적의 행동을 프로그래밍 해놓기도 한다. 이것은 동물들이 칼로리 소비를 최소화하면서 칼로리 섭취를 최대화하기 위해 섭이 행동을 최적화시킨다는 '최적섭이이론 (optimal foraging theory)'을 뒷받침하는 아이디어이기도 하다.[19]

수학과 컴퓨터과학 전공 학부생으로, 경영대학원 학생으로 공부하는 동안, 나는 GERAD(Groupe d'études et de recherche en analyse des décisions, 결정 분석 연구 그룹)에서 연구보조원으로 일했다. 몬트리올의 몇 개 대학에서 온 응용수학자들과 컴퓨터 과학자들로 이뤄져 있던 중심부에서는 여러 가지 알고리즘 방식을 이용해 최적화 문제를 해결하는 데 전념했다. GERAD에서 나는 고전적 최적화 과제인 '2차원 절단 저장 문제(cutting stock problem)'를 다뤘다. 목재나 유리, 금속 회사에서 규격 크기의 원자재 판을 주어진 수만큼 다양한 크기의 직사각형이나 정사각형으로 절단한다고 생각해보자. 원자재 판의 낭비를 최소화하면서 주문받은 대로 절단하려면 어떻게 해야 할까? 또 다른 최소화 문제로 '세일즈맨의 출장 문제'가 있다. 세일즈맨이 주어진 숫자만큼의 도시들을 꼭 한 번씩만 방문하고 출발점으로 돌아오는 문제다. 이 목표를 가장 짧은 경로로 달성하려면 어떻게 해야 할까? 이런 것들이 바로 최소화 문제인데 최대화 문제도 있다. 가령 한 기업이 네 가지 다른 상품을 각기 다른 가격에 생산하는데, 이 때 네 가지 상품의 원자재도 각기 다르고 기계를 점유하는 시간도 모두 다르다고 생각해보자. 문제는 어떻게 하면 네 가지 상품의 생산 비율을 최적화해서 기업의 이윤을 극대화하느냐는 것이다.

이런 문제들에 대한 최적 답안은 어느 변수를 선택해 최적화하느냐에 따라 달라진다. 건축가는 건물을 세울 때 총 경비를 최소화할 수도 있고 완공 시간을 최소화할 수도 있다. 그로 인해 최대한 많은 주거지를 가능한 한 저렴하고 신속하게 보급하는 것이 목표였던 미국 대도시 주택 프로젝트처럼 칙칙한 건축 디자인이 나올 수도 있다. 또는 건축가가 건물의 생명친화적 인상을 최적화(자연을 사랑하는 인간 본연에 부응하는 디자인 형태의 수를 최대화)할 방법을 찾을 수도 있다. 어떤 변수를 최적화할 것인지 선택하느냐에 따라 극단적으로 다른 건축 설계가 나올 것이다. 더 복잡한 문제로 나아가, 여러 가지 복잡한 실세계 문제를 해결하려 할 때는 서로 상충하는 변수 몇 가지를 동시에 최적화해야 한다(한 예로 위험 부담을 최소화하는 동시에 수익을 최대화할 투자 전략을 찾는 것을 들 수 있다. 이 경우 대개 투자 포트폴리오를 다양화하는 것으로 문제를 해결한다). 이 때의 문제가 바로 서로 상충하는 변수들 사이에서 최적의 균형을 찾는 것이다.

기업들은 출장 가는 세일즈맨의 여행 거리를 최소화할 방법을 찾으려고 하겠지만, 대학은 무엇을 최적화하려고 애써야 할까? 분명 대학은 새로운 지식을 창출하고 퍼뜨리기 위해 존재한다. 그러나 이것은 더이상 사실이 아니다. 오늘날에는 선호하는 집단 내에서 사람들의 감정을 되도록 건드리지 않는 것이 진리를 추구하는 것보다 근본적으로 더 중요하다(적어도 일부 분야에서는 그렇다). 안전 공간을 만들어주는 것이 표현의 자유와 지적 풍요에 선행한다. 사회정의운동은 진실 탐구보다 우선한다. 오퍼레이션 리서치[vii]식 용어로 말하자면, 역사적으로 대학이 목표하는 기능은 학생들과 교수들의 지적 성장을 최대화하는 것이며, 대학 예산 이외 다른 요소로부터 영향을 받아서는 안 된다. 오늘날 많은 대학이 다중 객체 최적화 문제에 의해 움직이고 있다. 사람들 감정을 최소한으로 상하게 하는 동시에 지적 성장을 최대화하는 것, 혹은 사람들 감정을 최소한으로 상하게 하는 동시에 지적 성장과 사회 정의 운동을 최대화하는 것이다.

여기 딱 맞는 사례가 팔로 알토 대학(Palo Alto University)으로, 이 자그마한 동네 학교는 브렛 캐버노 상원 인준청문회 기간에 일약 전국적으로 유명세를 탔다. 이 대학은 바로 36년 전 캐버노에게 성폭행을 당했다고 고발한 크리스틴 블레이시 포드가 심리학 교수 직책을 맡고 있던 곳이다. 나는 이 학교가 아마도 사회정의전사 운동가들의 온상일 거라 생각하고, 학교의 핵심 사명을 알아보기 위해 학교 웹사이트를 찾았다. 과연 기대를 저버

• • • • • • • • • • • • • • • •
vii operation research. 수학적 분석 방법을 이용하는 경영 관리, 군사 작전, 정책 등 조직의 운용 효율성을 높이기 위한 연구.

리지 않았다. 아래는 그 학교가 추구하는 여덟 가지 핵심 가치 중 세 가지다.[20]

1. 사회 정의, 문화적 능력, 다양성
2. 학생 중심 및 문화 반응적 환경
3. 지식 상태와 실천을 발전시키는 고품질 과학 연구 및 학문 탐구

고등교육에 무슨 문제가 있는지 알고 싶다면, 위에서 보는 것처럼 대학들의 정통적 우선순위가 역전된 상황, 즉 사회 정의가 학문 탐구보다 우위에 있는 상황부터 이해하는 게 좋을 것이다.

피해자학의 항상성

항상성[viii]이 얼마나 도처에 퍼졌는지, 항상성을 어떻게 연구하고 그 의미가 무엇인지에 관한 배경 지식을 설명하고자 하니 독자들은 잠시 참아주기 바란다. 항상성을 이해하면 피해자학에서 중요한 점을 밝힐 수 있기 때문이다. 생명 체계나 인공 체계 중 상당수는 어떤 일정한 평형 수준 혹은 최적의 평형 수준을 유지하려 시도한다. 가령 실내 온도 조절 장치는 설정한 온도를 유지할 수 있게끔 찬 공기나 더운 공기의 흐름을 조절한다. 인체

....

viii 恒常性, homeostasis. 생물체가 외적, 내적 환경의 변화에도 불구하고 개체로서 생리학적 상태를 안정되게 유지하는 기능을 의미한다.

에도 체온, 포도당, 동맥 혈압을 조절하는 절차 등 항상성 조절 체계가 존재한다. 항상성 조절 체계는 생리학적 과정에만 국한된 게 아니다. 몇 가지 영향력 있는 심리학 이론들 중에서도 항상성이라는 아이디어를 기반으로 하는 게 있다.[21]

심리학자 존 M. 플레처(John M. Fletcher)는 생리학적 항상성과 심리학적 항상성을 다음과 같이 비교했다. "모욕을 받고 화가 나는 것은 감염으로 인해 체온이 상승하는 것과 본질적으로 다르지 않다. 둘 다 한 가지 유기체가 상태를 유지하려는 시도에 해당한다. 하나는 인체의 상태를, 다른 하나는 사회적 상태를 유지하려는 것이다."[22] 추동감소이론(drive-reduction theory)에 의하면, 인간은 생리학적 혹은 심리학적 요구를 만족시키기 위해 현재 상태와 바람직한 상태 사이의 격차를 줄여야만 한다고 상정한다. 예를 들어 배고프거나 목마르면 사람은 배고픔과 목마름을 풀기 위한 행동을 할 것이다.

추동감소이론은 인간이 보이는 현상 중 상당히 많은 부분을 설명해줄 수 있다. 항상성 비교 역시 사람들이 살아가면서 여러 요소에 대한 만족감을 어떻게 측량하는지에 초점을 맞추는데, 다중격차이론(multiple discrepancies theory)이라 알려진 이론의 핵심적 요소다.[23] 가령 내 현재 직업과 내가 기대했던 수입의 격차를 비교할 수 있다. 혹은 내 수입을 동료들과 비교해볼 수도 있다. 요점은 현재 상태와 원하는 상태 사이의 격차를 알아내고 격차를 줄이고자 하는 방법도 여러 가지가 있다는 것이다.

항상성 유지는 내 전공인 소비자심리학을 포함해 여러 가지 맥락에서 응용된다. 최적자극수준이론(optimal stimulation level theory)에 따르면, 개인의 행동은 일상 생활에서 성격에 따라 달리 설정된 최적의 자극 한계 값을 달성하고자 하는 욕망에 의해 어느 정도 추진된다. 가령 감각적인 것을 추구하는 사람들은 더욱 폭넓게 다양한 상품을 찾아다니기 쉽다.[24] 항상성 유지 절차는 문화에 따라 소비 유형이 다른 현상도 설명할 수 있다. 가령 집단적 소비자 선택(특정 커피 맛이나 술 맛에 대한 기호 등)은 그 나라의 기후(온도나 일조량)와 관련됐을 수 있으며 지역 환경에 적응하기 위한 항상성 반응이라고 볼 수 있다.[25]

항상성 유지가 바람직하지 않은 결과를 일으킬 수도 있다. 리스크항상성이론(risk homeostasis theory)은 사람들이 생활에서 원하는 수준의 위험도(risk)를 유지하기 위해 자신들의 행동을 변경한다고 본다. 일부 사람이 안전벨트나 ABS 장치, 에어백 등 자동차의 필수적인 안전 기능이 있을 때 더 무모하게 운전하는 것은 이 때문이다.[26] 20년도 더 전에, 두 명의 연구원이 러닝슈즈와 다양한 부상 간 관계를 조사해보자고 했다. 특히 그들은 값비싼 러닝슈즈(표면적으로 볼 때 뛰어난 부상 방지 기능이 있는)를 신으면 걸음걸이가 바뀌어 더 큰 부상을 초래한다는 사실을 알아냈다.[27] 이는 아마도 걸음걸이 항상성 유지 절차가 발현된 것, 즉 신발에 더 두터운 보호 충전재가 있기 때문에 달리면서 포장도로를 발로 디딜 때 무의식 중 더 큰 힘을 가하기 때문으로 보인다.

항상성은 또한 연구원들이 '유행 변화에 의한 개념 변화'[ix] 현상에도 관여한다.[28] 만일 누군가 당신에게 어떤 것이 파란색인지 물었다고 해보자. 이 경우 당신이 파란색을 이전에 많이 보았다고 해서 그 대답이 달라질

----

ix prevalence-induced concept change. 빈곤율 저하, 폭력 감소, 교육 수준 향상, 인종차별 감소 등 세상이 개선돼도 이에 맞춰 사람들의 기대 수준 역시 상승되는 까닭에, 대개 사람들은 세상이 개선되지 않았다고 생각하는 경우도 여기 해당한다.

수 없을 것 같지만, 사실 달라진다. 파란색이 적을 경우, 사람들은 보라색을 파란색으로 생각한다. 연구자들은 위협적인 얼굴 사진들로 같은 실험을 해보았다. 참여자들이 위협적인 얼굴을 덜 볼 때, 이들은 중립적인 얼굴을 위협적으로 생각한다. 간단히 말해 이것이 일종의 항상성이다. 즉 사람은 지각 왜곡[x]을 해서라도 고정된 수준의 빈도로 자극을 유지하도록 돼 있다. 이것이 바로 노골적인 증오나 괴롭힘이 아닌 경우에도 과장된 피해의식 서사의 수가 치솟는 까닭이다. 우리는 증오로 가득한 사회, 무시 받는 집단이 두려움 속에 살아가야 하는 그런 사회를 무슨 일이 있어도 막아야 한다.

심리학자 닉 해슬럼(Nick Haslam)의 콘셉트 크립(concept creep) 이라는 개념은 항상성 논거와 매우 관련이 있다.[29] 그는 해악과 병적 측면으로 보는 요소들이 크게 늘어났다고 주장하며, 여섯 가지 사례(학대, 괴롭힘, 트라우마, 정신이상, 중독, 편견)를 사용해 이를 입증했다.[30] 그의 뛰어난 논문 초록에서, 해슬럼은 이렇게 경고한다. '개념의 변화가 불가피한 현상이며 때로는 그럴 이유가 충분하다고 해도, 콘셉트 크립은 일상 생활 자체를 병든 것으로 보고, 도덕적이지만 무기력한 피해의식을 장려할 위험이 있다.' 해슬럼은 이런 경향에 대해 몇 가지 추측을 내놓았지만, 피해자학의 항상성 설명이 가장 단순하다. 일정 수준의 피해의식에 도달해야 한다는 것이다. 피해의식의 사례 건수가 충분하지 않으면, 피해의식을 새로이 정의해서 평범한 일상생활의 경험마저 가짜 피해의식을 뒷받침할 '짜릿한' 데이터로

---

x perceptual distortion. 실제 현실과 개인이 지각, 이해, 해석하는 내용이 서로 일치하지 않는 경우를 말한다.

바꾼다.

피해자학의 항상성, 콘셉트 크립, PC운동은 때로는 정말로 어처구니없는 도덕적 위선을 빚기도 한다. 캐나다 수상 쥐스탱 트뤼도는 ISIS가 집단 학살을 저질렀다고 인정할 때는 주저했지만, 토착민 여성들이 캐나다의 국가 평균에 비해 살해되는 비율이 높다는 사실을 문서화한 보고서에서는 기꺼이 '집단 학살'이라는 단어를 사용했다.[31] 토착민 여성의 거의 대다수는 토착민 남성에게 살해된 것이지만, '채찍질 고행단[xi]의 수장'은 그 잘못을 '집단학살적인' 캐나다인에게 돌렸다. 튀르키예 정부는 아르메니아인 집단 학살을 꿋꿋하게 부인하고 있는데, 캐나다 정부는 허구의 종족 학살을 자백한다. 이유는 다를지언정, 두 정부 모두 기괴한 진실의 살해를 자행하고 있다.

피해자학의 항상성은 진정 갈피잡기 힘든 가짜 분노와 가짜 피해의식의 사례들을 초래하기도 한다. 2017년 론 그래버(Lorne Grabher[xii])의 맞춤형 자동차 번호판 'GRABHER'가 노바스코샤[xiii] 지역 자동차 등록소에 의해 취소됐다.[32] 이 사건은 노바스코샤 대법원 공청회까지 갔으며 현재 노바스코샤 제 2심 법원에서 심리가 진행되고 있다.[33] 노바스코샤 정부(피고)는 맥길 대학(내가 다니던 학교이기도 하다)의 페미니스트 미디어 연구 부교수 캐리 렌츨러(Carrie Rentschler)가 작성한 전문심리위원 보고서를 제출했는데, 이 보고서에는 그래버의 번호판이 여성에 대한 폭력을 용인하고 강간

....
xi Flagellants -in-chief. 채찍질 고행단은 13~14세기 유럽에서 죄를 씻기 위해 스스로에게 채찍질을 하던 고행 형제단 및 십자가 형제단을 일컫는다.
xii 그래버라는 이름은 '그녀를 움켜쥐다'라는 의미의 Grab her와 철자가 동일하다.
xiii Nova Scotia. 캐나다 동부의 한 주.

문화를 영속시킨다고 언명했다. 렌츨러는 심지어 이 문제를 도널드 트럼프와 연결시킬 방법까지 찾아냈다(트럼프가 빌리 부쉬와 인터뷰한 내용이 유출되며 이제 유명해진 그 구절 '그 여자 거길 움켜쥐고'라 말했던 것 때문이다). 이것은 농담이 아니다. 한 남자의 실제 성(姓)이 이제는 여성에 대한 폭력의 한 형태로 간주된다.

시애틀 대학교 인문대학장 조디 켈리(Jodi Kelly)는 학생과 대화 중에 '검둥이(nigger)'라는 단어를 입 밖에 냈다는 이유로 행정직에서 물러났다.[34] 흑인 시민권 운동가 딕 그레고리(Dick Gregory)의 자서전[xiv]을 추천하느라 나온 말이라는 것을 알기 전까지는, 끔찍이 편협하고 부적절하게 들릴 것이다. 켈리는 독서 과제물 저자들을 다양하게 추천하라는 요청에 응하던 중이었을 뿐이다. 우리 사회의 PC운동과 가짜 분노가 여기까지 이른 것을 보면 진심으로 마음이 아프다. 볼테르가 남긴 불멸의 명언처럼 '상식은 그렇게 흔한 것이 아니다'. 이런 끝도 없는 가짜 분노의 사례 중에는 칼튼 대학(Carleton University) 체육관에서 체중계를 일시 치워버린 사건(부정적인 자기 신체 이미지를 가진 사람들을 자극할 수 있다는 이유였다),[35] '성차별적' 샌드위치의 이름을 바꾼 경우(웨이트로즈[xv] 사의 상품 '신사의 훈제 치킨 시저롤')도 있다.[36] 이런 피해자학 항상성 이론을 가장 잘 포착해주는 건 아마 페미니스트 애니타 사키시언(Anita Sarkeesian)의 인용구가 아닌가 싶다. '체제에 대해 배우기 시작하면 모든 것이 성차별주의적이고 모든 것이 인종차별적이며 모든 것이 동성애 혐오적인 것을 알기 시작할 것이다. 항상 모든 사람에

xiv   자서전 제목이 '검둥이(Nigger)'이다.
xv   Waitrose & Partners, 영국의 슈퍼마켓 브랜드.

게 이것을 지적해야만 할 것이다.'37

이 말 그대로 대학 캠퍼스에는 백인우월주의를 가려내는 게 유행처럼 번지고 있다. 과격한 인종차별주의자가 주변에 없으면, 만들어내서라도 피해자학의 항상성을 유지하려 한다. 캠퍼스 개혁(Campus Reform)이라는 웹사이트는 캠퍼스에서 벌어지는 광기들을 아주 잘 모아놓은 곳이다. 이 사이트에서 '백인우월주의'를 키워드로 검색하자 호박, 예술 작품 속 흰 대리석, 우유, 대학 마스코트, 할로윈 분장, 디즈니, MAGA 모자, 토마스 제퍼슨 동상, 도널드 트럼프, 도널드 트럼프에게 투표하기, 시험 보기, '흑인의 생명은 중요하다(Black Lives Matter)' 대신 '모든 생명이 중요하다'고 말하기, 백인 자녀 갖기, 정중함을 촉구하기, 정체성 정치 참가를 거부하기, 사상의 다양성 고취, 실력주의, 자본주의, 미국 헌법, 표현의 자유, 서구 문학, 중세 연구, 과학적 객관성, 과학, 수학(數學)이 진보주의자 교수들에 의해 백인우월주의와 '연결'된 수많은 주제 중 일부로 나타났다.38 혹여 당신이 인종차별주의자가 아닌 백인이지만 백인우월주의자라는 비난을 받고 싶지 않다면, 당신은 두말할 필요 없이 백인의 취약성ˣᵛⁱ을 겪고 있는 것이다 (작가 로빈 디안젤로Robin DiAngelo에 의하면 그렇다).

• • • • • • • • • • • • •
xvi white fragility. 로빈 디안젤로(Robin DiAngelo)의 책 제목(White Fragility)에서 유래된 용어. 백인으로서 백인이 행했던 인종 차별에 대해 들을 때 느끼는 불편하고 변호하고자 하는 마음이 드는 상태를 일컫는다.

집단 뮌하우젠 증후군의 무기화

2010년 나는 대리인을 통한 뮌하우젠 증후군(MSbP, Munchausen Syndrome by Proxy)에 대한 진화론적 설명을 제시하는 논문을 한 의학 학술지에 실었다.[39] 한 사람이 남들의 동정 어린 관심을 받으려고 거짓으로 질병을 꾸미는 일반적 뮌하우젠 증후군과 달리, MSbP는 자기가 돌보는 어린 아이(혹은 노인이나 애완동물도 해당된다)를 해쳐서 피해자를 더 아프게 만듦으로써 보호자가 남들의 동정 어린 관심을 받으려 하는 경우다. 뮌하우젠 증후군을 앓는 사람들의 상당수가 여성(66.2%)인데, MSbP를 저지르는 사람들의 경우는 거의 전부가 여성이다(97.6%).[40] 이 두 가지 형태의 뮌하우젠 이상에 대해 잘 알고 있던 나는 우리 사회에 뿌리박은 가짜 피해 의식 사고방식을 잘 포착해줄 새로운 질병의 이름을 만들어냈다. '집단 뮌하우젠'이 바로 그것이다.[41] 병을 꾸며대거나 짐짓 다치는 대신, 집단 뮌하우젠 환자들은 자기들이 생각하는 피해의식 상태를 알림으로써(타인의 피해의식에 편승하는 경우에는 대리인에 의한 집단 뮌하우젠 증후군이라 부를 수 있다) 관심, 동정, 공감을 구한다.

2016년 도널드 트럼프가 미국 대선에서 승리했을 때, 나는 가짜 피해자들이 열광적으로 피해의식 서열의 최고 자리를 다투는, 신경질적인 집단 뮌하우젠 현상이 다가온다는 것을 알아챘다. 이 현상을 명료하게 보여주는 페이스북 포스팅을 가상하자면 이런 식이었다. "친구들, 나는 유색 인종이고 양성애자 여자예요. 이제 트럼프가 대통령이 될 테니 이 시골 동네 메인 주에서 대학 캠퍼스 다니기가 겁나요." 이런 포스팅에는 대개 다양한 정체성 집단이 몰려들어, 자기들 역시 결국 트럼프 암살단의 손에 죽임을 당할 것이 끔찍하게 두렵다며 신경질적 반응을 꾸며대느라 시끌벅적했다.

많은 진보주의자의 가장 큰 열망은 피해의식 피라미드의 최고점에 오르는 것이다. 외과의, 교수, 변호사, 프로 운동선수, 예술가, 외교관이 되는 건 집어치우라. 그런 성공을 추구하는 데는 아주 높은 확률로 개인적 책임과 근면한 노력이 필요하다. 가짜 피해의식을 부르짖어 길을 열어라. 시리즈물인 《제국(Empire)》에 등장했으나 거의 명성을 얻지 못했던 배우 저시 스몰릿(Jussie Smollett)은 그의 '빈약한' 수입(연 1백만 달러 이상)이 불만이었다. 유명세가 부족한 것도 의심할 여지없이 불쾌했다. 이 심각한 개인적 불의를 해결할 방법은 딱 하나였다. 가짜 증오범죄로 공격을 받은 것처럼 꾸며서 피해의식 서열의 상위층을 차지하는 것이었다. 딱하게도 스몰릿은 그를 '공격'할 두 나이지리아 출신 미국인을 매수할 때 수표를 썼다. 좀 더 똑똑해서 현금을 썼더라면 '고상한 피해자'[xvii]에게 주어질 사회의 온갖 보상을 거둬들이고 있었을 텐데 말이다. 정치과학자 윌프레드 라일리(Wilfred Reilly)는 수백 건의 가짜 '증오범죄'를 문서화하고 그 범인들을 분석했다.[42] 예상했던 대로, 모의자들은 언제나 피해자학 포커에서 강한 패를 쥐고 있다.

스몰렛이 선택했던, 가짜 피해의식을 통해 영광으로 향하는 길을 내 개인적인 이야기와 비교해보자. 1990년 경영학 석사 과정을 마치고 어떤 박사 과정에 등록할지 결정하려던 참이었다. 나를 받아준 대학 중 하나는 UC-어바인(UC-Irvine)이었는데, 이 학교는 우연히 형의 사무실과 가까웠다. 1980년대에 매우 성공적인 소프트웨어 구인 회사를 설립했던 형은, 내

---

xvii Noble Victim. 루소가 언급한 '고상한 야만인'에 빗댄 표현.

가 박사 과정을 시작하기 전에 몇 년 동안 자기 회사에서 일하는 걸 한 번 생각해보라고 권했다. 나는 UC-어바인 캠퍼스에 가서 교수 몇 명을 만나고, 또 형의 사무실에도 가보았다. 나는 곧 학계야말로 내가 가야 할 유일한 길이라는 걸 깨닫고, 형의 친절한 제의를 거절하기로 결심했다.

몬트리올로 돌아오자 형이 일자리를 제안했다는 소식은 들었지만 내가 거절했다는 건 아직 몰랐던 어머니가 서둘러 나를 한쪽 구석으로 데리고 가서 말했다. 어머니는 내가 박사 과정을 그만둘까 싶어 매우 걱정이었으며, 사람들이 내가 학교에서 중퇴했다는 걸 알면 얼마나 '수치스러울지'를 상기시켰다. 나는 수학과 컴퓨터과학 학사에 경영학 석사 학위까지 있었지만(둘 다 세계에서 가장 좋은 대학 중 하나인 맥길 대학에서 받았다) 그런데도 그게 '중퇴'라고 여겨질 수 있다는 것이었다. 내가 박사 과정을 시작하는 데 부모님은 아무런 영향을 끼치지 않았지만, 그래도 이 이야기는 어머니가 기대하는 내 성공의 최저선이 무엇인지를 알려준다. 목표는 개인적인 책임, 힘든 일, 가치를 통해 '달성'해내는 것이지, '피해의식'에 빠져 허우적대는 것이 아니다(우리가 레바논에서 탈출한 유대인 난민이라는 점에서 이론상 그럴 수도 있었다). 대신 캐나다나 미국처럼 우리는 자유롭고 민주적인 나라가 제공하는 기회들을 반가이 맞아들였다.

모든 길은 편견으로 통한다 - 나는 피해자다, 고로 존재한다

비만 수용[xviii] 운동가들과 트랜스젠더 운동가들 두 집단은 이성과 상식을 거역하는 주장을 통해 피해의식 상태를 찾아 다닌다. 비만 수용 운동은 두 개의 전선을 두고 노골적인 거짓말로 가짜 피해의식 서사를 능숙하게 만들어냈다. 우선 이들은 '어떤 신체 치수든 건강할 수 있다'는 말을 주문처럼 밀어붙이고 비만이 여러 가지 심각한 질병과 연관된다는 사실을 부정한다. 두 번째로, 이들은 과체중인 사람(특히 여성들)들이 비만에 오명을 씌우는 '비만혐오적(fatist)' 태도 때문에 구애 시장에서 무시되는 경우가 많다고 주장한다. 일부 트랜스젠더 투쟁가는 이에 못지않게 창의적으로 현실을 부정한다. 두 인기 있는 유튜브 트랜스 운동가들(라일리 J. 데니스 Riley J. Dennis 와 지니어 존즈 Zinnia Jones)은 '시스젠더적'[xix]으로만 구애 상대를 찾는 사람들을 '편파적 성차별주의자(cissexist)'라고 선언했다. 다시 말해, 이성애자는 편견덩어리라는 것이다.[43] 나는 한 번도 성전환자를 내 아내감으로 고려해본 적이 없으니, 내 결혼은 트랜스 혐오적인 것으로 보인다.[44]

모든 길은 편견으로 통한다. 만일 당신이 백인 남성인데 흑인 여성에게 끌리지 않는다면, 성적 인종 차별(sexual racism)이라는 잘못을 저지르는 것이다(맞다. 이런 용어가 실재한다). 만일 당신이 백인 남성이고 흑인 여성에게 끌린다면, 당신은 흑인 여성들이 성적으로 탐닉한다는 고정관념에 빠져 그들의 몸을 대상화하는 인종차별주의자 편견덩어리다. 어떤 피해자 집단을 이 방정식에 끼워 맞춰도 똑같이 작용한다. 우리 모두는 제도적 인종 분리 정책이 편견을 낳는다는 걸 안다. 그런데 이제는 다른 사람들의 문

xviii Fat Acceptance. 비만인 사람들에 대한 부정적인 시각과 편견을 거둬들이고 그들을 있는 그대로 받아들여야 한다는 움직임으로, 1960년대부터 등장했다.
xix cisnormative. 생물학적 성과 본인의 실제 성 정체성이 일치하는 것을 기본으로 여기는 상태를 말한다.

화 활동에 참여하려는 것조차 편견에 속한다. 즉 '문화 유용(流用, cultural appropriation)'이라는 편견을 지지르게 되는 것이다. 피해자학의 항상성은 칼 포퍼가 말한 반증의 원칙[xx]을 위반하면서까지 모든 길이 편견으로 통하도록 보장한다(즉 그 어떤 데이터로도 피해의식 서사가 거짓이라고 입증할 수 없다).

문화 유용에서 비롯된 문화적 가짜 분노들의 사례 목록은 아주 길고 길다. 배우 레나 더넘(Lena Dunham)은 그녀의 모교인 오벌린 칼리지(Oberlin College) 학생식당에서 초밥을 제공하자 명백한 문화 유용의 사례라며 우려했다.[45] 스스로를 유색 인종 퀴어 여성이라고 밝힌 요리사 미탈리 라와트(Mithalee Rawat)는 백인들이 뼈로 우린 육수를 써서 모국 인도의 문화유산을 훼손하는 것을 보고 경악했다. 그녀는 이를 식민지주의자들의 절도 행위로 간주했다.[46] 시트콤 사인펠드(Seinfeld)의 '수프 나치' 편에 나왔던 불멸의 명언이 생각난다. "당신한텐 수프 없어!" 요리 도용만 편견일 리는 없다. 복장 편견 역시 가수 케이티 페리(Katy Perry)가 증거했듯 어느 때라도 그 흉측한 고개를 내밀 수 있다. 케이티 페리는 2013년 아메리칸 뮤직 어워드에서 게이샤 복장으로 등장했다는 이유로 사과해야 했다.[47] 백인 여고생이었던 케지어 돔(Keziah Daum)은 프롬 파티에 치파오라 불리는 중국 드레스를 입는 바람에 가짜 분노 군단을 자극했다.[48]

당신이 특히 백인이라면 헤어스타일도 조심해야 한다. 헤어스타일마저 당신이 편견에 가득한 나치라는 신호가 될 수 있기 때문이다. 케이티 페

----

xx falsification principle. 과학철학자 칼 포퍼(Karl Popper)에 의하면, 과학 연구 과정에서는 아무리 오랫동안 사실로 인정됐던 이론이라 하더라도 그 이론이 틀렸을 수 있다는 가정에서 자유롭지 못하다.

리는 콘로우[xxi] 헤어스타일을 하는 실수를 저지른 바람에 사과했다.[49] 켄달 제너(Kendall Jenner)는 〈보그〉 촬영을 위해 아프로 헤어스타일[xxii]을 자랑스레 내보였다가 논란을 일으켰다.[50] 샌프란시스코 주립대학(San Francisco State University)의 한 백인 남학생은 드레드록스[xxiii]를 했다는 이유로 격앙한 흑인 여성에게 항의를 받았다.[51] 광인들의 나라(대학 캠퍼스)에서 시작된 문화 유용에 대한 가짜 분노의 사례 중에는 오타와 대학(University of Otta-wa)의 요가 수업 폐지[52], 백인들이 후프 귀고리를 했다고 분노한 피처 칼리지(Pitzer College)의 사감[53], 루이지애나 주립대학 학보(The Daily Reveille) 독자란에 눈썹을 짙게 칠하는 것이 일종의 문화 유용이라고 주장한 이 대학의 여학생 린 번치(Lynne Bunch)[54] 등이 있다.

할로윈은 문화 유용과 복장(服裝) 편견이라는 위험한 덫으로 가득한 행사다. 많은 대학이 성인이 된 학생들에게 할로윈 분장을 고를 때 문화적으로 세심해야 한다고 경고하고 나섰다. 2015년 예일 대학교에서 있었던 일이 가장 전형적인 사례. 발달심리학 강사 에리카 크리스타키스(Erika Christakis)는 예일 커뮤니티에 놀라우리만큼 온화하고 공손한 이메일을 보내 할로윈 분장과 관련해 제도 차원에서 경고하는 것이 과연 좋은 생각인지 물었다가 할로윈 분장이 얼마나 심한 편견을 표현할 수 있는지 깨닫지 못했다는 데 대한 분노가 폭풍처럼 일어나는 통에 결국 사직하고 말았다.

할로윈 사회정의전사들의 파괴적 식욕은 그래도 만족시킬 수 없었다.

• • • • • • • • • • • • • • • •

xxi cornrow. 흑인들에게 흔히 찾아볼 수 있는 스타일로, 머리를 두피에 바짝 땋아 붙인 모양이 옥수수 밭의 이랑처럼 보인다 해서 붙은 이름이다.

xxii Afro. 1970년대 유행했던 흑인들의 풍성하고 과장되게 둥근 모양의 곱슬머리.

xxiii dreadlocks. 머리를 가닥가닥 땋아서 밧줄들처럼 만든 헤어스타일. 한국에서는 레게머리라고 불리나 최초의 기원은 미노아 문명으로 거슬러 올라간다.

더 많은 피가 필요했던 그들은 내과 의사이자 사회학과 교수였던 그녀의 남편 니콜라스 크리스타키스(Nicholas Christakis)에게 표적을 돌려, 캠퍼스 안뜰을 지나가던 그를 둘러쌌다. 크리스타키스가(대화는 하려 했지만) 자기들 생각에 동의하지 않는다는 사실이 분명해지자, 그들은 그에게 욕설을 퍼붓고 위협했다. 어느 시점에선가 한 학생이 잔뜩 화가 나 포고했다. "그럼XX, 그 자리[예일대학 실리먼 칼리지 캠퍼스 사감 교수]는 왜 한다고 한 건데? XX, 누가 고용한 거야? 그만 두라고! 사감 교수가 그런 짓 하는 자리라고 생각하면 그만 두라고! 그게 지적인 공간, 그런 거 만드는 일이 아니라고! 알겠어? 여기다 가정을 만드는 일이라고. 당신이 그걸 할 리 없잖아!"[55] 예일 대학교 교육의 주요 목표는 지성과 지식을 확장하는 게 아니라 '안전 공간'을 만드는 것인가 보다. 1944년의 젊은이들은 진정한 악과 싸운다는 사명감을 갖고 죽음이 임박한 노르망디 해변을 기습했다. 오늘날 사회정의전사들은 사악한 할로윈 분장과 복장 편견을 방치하려는 악마적인 교수들에 맞서 용감히 싸운다.

선천적으로 뇌엽(腦葉)이 결손된 사람들을 풍자할 기회를 단 한 번도 놓치고 싶지 않았던 나는, 내 유튜브 채널에 전통 레바논 요리를 문화적으로 유용하고자 하는 사람들에게 한시적으로 승인해주겠다는 동영상을 올렸다.[56] 또한 특정 문화에 대한 유용허가권을 내게 보내달라고 청원하며, 이 때 각자의 여권 사본을 동봉해 실제 해당 문화권에 속하는 사람인지를 확인할 수 있게 해달라고 부탁했다. 반응은 놀라우리만큼 재미있었고, 가짜 분노의 집단 히스테리를 꿰뚫어볼 수 있는 제정신 가진 사람이 셀 수 없이 많다는 사실을 확인하며 희망도 느꼈다.[57] 문화 유용이라는 생각에 항상 사로잡혀 있으면 다문화 사회와 다원 사회가 제공하는 풍부함을 제대로 경험하기 힘들다.

진정 문화 유용을 저질렀다고 할 수 있는 사례가 있다면, 엘리자베스 워런 미국 상원의원이 유죄라고 할 수 있다. 워런은 자신의 족보에 관해 거짓 서사를 꾸며댐으로써 문자 그대로 아메리카 대륙 토착민들의 문화를 도용했다. 이후 치러진 혈통 조사를 통해 그녀는 대략 1/64 내지 1/1024만큼 토착민이라고 밝혀졌는데, 이는 미국 백인들의 평균보다도 낮은 수치다. 그럼에도 그녀는 학계와 정계에서 활동하며 이 거짓 서사를 통해 수십 년 동안 이득을 취해왔다. 워런의 이 아슬아슬한 행보는 대리인을 통한 집단 뮌하우젠 증상의 발현이다. 아메리카 토착민들의 비극적인 역사에 편승해 동정심을 긁어모으고 '피해자'가 돼 온갖 이득을 누렸다.

레이첼 돌러절은 또 하나의 진정한 문화적(인종적) 도용 사례로 꼽힌다. 돌로절은 몇 년 동안 자신이 아프로 아메리칸이라고 알렸던 백인 여성이다. 그녀의 속임수가 드러나자 그녀는 자신이 트랜스 인종(transracial, 백인이지만 스스로 흑인이라고 생각)이라고 주장했다. 나는 얼른 내 주치의에게 가서 내가 트랜스 중력, 즉 중력 전환자(TransGravity)라고, 나는 비록 과체중이지만 나 자신은 마른 사람으로 스스로의 정체성을 파악하고 있다 말하고 싶다. 의사가 체중 좀 줄이라는 잔소리를 그만할 수 있지 않을까 기대해본다. 트랜스 주제 이야기를 더 하자면, 요즘에는 트랜스 장애자(trans-abled)도 있다. 장애 없이 태어났지만 장애인이 되고 싶어 하는 욕망을 경험하는 사람들을 가리키는 말이다. 너무나 피해자가 되고 싶은 나머지 실제 자해를 해서 장애인이 되는 증상으로, 최근 부상하는 신체통합정체성장애(Body Integrity Identity Disorder)라는 증상이다.[58] 각 개인들이 피해의식의 거짓 서사를 꾸며내든 아니면 실제 행동에 옮겨 장애를 만드는 것이든, 건

강하고 안정된 정신의 발현이라고 볼 수는 없다.

몇 년 전, 히브리 대학ˣˣⁱᵛ 박사 과정 학생이던 달 닛찬(Tal Nitzan)은 이스라엘 방위군이 저지른 팔레스타인 여성 강간 사건을 조사해 훗날 상까지 받은 논문을 저술했다. 목적은 당연히 사악한 유대인들이 얼마나 악마적인지 보여주기 위해 강간 사건이 만연한다고 밝히는 데 있었다. 실증적으로 이런 강간 사건이 발견되지 않자, 이 논문은(다음 부분 읽으려면 우선 심호흡하고 자리에 앉아야 한다) 이스라엘인들이 팔레스타인인들을 얼마나 인간으로 보지 않는지를 보여주는 증거라고 결론지었다.⁵⁹ 이스라엘인은 팔레스타인인을 너무 증오한 나머지 팔레스타인 여자는 강간할 가치도 없다고 생각한다는 것이다. 강간 사건이 발견되든 발견되지 않든 결론은 정해졌다. 이스라엘인은 악마다. 모든 길은 채찍질 고행과 자기 혐오로 통한다. 이것이 진정한 '진보'의 품질 보증 마크다.

가짜 분노를 파는 이들은 강간을 당하지 않았다는 이유로 팔레스타인 여성을 피해자로 규정한 것뿐 아니라, 이스라엘인의 친절을 이슬람 혐오의 한 형태로 이해한다. 아니사 로하니(Anisa Rawhani)는 퀸즈 대학(Queen's Universityˣˣᵛ)에서 한 가지 실험을 했다. 18일 동안 히잡을 쓰고 사람들이 어떻게 반응하는지 본 것이다.⁶⁰ 무슬림에 대한 편견과 선입견이 사람들 사이에 널리 퍼졌으리라는 게 분명 이 실험의 가정이었다. 그녀는 사람들이 매우 친절하고 공손하다는 사실에 어리둥절했다. 이 피해자학 서사를 살려내기 위해, 그녀는 눈에 띄는 관용과 친절은 사람들이 자신의 편견을

· · · · · · · · · · · · · · ·
xxiv 이스라엘 예루살렘 시 소재.
xxv 캐나다 온타리오 주 킹스턴 시 소재.

감추려 보인 과잉 행동의 한 수단이라고 놀라운 결론을 내렸다. 당신이 무슬림 여성에게 불친절하면, 당신은 이슬람 혐오자다. 당신이 무슬림 여성에게 친절하면, 당신은 이슬람 혐오자다. 모든 길은 이슬람 혐오로 통한다. 친절하고 관용적인 것은 대학 캠퍼스 생태계에서 일종의 인종차별주의다.

엉큼한 남성 사회정의전사들

많은 남성 사회정의전사가 공감 잘 하고, 동정심 있고, 감수성 있어 보이고자 하는 무한한 욕망에 사로잡혀 사기성(詐欺性) 짝짓기 전략, 즉 동물학 학술 문헌에서 소위 '스니키 퍼커(sneaky fucker)'라고 불리는 전략을 이용한다. 스니키 퍼커는 호모사피엔스, 특히 대학교 캠퍼스에 서식하는 호모사피엔스 중에서 예쁜 여학생과 엮일 더 좋은 기회가 생기리라는 기대를 갖고 과시적으로 친절하게 행동하는 진보적 성향의 남학생을 말한다. 이것은 엄밀하고 설득력 있는 과학으로 입증된 사실이다.

동물계에서는 여러 가지 매우 다른 형태의 속임수를 찾아볼 수 있다. 우선 가짜 경고 신호가 어떻게 진화했는지 알아보자. 포식자로부터 피하기 위해 진화시킨 위장색과 반대로, 경계색은 포식자가 될 동물 눈에 매우 잘 띄게 적응한 것이다. 아마존은 눈에 띄지 않는 게 유리한 위험 지역인데도 몇 가지 개구리 종은 이와 정반대로 눈에 띄게끔 특출하게 밝은 색깔을 갖도록 진화했다. 이런 색깔들은 다가오는 포식자에게 이런 메시지로 작용한다. "나를 볼 수 있다면, 그건 아마 나를 내버려두는 게 좋다는 뜻일 거야. 나는 독이 있거든. 가까이 오지 마." 어떤 경우에는 완전히 무해한 종들이 이런 경계색을 흉내내도록 진화하기도 한다. 이런 현상은 베이즈 의태(Batesian mimicry)라 알려졌다. 가령 산호뱀과 킹스네이크는 둘 다 서로 비슷하게 노랑, 빨강, 검정, 세 가지 색깔 무늬를 갖고 있다. 하지만 산호뱀에게는 치명적인 독이 있고 킹스네이크는 무해하다. 이 두 종의 차이를 기억하는 데 연상법이 사용돼왔다("노랑 위 빨강은 독 있고 검정 위 빨강은 독 없다").[61]

다소 경박하게 표현하자면, 많은 사회정의전사의 염색한 머리털(보통 밝은 빨강이거나 분홍 혹은 파란색으로)은 일종의 베이즈 의태라고 본다.[62] 이 색깔들은 자신들이 이념적으로 얼마나 선명한지 보여준다. 탁란을 포함해 동물들은 여러 형태로 속임수를 쓴다. 탁란은 뻐꾸기가 그렇듯 다른 종이 자기 새끼들을 키우게끔 속이는 것을 말한다. 별로 놀라운 일도 아니지만, 짝짓기 영역이야말로 속임수가 가장 만연한 곳이다. 모든 유성 생식 종의 장대한 투쟁은 생존(자연 선택)과 생식(자웅 선택[xxvi])과 관련된다. 번식하고자 하는 유기체들은 놀라우리만큼 많은 수의 형태학적, 행동학적 특성을 진화시켜 유망한 짝짓기 대상에게 성적으로 접근할 수단으로 삼아왔다.

인간 남성을 예로 들어보자. 여성의 경우 보편적으로 지성, 자신감, 야망, 자원을 취득하고 지킬 수 있는 능력, 사회적 우월성 등 높은 사회적 지위와 연관된 신호를 보이는 남성을 선호한다. 인간의 진화 역사를 통틀어 아무 생각 없이 게으르고, 배가 불룩하고, 콧소리를 내고, 복종적이고, 비겁하고, 징징대는 남자를 보고 성적으로 흥분하는 여자는 거의 없었다.

----

xxvi 동물이 교접 대상으로 선택받기 위해 이성이 선호하는 형질을 점점 더 발달시키는 현상을 칭한다.

당연히 지금까지 알려진 모든 문화와 시대를 통틀어, 남자들은 짝짓기 시장에서 매력적으로 보이기 위한 수단으로 높은 지위를 얻으려 애써왔으나, 각자의 재능과 생활 환경에 따라 매우 다양한 활동을 해왔다. 어떤 남자들은 성공적인 사업가, 외교관, 프로 운동선수, 외과의, 교수 혹은 예술가가 될 것이다. 높은 지위의 정의는 문화나 시대에 따라 달라질 수 있지만(가령 하버드 졸업장은 아프리카 하드자 부족에겐 거의 중요하지 않다), 여성이 남성을 고르는 데 높은 지위가 중요하다는 사실 자체는 보편적으로 확실한 사실이다.

남성이 바람직한 특성을 갖지 못한 경우, 그들은 '될 때까지만 그런 척' 할 수 있다. 물론 여성들 역시 수많은 형태의 가짜 신호를 이용한다. 여성은 짝짓기 시장에서 더욱 매력적으로 보이기 위해 나이나 체중, 성 경험에 대해 거짓말을 하는 경우가 더 많다. 푸시업 브라나 하이힐처럼 남성의 눈을 속이기 위한 상품도 몇 가지 존재한다. 두 가지 다 여성의 가슴과 엉덩이를 추켜올리고 중력의 힘을 거스름으로써 체형을 보다 더 젊어 보이게 한다. 가혹한 현실은, 속임수는 그저 살기 위한 투쟁에서 우위를 점하려 할 때 쓸 수 있는 몇 가지 전략 중 하나에 지나지 않는다는 점이다.

짝짓기 시장의 모든 속임수 유형 중에서 절도혼(위장을 통해 짝짓기 기회를 훔치는 경우)만큼이나 기만적으로 기발한 사례도 없을 것이다. 1970년대 동물행동학 문헌에서 이 현상을 설명하기 위해 절도혼보다 더 구어체적이고 생생한 용어가 만들어졌다. 스니키 퍼커(sneaky fucker) 전략이 그것이다. 암컷을 흉내내는 것도 이 행동의 발현 방식 중 하나다. 이는 한 종의 수컷들이 암컷을 지키고 있는 우세한 수컷들의 공격으로부터 피하기 위해 그 종의 암컷처럼 보이고 암컷처럼 행동하며, 이 과정에서 짝짓기 기회를 훔

칠 수 있는 경우를 말한다.[63]

많은 경우 두 가지 유형 수컷들의 표현형[xxvii]은 어느 정도 고정돼 있다 (어떤 것들은 크고 우세하나 또 다른 것들은 작고 유약하다). 바로 이 때문에 호주참갑오징어(giant cuttlefish)들이 스니키 퍼커 전략 구현에 있어 그토록 뛰어난 능력을 보이는 것이다. 수컷들은 그 자리에서 암컷들의 형태적 특성을 흉내내서 신체 특성을 변경할 수 있기 때문이다.[64] 더욱 놀라운 것은, 수컷 모닝커틀피시(mourning cuttlefish)는 동시에 암컷과 수컷으로 보일 수 있게끔 몸의 모양과 색깔을 바꿀 수 있다. 특히 라이벌 수컷들에게 보이는 부분은 암컷처럼 보이게 하고 암컷들에게 보이는 부분은 수컷으로 보이게 함으로써 구애 신호를 보낸다.[65] 그야말로 정교한 이중성이다.

이런 수컷들의 짝짓기 이중성에 대해 잘 알다 보니, 스니키 퍼커 전략을 인간의 특정한 맥락에 적용시키게 됐다. 나는 다수 남성 사회정의전사가 참갑오징어와 유사하다고 상정한다. 그들은 진보적인 공감을 내뿜으며 이념적으로 헌신하는 모습을 보임으로써 섬세하고 위협적이지 않은 수컷으로 가장한다. 어떤 의미에서, 이는 혹시나 연애 감정으로 발전하지 않을까 하는 생각에 여성들과 친하게 지내며 여성 친구들을 부단히 정서적으로 지지하는 섬세한 남자와 비슷하다.

1980년대, 존 휴즈(John Hughes)는 《아직은 사랑을 몰라요(Sixteen Candles)》, 《조찬 클럽(The Breakfast Club)》, 《페리스의 해방(Ferris Bueller's Day Off)》, 《핑크빛 연인(Pretty in Pink)》를 비롯해 시대를 대표하는 10대 청소년 주제 영화를 여러 편 만들었다. 고전이 된 영화 《핑크빛 연인》에서, 노동자

계층 가정 출신의 10대 소녀 앤디 월시(몰리 링월드Molly Ringwald 분)는 좋은 환경의 부유한 소년 블레인 맥도나우(앤드류 맥카시Andrew McCarthy 분)에게 관심이 있다. 앤디의 단짝 더키(후에 시트콤 두 남자와 1/2로 명성을 되찾은 존 크라이어Jon Cryer 분)는 스니키 퍼커 친구의 전형이다. 결국에는 연애할 기회를 포착하리라는 기대 속에 언제나 함께하며 끊임없이 섬세하게 지지해준다.

다시 사회정의전사 이야기로 돌아가서, 대부분 사회정의전사가 결코 미국 해병대 네이비씰처럼 보이지 않는 건 분명한 사실이다. 다시 말해 이들은 육체적인 위협성이나 사회적 우세함과 관련된 형태학적 특징을 보이지 않는다. 남성의 정치-경제적 세계관(경제 재분배, 군의 개입 및 기타 주제에 대한 남성들의 생각)은 각자의 육체적 힘과 관계가 있다. 힘세고 신체적으로 강한 남성들은 평등주의를 지지하는 경우가 더 적으며 군 개입을 지지하는 경우가 더 많다.[66] 남성 사회정의전사들이 정말로 그들이 말하는 이념적 입장을 신봉하든, 그저 스니키 퍼커 짝짓기 전략으로서 꾸며대는 것이든, 남성의 형태학적 특성들이 실제 그들의 사회-정치적 전망을 보여준다는 점은 분명하다.

진보주의 제단 앞의 채찍질 고행

진보주의의 배후에는 그것 말고도 한두 가지 동기가 더 있다. 사회정의전사들과 결합된 진보적 입장 중 다수는 추정컨대 '원죄(대개는 서구 백인으로 태어난 죄)'를 뉘우치고 자신의 숭고한 이념적 진보적 순수성을 돋보이게 하기 위한 채찍질 고행의 한 형태다. 이런 의미에서, 사회정의전사들의 진보주의는 기의 기독교의 대인 종교에 가까워 보인다.

《장미의 이름》은 오늘날까지 시대를 초월해 내가 가장 좋아하는 영화 중 하나다. 이 영화에는 숀 코네리와 아주 젊은 크리스찬 슬레이터가 중세적 캐릭터를 강력하게 표현해주는 배역들에 둘러싸여 등장한다. 14세기 이탈리아의 한 베네딕트 수도원, 몇 사람이 불가사의한 상황에서 죽으면서 이야기가 시작된다. 막강한 종교재판 제도가 항상 감시하는 가운데 중세식 종교적 열성이 배경에 드리워진 가운데 '누가 죽였나'를 찾아내는 전형적인 설정이다. 이 뛰어난 영화를 처음 보고 30년 이상이 지났지만, 여러 상징적 장면은 아직도 내 기억에 깊이 각인돼 있다. 그 중에서도 도서관 사서의 조수 아룬델의 베렝가리오가 동성애로 지은 죄와 오트란토의 아델모(아델모는 원하는 책을 보기 위해 베렝가리오와 성관계를 한다)의 자살을 야기시킨 죄를 씻으려 스스로에게 채찍질하는 장면이 무엇보다도 기억에 남는다. 다양한 형태의 고행(채찍질 고행을 비롯)을 통해 죄를 씻을 수 있다는 신학적 신조는 여러 종교 전통에서 찾아볼 수 있다. 중세 가톨릭의 공개적 채찍질 고행은 죄를 씻는 것은 물론 극단적 신심을 과시하는 행위이기도 했다(일부 흑사병과 같은 대재앙에서 벗어나려는 시도이기도 했다). 이런 식으로 자신의 종교적 순수성과 헌신을 보이는 건 몸을 상하게 하는 큰 대가가 수반되지만, 공개적으로 하는 경우 교회에서 성모송을 세 번 암송하는 것보다 자신의 미덕을 훨씬 더 눈에 띄게 과시할 수 있다.[67]

사회정의전사들과 여러 진보 형제단은 전형적인 특권층 서구 백인들이다. 그들의 뒤틀어진 세계관에서 볼 때, 서구의 백인으로 태어난다는 것은 마치 기독교에서 상정하는 원죄를 가진 것과 비슷하다. 그들은 제3세계 가

난한 유색인으로 태어나지 않은 것을 속죄해야 한다. 따라서 그들은 이념적인 채찍질 고행의 형태로 회개를 모색한다. 채찍이나 쇠사슬을 써서 자학하는 대신, 이들은 결과적으로 자신들에게 해가 되는 진보적 사고방식을 채택한다. 무한의 관용이라는 기풍을 예로 들어보자. 위대한 철학자 칼포퍼는 이런 사고방식에 대해 지금까지 나온 것 중 아마도 가장 훌륭한 입장을 제시했다.

> 이보다 덜 알려진 것은 관용의 역설이다. 무한한 관용은 결국 관용을 사라지게 만든다는 것이다. 우리가 관용하지 않는 사람들에게까지 무한히 관용의 범위를 확장한다면, 관용하는 사회가 관용하지 않는 사람들로부터 받을 공격에 대비하지 않는다면, 관용하는 사람들은 사라질 것이며 관용 역시 그들과 함께 사라질 것이다. 그렇다고 해서 무관용적 철학을 발설하지 못하도록 항상 억눌러야 한다는 의미는 아니다. 우리가 무관용에 맞서 합리적으로 논의하고 공론을 통해 무관용을 점검하는 한, 억압은 분명 현명하지 못한 일이 될 것이다.
> 그러나 때로는 무관용을 물리적으로라도 억누를 **권리**가 있음을 주장해야 한다. 그런 무관용자들이 우리와 합리적인 수준에서 논의할 수 없다는 게 판명될 것이고 따라서 그들은 모든 논의를 거부하기 시작할 것이 뻔하기 때문이다. 그들은 추종자들이 현혹될까 싶어 합리적인 논의를 듣지 못하게 하거나, 논의에 대한 응답으로 주먹이나 총기를 쓰라고 가르칠 수도 있다. 따라서 우리는 관용의 이름으로, 무관용을 관용하지 않을 권리를 주장해야 한다.[68] 〔굵은 글씨체는 원문에 따름〕

무한한 관용은 서구 정부들로 하여금 귀환한 ISIS 전사들을 처형하거나 처벌하는 문제에 대해 침묵을 지키게 했다. 처벌은커녕 도리어 야만적인 사람들에게 취업 기회를 제공하고 '과격주의 포기' 프로그램에 등록시켜서 우리 사회에 통합시킬 방법을 모색했다. 이슬림의 무관용에 맞서 써워온 아얀 히르시 알리[xxviii]는 '무관용의 관용은 비겁함'이라고 말했다.

베토 오로크(Beto O'Rourke)는 2020년 미국 대선을 앞두고 민주당 대선 후보 경선에서 두각을 나타낸 인물이다. 오로크는 남성 사회정의전사의 전형적인 사고방식을 가졌다. 그의 캠페인 대부분이 자책하며 사과하는 기괴한 형식이었다. 그는 남성인 것을, 백인인 것을, 특권층인 것을 사과했다. 그는 그의 조상들 일부가 노예를 소유했다고 밝혔으며, 대를 물려 자신에게도 죄가 있다고 인정했다. 참고 보기 어렵던 텔레비전 쇼 〈더 뷰(The View)〉에서 그가 흐느끼며 자신의 '죄'를 인정하는 걸 보던 중, 아내는 나를 보더니 누가 '베토 더 베타'[xxix] 같은 사람에게 투표하는지 모르겠다고 말했다. 이게 바로 진보주의자들의 채찍질 고행단과 나머지 사람들의 차이다. 채찍질 고행단이 자아성찰적 덕성과 신실함이라고 여기는 것들을 우리는 나약함과 자기 혐오라 본다. 리더는 누구라도 그런 비겁한 습성을 보여서는 안 된다. 특히나 세계에서 가장 강력한 지위를 차지하겠다고 희망하는 사람은 더더욱 그래서는 안 된다.

많은 사람이 자기 혐오로 고통받는다. 자기 혐오는 심리 치료에서 반복해 등장하는 주제로, 이런 심리 치료의 목표는 개인의 사고방식을 바꿔서

xxviii 이슬람의 여성 탄압을 고발해온 소말리아 태생의 네덜란드-미국 국적 운동가, 페미니스트, 작가.

xxix Beto the Beta. 베토 오로크가 베타 메일(Beta male)처럼 행동한다는 의미의 언어유희. 베타메일은 알파메일의 상대어로, 사회적으로 복종적이거나 수동적인 남성을 뜻한다. 도널드 트럼프 대통령의 전략을 담당했던 매트 브레이너드(Matt Braynard)가 베토 오로크를 베타메일이라고 부른 사건과 관련됐다.

건강한 자아존중감을 발달시킬 수 있게 해주는 것이다. 수많은 자기 계발서가 나온 것도 이 병을 여러 가지 방식으로 치료해보기 위해서다. 〈새터데이 나이트 라이브(Saturday Night Live^{xxx})〉는 앨 프랑켄(Al Franken, 2018년 #MeToo 운동 히스테리아 와중에 미네소타 상원의원에서 사퇴한 인물)이 연기한 스튜어트 스몰리(Stewart Smalley)가 《매일의 확신》이라는 고정 촌극을 통해 이 자기 혐오라는 전염병을 풍자했다. 이 시리즈에서 가장 잘 알려진 캐치프레이즈는 아마도 "난 충분히 괜찮은 사람이야. 나는 충분히 똑똑하고, 젠장, 사람들은 나를 좋아해"일 것이다. 이 부분이 우습기는 해도, 제대로 된 임상심리학자라면 누구라도 자기 혐오가 바람직한 상태라고 생각하지는 않을 것이다. 그 상태가 바로 서구가 맞이하고 있는 기이한 모순의 핵심이다.

리버럴들은 개인적 차원에서는 자기 혐오를 극복하는 것이 미덕이라는 걸 알지만, 또 한편 집단 차원에서는 자기 혐오에 빠지는 것이 미덕이라고 믿는다("나는 백인이라는 내 정체성이 싫어", "나는 내 서구 문화가 싫어", "나는 내 기독교적 뿌리가 싫어"). 거의 백만 명에 가까운 무슬림 이민자를 받아들인 전 독일 총리 앙겔라 메르켈(Angela Merkel)의 충격적 국경 개방 정책은 독일의 과거 전쟁 범죄를 뉘우치는 채찍질 고행이라고 볼 수 있다. 전형적인 진보들의 광기까지 어우러져서 유대인에게 종족 살해적 증오심을 보이는 '난민'들의 입국을 허용하는 것이, 과연 홀로코스트에 대해 사죄하는 매우 적절한 방법이었을까?[69]

현재 미국 국경의 불법 이민자 위기와 관련해 미국의 진보들 사이에서

••••••••••••••••
xxx 미국 텔레비전 방송국 NBC의 심야 코미디 쇼.

이와 유사한 채찍질 고행이 일어나고 있다. 중앙 아메리카인들이 미국으로 오는 이유는 무엇인가? 사회징의전사들과 그 부류들이 하는 말에 의하면, 미국의 제국주의적 간섭이 그들의 사회가 붕괴하도록 초래했기 때문이다. 따라서 채찍질 고행으로 보상하기 위해 이 고상한 무비자 입국자들이 얼마든지 미국으로 들어갈 수 있게 해줄 의무가 있다는 것이다.[70] 베토 오로크는 이보다 한 술 더 떠서 중앙 아메리카인들이 기후 변화로부터 탈출하는 것이며, 기후 변화의 주범은 바로 미국이라고 시사했다. 모든 길은 채찍질 고행으로 통한다. 채찍질 고행이야말로 구원에 이르는 유일한 진보적 길이기 때문이다.

집단 채찍질 고행에 대한 반사적 반응으로, 2020년 미국 민주당 대통령 경선 후보 몇 명은 알 샤프턴[xxxi] 처럼 위대한 정신적 중재자들 앞에 고개 숙이며 미국 흑인들에 대한 보상을 지지한다고 선언했다. 엘리자베스 워런 미국 상원의원은 동성 부부들에게까지 배상 문제를 확장했다. 기업식으로 피해의식을 파는 이들은 기회를 놓치지 않았다. 캐머런 휘튼[xxxii]은 오리건 주 포틀랜드[xxxiii](여기보다 더 좋은 데가 또 어디 있겠는가?)에서 백인이 유색인이나 토착인의 술값을 내주되, 백인이 있으면 불쾌할 수 있으므로 참석하지는 않는 해피아워 배상제를 조직했다.[71]

술값을 내주는 것만으로 백인인 죄를 다 갚지 못한다면, 만찬 경주(the

• • • • • • • • • • • • • • •

xxxi Al Sharpton. 1954~ . 미국 시민운동가이자 목회자. 민주당 대선 후보들에게 과거 노예제도의 피해자들에게 보상할 것을 제안했다.

xxxii Cameron Whitten. 미국 지역사회 운동가.

xxxiii 오리건 주 포틀랜드 시는 멀트노마 부족을 비롯해 여러 치누칸 부족이 살던 자리에 위치한다. 오리건 트레일로 개척자들이 대거 이동하면서 살상이 일어나 1840~1860년 사이 개척자 362명, 토착민 426명이 사망했다.

Race to Dinner) 프로그램에 가입할 수도 있다. 가입하면 두 명의 유색인 여성 레지나 잭슨과 사이라 라오를 저녁식사에 초대해 그들이 겪은 고통에 대해 듣는다.[72] 술과 저녁식사로도 죄를 갚기에 부족하다면, 시애틀에서 요가 세미나에 등록해 백인이라는 독성을 해독시킬 수 있다.[73] 우리 가족은 레바논의 박해로부터 탈출했으며, 우리 유대인은 이집트 노예 생활에서 탈출했다. 나는 얼마나 보상받을 수 있을까?

끊임없이 이어지는 사회정의전사들의 비합리적 입장을 정색하고 지지하려면 현실을 무시하고 부정하고 거부할 수밖에 없다. 진보주의는 이제 이성의 적이 됐다.

제6장

이성으로부터 탈주:
타조 기생충 증후군

"대부분의 사람은 어려운 진실을 직시하기보다는 부정하려 한다."

– 조지 R. R. 마틴[1]

"문제를 해결하는 가장 쉬운 방법은

문제가 존재한다는 사실을 부정하는 것이다."

– 아이작 아시모프[2]

"인간의 뇌는 너무 불편해서 감내할 수 없는 것들을 보고 느끼지 못하게

한다. 뇌는 우리의 세계관에 맞지 않는 것들을 부정하고, 막아내고,

최소화하고 혹은 합리화하도록 우리를 이끌어갈 수 있다."

– 밴디 X. 리[3]

과학이란 진리 추구와 관련된 일이어야지 자기가 선호하는 정치 이념이나 개인적 신념을 방어하는 일이 돼서는 안 된다. 두 명의 저명한 하버드의 과학자 리처드 르원틴(Richard Lewentin)과 스티븐 제이 굴드(Stephen J. Gould)는 사회생물학을 확고하게 비판하면서 진화심리학의 선구자가 됐다. 부분적으로는 사회생물학이 그들의 마르크스주의적 세계관에 부합하지 않았기 때문이다. 당시 사회생물학을 주도하던 하버드의 동료 E.O. 윌슨(E. O. Wilson)에 대한 이 두 사람의 반감은 1970년대 대학들 사이에서 맹위를 떨치던 더 큰 문화전쟁의 일부를 이루었다.[4]

하지만 마르크스주의와 과학의 가장 큰 충돌은 소비에트 연방에서 농학자 트로핌 리센코(Trofim Lysenko)가 조종한 경우였다고 볼 수 있다.[5] 리센코는 기존 유전학 방법(멘델의 유전)을 거부하고 대신 마르크스식 집산주의(集産主義)[i]에 잘 부합하는 것으로 인식되던 의사과학적(擬似科學的) 이론을 제안했다. 조세프 스탈린의 영도 아래, 이 방법은 그에게 정치적, 과학적으로 대단한 영향력을 부여했으며, 그 결과 감히 그의 협잡을 비판하던 반대파 소비에트 연방 과학자들에게 과도한 처벌을 내릴 수 있었다. 단지 유전학의 기존 이론들을 거부하는 데서 더 나아가 그는 진실을 살해했다. 그의 이론은 소비에트 연방과 중국의 농업 관행에 영향을 끼쳐 이후 수백만 명이 아사하는 끔찍한 결과를 불러왔다.

백신 거부 운동은 현대 버전의 리센코 학설이다. 1998년 앤드류 웨이크필드(Andrew Wakefield)는 주요 의학 학술지인 《더 랜싯(The Lancet)》에 홍역,

---

i collectivism. 주요 기간시설과 생산 시설들을 국유화하여 정부 관리 하에 집중하고 통제하는 것을 이상으로 한다.

볼거리, 풍진(MMR) 백신과 자폐증 간 추정상 연결고리를 보여주는 논문을 발표했다(이 논문은 후에 철회됐다). 이 논문은 이후 몇 명의 힐리우드 유명 인사가 주도한 백신 거부 운동의 촉매가 되었는데, 그 중에서도 자폐증을 앓는 아들을 둔 배우 제니 맥카시(Jenny McCarthy)가 가장 유명하다. 자기 아이가 자폐증 소인을 갖고 태어났을지도 모른다는 사실을 받아들이고 싶어 하는 부모는 거의 없다. 환경적 원인을 탓하는 것이 심리적으로 훨씬 더 위로가 된다. 특히 이 주장은 자폐증에 관련해 더더욱 그럴 듯하게 들렸는데, 자폐증이 흔히 MMR 백신을 맞을 즈음 진단되면서 일부 부모가 무관한 별개의 사건을 서로 연결 짓고, 더 나아가 MMR 백신이 자폐증을 '유발'했다면 그 상황을 되돌이킬 수 있는 쉬운 방법이 있을지도 모른다는 희망을 갖게 만들었기 때문이다.

소아과 의사이자 바이러스학자인 폴 A. 오핏(Paul A. Offit)은 백신의 과학을 부정하고 유명 인사와 정치인들의 건강 관련 조언에 의지하는 게 얼마나 위험한 일인지 알리는 책들을 몇 권씩이나 저술하면서 백신거부자들과 싸우는 데 앞장서 왔다.[6] 〈닥터 오즈 쇼(Dr. Oz Show)〉와 〈더 닥터즈(The Doctors)〉 같은 텔레비전 쇼에서 제공하는 조언 중 거의 절반이 아무런 과학적 근거를 갖고 있지 않으며 심지어 기존의 과학적 증거에 위배되기까지 한다는 연구 조사가 나오기도 했다.[7] 가장 인기 있는 내 글 중 하나인 〈사이콜로지 투데이〉 논문에서는 유명 인사들이 과학에 관해 언급하는 문제점을 다뤘다.[8] 제니 맥카시가 '나의 진리'를 공유했다는 이유로 상당 부분의 인구가 아이들에게 백신 접종하기를 꺼린다면 문제다. 개인적인 일화가 과학과 겨루다 보면, 아이들은 불필요하게 치명적인 바이러스에 노출되고, 잠재적으로 치명적인 결과를 낳을 수 있다. 백신거부운동이라는 돌팔이짓

에 대항하는 과학적 합의를 이뤄낸다면, 위험한 과학부정주의의 예시화를 역전시킬 수 있을 것이다.[9]

타조 기생충 증후군

물론 현실을 부인하고자 하는 욕망은 과학에만 국한되지 않는다. 인간의 기만(혹은 자기 기만) 능력은 엄청나다. 사실 인간의 지능이 이렇게까지 진화한 이유 중 하나는 남들을 성공적으로 조종하기 위해서가 아니었을까 하고 의심하는 과학자들도 있다.[10] 남들을 조종하려는 의도에 부합하기 위해, 인간은 자기 기만이라는 성향을 진화시켜왔다. 자기 기만은 자신의 이중성으로부터 스스로를 보호하기 위한 장치다.[11] 거짓말을 잘 하기 위해서는 무엇보다도 먼저 자기 자신이 그 거짓말을 믿어야 하기 때문이다.

진화론에 기반해서 볼 때, 자기 기만이 일어나는 이유는 그렇게해서 생기는 혜택이 있기 때문이다. 하지만 한 가지 다소 괴이한 자기 기만 형태가 있다. 달이 존재하는 것처럼 뻔히 보이는 사실을 부정하는 것이다. 정신분석학의 아버지 지그문트 프로이트(Sigmund Freud)는 불쾌한 정보를 억누르는 인간 능력에 주목하고 이를 '타조 방책'이라고 불렀다.[12] 이 인간 타조 효과—타조가 달갑지 않은 현실을 피하기 위해 모래에 머리를 묻는 우스꽝스러운 이미지에서 나온 표현이다—는 금융 투자를 포함해 여러 가지 맥락에서 기록돼왔다.[13] 몇 년 전 사상의 병원체로 인해 점점 더 많은 사람이 현실을 거부하는 상황을 알아차렸을 때, 나는 타조 기생충 증후군(OPS, Ostrich Parasitic Syndrome)이라는 말을 만들어냈다. 나는 이성에 대한 이 끔찍한 공격을 아래처럼 정의했다.

이 장애(障碍)는 중력이 존재하는 것만큼이나 분명한 현실을 거부하게 만드는 원인이 된다. OPS를 앓는 사람은 자기들의 눈이 거짓말이라도 하는 양 눈에 보이는 것을 믿지 않는다. 그들은 유니콘 나라 같은 대안 현실을 건설한다. 이런 세상에서는 과학, 이성, 인과법칙, 증거 구성 임계점, 거의 무한하리만큼 막대한 양의 데이터, 데이터 분석 절차, 추리통계학, 과학적 방법론 고유의 인식론적 법칙, 상식 같은 건 모두 거부된다. 그 자리를 대신 차지하는 OPS 환자의 망상적 횡설수설은 환상에 불과한 연관성, 존재하지 않는 인과관계, 기분 좋게 들리는 진보주의적 상투성에 뿌리를 둔다. 타조의 논리를 내놓는 사람들은 항상 숭고한 도덕적 우월성을 과시하는 듯한 태도를 보인다.[14]

기관지염이 자꾸만 재발되는 까닭에 언젠가 나는 내과 의사를 찾아갔다. 내가 진료실에 앉아 있는 내내 의사는 줄담배를 피웠다. 나는 기관지염을 앓는 천식환자를 치료하면서 담배를 피우는 게 좋은 생각이냐고 물었다. 그는 웃어넘겼다. 내가 이 이야기를 하는 것은, 전문가들조차 잘못 판단하고 그릇된 논리를 펼칠 수 있음을 상기시키기 위해서다. 내가 OPS라는 말을 만들어내긴 했지만, 나 역시 체중이 늘 때마다 금방 도로 빠질 거라고 무시하면서 타조의 논리에 빠질 때가 있다(결국 13킬로그램까지 늘 줄이야).

가짜 인과관계의 6단계 법칙[ii]

OPS에 감염된 사람들이 광범위한 인지 편향에 빠지는 것은 자기 자신을 현실로부터 보호하기 위해서다. 인지 편향 중 하나는 두 변수 사이에 실재하지 않는 관계망을 탓하는 경우다. 우리 일상 생활에서 여러 중요한 현상은 망조직, 즉 네트워크처럼 구성돼 있다.[15] 작은 세계 현상(사람들끼리 의외로 서로 가까이 연결된 현상)[16], 우리 뇌의 뉴런들(시냅스를 통해 서로 연결), 월드와이드웹, 전력망, 소셜네트워크(페이스북 등) 혹은 생물계가 다 그렇다.[17] 우리 세상은 서로 연결된 수없이 많은 요소로 이뤄져 있기에, 소위 말하는 나비 효과가 일어날 수 있다. 즉 계의 초기 조건에서 아주 작은 섭동[iii]이 추후에 중대한 효과를 빚을 수 있다는 것이다.[18] 우리 세계가 상호 연결된 요소들의 수없이 많은 네트워크로 구성됐다는 건 사실이지만, 사람들이 주어진 현상을 설명하기 위해 잘못된 인과관계를 구축하는 경우 문제가 야기될 수 있다.

한 예로, 2015년 빌 나이(Bill Nye, 자칭 '사이언스 가이 Science Guy')는 파리에서 일어난 이슬람 테러를 기후 변화에 연결시킬 방법을 찾아냈다. 다음은 그가 한 말이다.

최근 파리에서 일어난 문제가 기후 변화의 결과라는 건(혹은 그렇게 결론짓는

．．．．．．．．．．．．．．．
ii 최대 6단계만 거치면 지구상 대부분의 사람과 연결될 수 있다는 사회 이론에 빗댄 표현. '케빈 베이컨의 6단계 법칙'이라고 불리기도 한다. 여기서는 6단계만 거치면 어떤 사회 현상이든 자기가 원하는 원인에 귀결시킬 수 있다는 의미로 사용됐다.
iii 攝動. 역학계(力學系)에서 주요한 힘의 작용에 의한 운동이 부차적인 힘 영향으로 인하여 교란되는 현상을 가리킨다.

건) 매우 타당하다. 시리아는 물 부족을 겪고 있다. 이것은 실증적 사실로, 물이 부족하고 비가 오지 않아 중소 규모의 농부들이 농징을 포기해 왔다. 특히 농촌에서 성장하지 않은 젊은이들은 자급자족하기 위해 애쓰는 대신 대도시로 일자리를 찾아 떠났다. 모든 사람에게 다 일자리가 돌아가는 것은 아니어서, 소위 불만 품은 젊은이들 ─ 체제를 불신하고, 체제가 실패했다고 믿고, 경제를 불신하는 ─ 은 테러리스트 조직에 더 쉽게 가담하고 쉽게 채용되며, 전 세계에 떨어져 있다가 결국은 파리에서 사람들에게 총을 쏘게 된다. 기후 변화가 테러리즘과 그렇게 간접적으로 연관되는 게 아니라고 매우 이성적인 주장을 할 수 있다. 기후 변화는 테러리즘과 연관된다. 따라서 이건 그저 시작일 뿐이다. 기후 변화를 그대로 내버려두면 둘수록 더 많은 문젯거리가 터질 것이다. "우리는 테러리즘을 근절할 것이다"라고 말하긴 쉽다. 하지만 물 부족 때문에 모두가 농장을 떠나는 건 그보다 더 큰 문제다.[19]

지구에서 가장 건조한 지역 중 하나인 아타카마(Atacama) 사막이 있는 칠레에는 어째서 테러리스트의 수가 많지 않은지 의아한 사람도 있을 것이다. 하지만 연결성 추정하기라는 마법을 이용하면 논리와 사실에 기반한 인과법칙에 제약받지 않고 아무것이나 골라 아무 데나 갖다 붙일 수 있다.

왜 사람들은 그런 조잡한 사고방식에 굴복하는 걸까? 철학자 에이브러햄 카플란(Abraham Kaplan)은 그의 책《탐구의 수행(The Conduct of Inquiry)》에서 이렇게 썼다. '과학적 공동체에서 받는 사회적 압력에 덧붙여, 과학자 개인이 일하는 데 있어 매우 인간적인 습성이 하나 있다. 나는 이를 **도구의 법칙**이라고 부르며, 이렇게 표현한다. 어린 소년에게 망치를 주라. 그러면 그는 마주치는 모든 물건을 다 두들길 필요가 있다고 생각할 것이다. 과학자가 자기의 전문 지식이 필요한 방식으로 문제를 바라보는 것이 놀라운 일은 아니다.'20 [굵은 글씨는 원문에 따름] 인본주의 심리학자 에이브러햄 매슬로(Abraham Maslow)는 《과학의 심리학(The Psychology of Science)》에서 이렇게 말했다. "갖고 있는 유일한 도구가 망치라면 모든 것을 못처럼 다루기 쉽다."21 이것은 방법론적 고착이라는 개념과 매우 밀접하게 관련돼 있다. 방법론적 고착이란 연구원들이 주어진 연구 과제에 적합한지 여부를 따지지 않고 특정 데이터 자료나 특정 데이터 분석 절차를 고집하는 경우를 말한다.22 만일 당신이 기후문제운동가라면, 모든 재난은 인간이 초래한 기후 변화 때문이다. 만일 당신이 페미니스트라면, 유독한 남성성과 함께 가부장제를 비난해야 한다(기후 변화가 유독한 남성성 때문이라는 주장이 별로 놀랍지는 않을 것이다23). 만일 다양성, 포용, 공정 컬트의 일원이라면, 당연히 모든 악은 다양성, 포용, 공정이 부족한 데서 비롯된다. 만일 당신이 민주당원이라면, 모든 문제는 도널드 트럼프에서 비롯된다.

　과학철학에서 '오캄(Ockham)의 면도칼'은 다른 모든 조건이 똑같을 때는 비비 꼬인 설명보다는 단순한 설명을 취해야 한다는 의미다(가짜 인과관계의 잘못된 인식론을 막아낼 유용한 방법이다). 저서 《자연철학의 수학적 원리(Philosophiæ Naturalis Principia Mathematica)》에서 아이작 뉴턴은 이렇게 선언했다. '우리는 자연의 사물들에 대해 그 현상을 설명할 수 있는 참되고 충분한 원인들만 인정해야 한다. 이런 취지에서 철학자들은 '자연은 헛되이 행하는 것이 없고, 헛될수록 도움되는 바가 적다'라고 말한다. 자연은 단순한 것을 좋아하며, 허세를 부려 불필요한 원인들을 발생시키지 않기 때문이다.' 여섯 단계의 가짜 인과관계라는 덫에 걸리는 사람들의 문제는,

그들이 잘못된 인과관계로 길고 먼 과정을 만들어낸다는 데 있다. 명백한 거짓인 진보주익자들의 상투저 표현들을 내뱉으려면 그렇게 빙빙 돌아갈 필요가 있긴 하겠다.

국경을 개방하라 – 다양성은 우리의 힘이다

캐나다 총리 쥐스탱 트뤼도가 내뱉는 상투적 표현이 하나둘은 아니지만, 그 중에서도 주문처럼 거듭 들먹이는 '다양성은 우리의 힘'이라는 말이 가장 유명하다. 그는 이 슬로건을 문제가 사라질 때까지 반복해 외우기만 하면 다 해결되리라고 믿는 듯하다. 그에게는 다양성을 키우는 것이 경제, 사회, 정치, 환경 혹은 안보에 관련된 모든 문제에 대한 해법이다. 캐나다에 대거 밀려들어오는 이민자들의 문화적, 윤리적, 종교적 다양성만 밀어붙이고, 우리 모두 형제애로 합심해 손에 손잡고 존 레넌의 '이매진(Imagine)'을 부르는 모습을 상상해 보라. 이것이 바로 서구의 미래를 파괴하는 전형적인 타조의 논리다. 다차원적이고 다원적인 사회의 다양한 요리법을 가진 식당들을 비롯해 여러 형태의 문화적 풍요로움이 있을 수 있겠지만, 일부 이민자가 서구에 가져오는 문화적, 종교적 가치들은 서구에게 힘을 보태주지 않는다. 증오와 무관용, 분열의 씨앗을 뿌릴 뿐이다. 내 좋은 친구 살림 만수르(Salim Mansur) 교수는 2012년 10월 1일 캐나다 하원의 시민권 및 이민 상임위원회에서 이를 설득력 있게 증언했다.

전 세계에서 캐나다로 오는 이민자들의 유입, 특히 무슬림 국가에서 오는 이민자들의 유입은 아무리 좋게 말해도 수많은 사람이 자유롭지 않은 문화권으로부터 자유로운 사회로 쏟아져 들어온다는 뜻입니다. 그러나 이민 온 나라의 자유주의적 건국 가치에 동화하라고 이민자들에게 요구하지 않는다면, 즉 반자유적 문화가 유입된다면 우리와 같은 자유 사회에 가장 큰 딜레마 중 하나로 대두되면서 전례 없는 문제를 야기한다는 것이 많은 연구와 관찰로 잘 알려져 있습니다. 그런데도 우리는 그릇된 이해로 그들에게 동화하라고 장려하기보다 완전히 방향을 잘못 잡은 다문화주의 정책을 통해 건국 가치에 역행하도록 장려하고 있습니다.

우리는 매년 캐나다에 오는 이민자 수를 현재 수준으로 유지하고 싶을 수 있습니다. 하지만 모든 문화가 평등하다는 것은 그릇된 전제이며, 이를 바탕으로 다문화 정책을 실행하면서 지속적으로 이민자들을 유입시킬 수는 없습니다. 이 정책은 우리 자유민주주의 체제에 대한 심각한, 어쩌면 치명적인 시험입니다.

매년 캐나다에 유입되는 이민자 수와 출신 지역에 대한 이민자 정책을 관료주의적 관성으로 결정해서는 안 됩니다. 냉전 기간 소비에트권 국가 출신의 이민을 선택적으로 막았던 전례가 있습니다. 관성적으로 이민을 허용한 결과 이민자들이 갖고 오는 반자유적 가치관의 문화가 얼마나 파괴적인지 아는 이상, 무슬림 국가의 이민자들을 그 때처럼 일정 기간, 선택적으로 막을 필요가 있습니다.

다시 말해, 최근 유럽에서 일어나는 사건에서 알 수 있듯이 이 나라에서 일어나는 소요 중 상당 부분에 우리가 기름을 붓고 있는 것입니다.

제 관점이 PC주의적이지 않거나 혹은 그보다 더 고약하다고 훈계하려는 분이 계실까 싶어 말씀드리자면, 저는 오늘날의 이슬람 문화가 얼마나 불안하고 얼마나 파괴적이며, 얼마나 잔혹하고 얼마나 여성 혐오적이었는지, 제가 소중히 여기는 자유민주주의를 얼마나 크게 위협하는지를 직접 겪고 깨달으며 살아온 실천적 무슬림으로서 여러분 앞에 섰다는 점을 알아주셨으면 합니다.[24]

만수르가 인도 혈통의 유색인이자 실천적 무슬림임을 볼 때, 그가 편견에 가득 찬 백인우월주의 이슬람혐오자라고 주장하기는 어렵다. 그는 그저 모든 문화가 똑같이 자유주의적이지 않음을 인식하고 있는 정직한 사람일 뿐이다.

무제한의 다양성이야말로 안정되고 평화로운 사회를 만드는 데 발생하는 문제를 해결해 줄 마법의 만병통치약이라는 건 심히 어리석은 생각이다. 동종 선호(同種選好, 자기와 비슷한 사람들에게 끌리는 경향) 현상은 일반적으로 매우 광범위한 사회적 맥락에서 기록돼 왔음을 과학은 말해준다.[25] 가령 성공적인 결혼 생활을 하는 것이 궁극의 목표라면, 그 연구 결과는 매우 분명하다. 자기와 비슷한 사람을 고르라. 친구를 고를 때는 부분적으로 유전적 동종 선호에[26], 개를 고를 때는 형태학적 동종 선호에[27], 국제 무역 상대국을 선택할 때는 문화적 동종 선호를[28] 기반으로 한다. 덧붙여 이민의 경우에는 근본적 가치관을 공유하는 사람들이 그렇지 않은 사람들보다 같이 어울리기 더 쉽다.

전통적인 의미에서 자유롭고 현대적이고 다원주의적이며 비종교적인 사회라면, 종교우월주의, 동성애 혐오, 여성 혐오 특히 유대인을 증오하는 등 종교적 소수인에 대한 무관용, 표현의 자유 및 양심의 자유 거부에 뿌리를 둔 문화와 종교적 유산을 가진 수많은 이민자에게 문호를 개방해서 좋은 결과가 나오지 않을 것이다. 이 사실을 서술하는 건 '편견'에 의한 게 아니다. 이것은 태양의 존재만큼이나 분명한 사실을 인식하는 것일 뿐이다.

상호이타주의는 진화된 메커니즘[iv]이다(이를테면 이민자들이 자유롭고 현대적이면서 비종교적인 서구의 가치관을 채용함으로써 우리의 관대함에 화답할 것이라 기대하고, 감당할 수 있을 만큼만 난민을 허용하는 것이 상호이타주의다). 자멸을 초래하는 공감은 진화된 메커니즘이 아니다. 신실한 마음으로 문명적 차원에서 채찍질 고행을 하겠다고 현대 사회의 근간마저 양보하는 건 절대 안 된다. 나는 자랑스러운 캐나다 이민자로서 말하는 것이다. 합리적인 이민 정책을 모색하고자 하는 사람에게 '인종차별주의자'라는 비난만 반복하는 사람들은 은밀한 형태의 타조 기생충 증후군 환자들이다.

이건 이슬람과 아무 관련 없습니다만

　이슬람 테러리스트들이 미국을 공격한 2001년 9월 11일 이후 지금까지 이슬람 테러리스트들은 전 세계적으로 3만 5,000건의 공격을 자행했다.[29] 테러를 당한 나라들은 인종, 민족, 문화, 종교, 언어, 경제활성도, 정치 체계 등 생각할 수 있는 모든 면에서 다 달랐다. 테러리즘을 고무하고 정당화하고 지지하는 데 있어서는 그 어떤 종교도 이슬람 발끝에도 미치지 못한다. 그럼에도 진보주의 지식인들은 기록된 공격들이 이슬람과 전혀 관계없다고 주장한다. 대신 수도 없이 많은 다른 '원인'을 제시했다.[30] 그들이 말하는 몇 가지 원인을 파헤쳐보기 전에, 테러 공격을 언급할 때마다 기상천외한 완곡 어법을 사용하고 방향을 잘못 잡는 데서부터 이 혼동이 시작됐다는 사실을 짚고 넘어가야 한다. 그들은 테러가 무작위로 분별없이 자행하는 폭력이라고 말한다. 테러에는 정당한 이유가 없으며 이념과 무관한

....
iv　evolved mechanism. 생존이나 번식 문제를 해결하기 위한 시도 끝에 진화된 것으로 보이는 뇌 기능의 하부 조직들을 말한다.

대량 살상이며, 자생한 극단주의의 발현이고, 범죄나 직장 폭력의 일부일 뿐이라는 것이다. 게다가 버락 오바마 행정부는 테러아말로 우리 모든 인간이 누구나 저지를 수 있는 재난이라고 말했다.

'인간이 저지르는 재난'을 저지르는 자들은 이른바 박탈당하고 내몰리고 소외되고 고립되어 절망적이었거나 혹은 수치를 당한 까닭에 그토록 끔찍한 공격을 저지르도록 내몰린 것이라고 말한다. 그들에게는 희망도, 목표도, 의미 있는 인간 관계도 없다. 그들은 사회적인 패배자이거나 가족에게 내쫓긴 자들이다. 테러리스트는 대개 '외로운 늑대들'이다. 또한 대부분이 젊다(우리 중 젊은 시절 ISIS가 되기 위해 락카ᵛ로 떠나 지붕 위에서 동성애자들을 내던져버린 사람이 있던가? 그게 그저 젊은이들의 객기였을 뿐이라고?). 그 외 '근본적인 이유'는 기후 변화로부터 시작해 유독한 남성성, 폭력적인 비디오게임, 서구 식민주의, 십자군(복수는 차갑게 식혀서 하는 게 최고라는데, 정말 많이 식혀야 했던 모양이다)에 이르기까지 다양하다. 사실 진보주의자들에게는 자명한 그 이유, 즉 이슬람 교리만 제외하면 뭐든지 다 이슬람 테러의 근원이 될 수 있다.

타조 기생충 증후군 환자들은 어떻게 이슬람을 보호하는가

타조 기생충 증후군(OPS) 환자들은 이슬람에 대한 정직한 비판을 필사적으로 거부하려고 애쓰는 와중에 수많은 인지 편향에 빠진다. 인간은

··············
ᵛ ar-Raqqa, الرقة. ISIS가 장악한 시리아 북부 지역의 도시.

'차가운' 데이터의 자료들보다 개인적 일화의 진실성을 더 신뢰하도록 진화해왔다. 인간은 스토리텔링의 동물이며, 따라서 개인적 경험은 우리가 세계관을 형성하는 데 매우 큰 비중을 차지한다. 사랑 많고 친절하며 관용적인 부모에게 양육된 무슬림을 상상해보자. 그는 살아오면서 단 한 번도 유대인에 대한 증오심을 품어본 적이 없다. 그의 부모님은 모스크에서 존경받는 일원이다. 이런 사람들은 자기 부모가 진정한 무슬림의 전형이라고 주장하기 쉽다. 이는 두 가지 형태의 타조 논리인데, 하나는 #NotAllMuslims(무슬림이 다 그런 건 아니야)이라는 허위 주장이며("내 아버지/형제/삼촌/친구 아메드는 무슬림인데 매우 친절하고 평화롭고 관용하며 자유로운 개인이야"), 또 하나는 유니콘 이슬람 오류다("하지만 진정한 이슬람은 유대인과 동성애자를 사랑하는 페미니스트 종교로 양심의 자유를 지지해"라는 식으로 극히 희귀한 사례를 일반화한다).

이슬람은 신념 체계다. 많은 무슬림은 자기들이 고수하고 싶어 하는 부분만 취사선택하고 반대하는 부분은 거부한다. 돼지고기를 먹고 위스키를 마시는 당신 친구 아메드는 이슬람이 그런 행동을 허용하는지 아닌지는 전혀 언급하지 않는다. 이슬람은 이런 행동을 허용할 수도 있고 아닐 수도 있다. 마찬가지로, 당신의 도덕률을 당신의 종교에 부과한다고 해서 종교의 내용이 바뀌는 게 아니다. 무슬림 부모가 당신에게 유대인을 사랑하고 존경하라고 가르쳤다고 해서, 그게 이슬람이라는 종교가 유대인을 어떻게 대하는지를 대변하는 것은 아니다.

2010년, 캐나다인이자 유대인인 친구가 이슬람을 좀더 잘 이해할 수 있게 해달라고 이메일로 도움을 청했다(특히 이슬람에 증오와 관련된 교리가 있는지 알고자 했다). 당시 그녀에게는 캐나다의 명문 대학에서 박사 과정을 밟고 있는, 듣자 하니 사랑스러운 무슬림 여성 친구가 있었다. OPS에 감염된 사람들이 흔히 그리듯, 내 친구는 자유롭고 평화로운 무슬림과 개인직으로 교류하는 경험을 이슬람의 이름으로 끊임없이 빚어지는 세계적인 혼란의 증거들과 서로 조화시키지 못해 애를 먹고 있었다. 수많은 자료 중에서 나는 이슬람 사회의 뿌리 깊은 유대인 혐오를 입증하는 동영상 한 편을 그녀에게 보냈다. 상상하기도 어려우리만큼 유대인에 대한 집단 학살적 증오를 내뿜는 어린아이, 정치인, 이맘[vi], 성직자, 텔레비전 등장 인물들이 나오는 동영상이었다.

그녀는 자기 친구와 함께 상투적인 말들을 쓰나미처럼 퍼부었다. 모든 종교에는 폭력적인 극단주의자가 있다, 성경에도 폭력적인 문구가 나온다, 대부분의 무슬림은 좋은 사람들이다. 한 마디로 터무니없는 변명이었다. 그녀는 팽팽하게 긴장된 이메일들이 오가는 가운데 한 번은 이렇게 글을 맺었다. "가드 씨 당신이야말로 광신도처럼 보이는데요." 통탄할 일이지만, 이슬람 문제에 관해 제대로 생각하지 못하는 '진보적' 유대인은 그 친구 하나뿐이 아니다.

그 친구와 같은 '우회' 전략은 진보주의자들이 이슬람을 옹호할 때 자주 사용된다. 진보주의자들은 다른 곳에서 추악한 현실을 지적함으로써 이슬람을 비판으로부터 사면시키고자 한다. '모든 종교에는 폭력적인 극단주의자가 있다'는 오류는 터무니없을 정도로 기만적이다. 지난 25년이 넘는 기간 동안 미국의 소수 기독교 신자가 임신중절 시술 의사들을 공격하면서 자기들의 신앙으로 그 행동을 정당화했던 것은 사실이다.[31] 하지만 뇌가 작동하는 사람들이라면 그런 현상이 어떤 규모로 일어나느냐가 중요하다는 걸 안다. 이슬람이 이념을 기반으로 폭력을 행사하는 유일한 종교는 아니라 해도, 극단적 자이나교도(이들은 개미를 밟지 않으려고 길을 걸으며 부지런히 비질을 한다)의 신념보다는 폭력의 전도성이 훨씬 더 높다는 건 분명하다.

권투와 볼링은 모두 스포츠라는 딱지가 붙었지만, 그래도 우리는 그 두 가지 스포츠에서 부상을 입을 가능성이 똑같다고 추정하지 않는다. 모든 종교는 폭력과 종족 학살적 증오를 퍼뜨리는 정도가 다르다. 그렇지 않다고 말하는 사람은 절망적으로 길을 잘못 든 것 아니면 근본적인 사기꾼이다. 자주 사용되는 또 다른 두 가지 편향은 "십자군은 어쩌고요?"와 "하지만 성경에도 폭력적인 문구가 있습니다만"이다. 십자군은 수백 년 간 계속된 이슬람의 공세에 대한 반응이었으며, 십자군 원정 자체는 매우 한정된 시간 동안, 한정된 장소에서 거의 천 년 전에 일어났다. 성경 속 폭력에 대해서라면, 21세기에 신명기에서 언급된 폭력적인 문구를 들어가며 테러 행위를 정당화하는 사람들의 숫자는 한 손으로도 다 꼽지 못할 정도로 드물다. 반면 전 세계 수많은 지하드 전사는 자신들의 폭력 행위를 정당화하기 위해 이슬람 교리를 이용한다. 규모는 중요하다.

이슬람 옹호자들이 사용하는 또 다른 고전적 계책으로 '진짜 스코틀랜드인의 오류[vii]가 있다. 전체 이슬람 국가들, 이슬람 정부들, 주요 이슬람 학자들은 진정한 이슬람 신앙을 대표하지 않는다는 것이다. 사우디아라비아

vii 논리학에서 말하는 비형식적 오류의 하나. 순수성에 호소하는 오류라고도 불린다. 보편적인 일반화를 위해 주장하는 바에 역행하는 현상이 나타나면 이 사례가 해당 집단에 속하지 않는다고 주장한다.

의 샤리아 법을 지적하면, 샤리아 법이 진정한 이슬람을 대표하지 않는다고 반박한다. 이와 비슷하게, 이란의 물라[viii]들은 진정한 이슬람을 대표하지 않는 모양이다. 오사마 빈 라덴은 '가짜' 무슬림이었나 보다. 다른 '가짜' 무슬림 중에는 아민 알 후세이니(아돌프 히틀러와 절친한 관계였던 예루살렘의 무프티[ix]), 셰이크 하난 알반나(무슬림 동포단), 아야톨라 호메이니(1979년 이란 혁명 주도자), 셰이크 유수프 알카라다위(현재 수니 신학자들의 선봉으로 추정되는 인물), 칼리프 아부 바크르 알바그다디(전 ISIS 지도자)가 포함된다. 동성애자이고 프로슈토[x]를 먹고 코냑을 마시는 친구 아메드를 기억하는가? 그가 진짜 무슬림이라는 거다. 다른 사람들은 모두 가짜 무슬림이라는 거다. 부정은 아주 강력한 덫이다.

OPS 환자들은 또한 무한히 제자리를 맴도는 자격 박탈 전법을 써서 이슬람을 비판하지 못하게 하려 든다. 대부분 서구인에게는 한 가지만 질문하면 끝난다. 아랍어 할 줄 아세요? 물론 다른 질문들도 있다. 중동에서 자라셨습니까? 무슬림이세요? 쿠란 철학을 이해하십니까? 하피스(쿠란 전권을 암송하는 사람에게 주어진 칭호)신가요? 혹시 알아자르 대학(최고의 수니 이슬람 학교로 추정되는 기관)이라도 다니셨는지요? 이맘이십니까? 이런 것들이 하나도 안 먹히면 이런 질문도 있다. 무하마드의 충직한 동반자이십니까? 아니라고요? 아, 그렇다면 입 다무세요. 당신에게는 이 숭고한 신앙을 비판할 자격이 없어요. 아랍어가 내 모국어이고 내가 레바논 출신이어서 내 '비판 자격을 박탈'하는 데 시간이 조금 더 걸릴 뿐이다. 대부분의 서구인은 버텨낼 가망이 전혀 없다.

이보다 교묘한 비판 자격 박탈 전략으로, 상투적인 역사적 사실들을 이용해 이슬람에 대한 비판적 검토를 피해가는 방법이 있다. 예를 들어보자. "15세기 안달루시아 지방에서 무슬림, 유대인, 기독교인들이 평화롭게 공존한 것은 어떻게 설명할 건가요?" 완벽하게 받아들여질 만한 대답은 딱하나, 바로 이것이다. "아, 그 15세기 안달루시아요? 지금에 대해 얘기를 합시다." 하지만 진보주의자들이 내놓는 상투적인 역사들 역시 가짜이며, 평화롭게 공존했다는 안달루시아 지역의 이야기 역시 역사의 신화일 뿐이다.[32]

때로 성서를 공유하는 사람들(유대인과 기독교인)은 삼류 시민까지는 아니더라도 이류 시민 정도로 용인되기도 했지만, 이슬람 사회라는 거대한 조직에서 자기들의 주제를 파악할 필요가 있었다. 그들의 지위는 딤미(dhimmi)라 불렸는데, 이 지위에 있는 사람들은 지즈야(인두세) 납부를 포함해 특정한 법을 따라야 했다. 무슬림 사회에서 무슬림이 아닌 사람들은 용인되지 않을 때까지만 용인된다. 용인되지 않는 때가 오면 재빨리 도망쳐야 한다. 언제 그런 일이 일어날지 알 수 없지만, 비유하자면 언제든 심장마비가 올 수 있음을 알고 있다. 내 가족은 레바논에서 상대적으로 안전하게 살았다. 결국 목숨을 구하기 위해 도망쳐야 했던 바로 그 날까지는.

더욱 세련되게 보이고 싶은 마음에, 많은 학자는(가령 세계적인 지하드 같은) 주어진 현상이 일어나는 까닭을 복잡한 다인성 문제로, 즉 광범위하게 서로 연결되고 연관된 요소들 때문에 일어나는 것이라고 상정한다. 나는 이것을 연관성 전략이라 부른다. 범행자가 알라후 아크바르를 외치는 테러 공격이 일어날 때마다 학자들은 이런 형태의 지적 이중성을 보이며, 나는 이를 자주 풍자해왔다. 나는 사람들에게 테러리스트의 진정한 동기는 고식물학적, 사회문화적, 생명정치적, 신경생리학적, 심리경제학적, 이성애 역사적, 지질유기적, 민속케톤체적[xi] 요소들이 합쳐진 것으로 보인다고 풍자한다. 터무니없는 용어들을 많이 던질수록 그 설명은 더욱 심오하게 보이는 착시 현상을 일으킨다.

그 '섬세한' 이성의 적들은 또한 너무 PC적이지 않아서 거론할 수조차 없는 현실들을 은폐하려고 완곡 어법을 즐겨 사용한다. 이에 따르면 서구는 이슬람 테러에 대항해 싸우는 게 아니라, 그 무시무시한 RMVE-MMF('급진화되고 전투적으로 폭력적인 극단주의자들의 인공적 광신주의'의 영어 약자)와 싸우고 있는 것이다. 이보다 조금 더 정직한 사람들은 이게 이슬람과 연결된다는 걸 깨닫겠지만, 그들 역시 이 '~주의(ism)' 알고리즘을 써서 현실을 희석시키려 한다. 따라서 이슬람 때문이 아니라 이슬람주의 때문이다. 이슬람이 아니라 지하드주의, 와하브주의[xii], 살라피즘[xiii] 때문이다. 혹은 수식어를 써서 이슬람과 극단적 이슬람 즉 이슬람극단주의를 구분하려고 수식어를 쓰기도 한다.

선부르고 무관용적으로 보일까 두려워, 이슬람을 직접적으로 비난하는 데 강한 반감을 느끼는 사람이 많다. 차라리 이슬람은 그대로 놔두고 대신 어떤 추정상 '왜곡된' 형태의 이슬람 신앙을 비난하려고 한다. 그러나 이슬람과 구분되는 성문화된 이슬람주의 성전(聖典) 같은 건 전혀 없다는

---

xi 테러리스트들의 동기를 이슬람 사회라는 배경이 아닌 전혀 터무니없는 곳에서 찾으려 하는 사람들의 태도를 희화하기 위해 서로 전혀 무관한 '민속학'과 '(단백질 분해 대사 과정에서 나오는) 키톤체 생성의'이라는 형용사를 결합했다.

xii Wahhabism. 수니파의 한 분파이며 매우 근본주의적인 와하브파의 교리.

xiii Salafism. 수니파의 이슬람 운동.

게 현실이다. 이슬람주의, 즉 이슬람의 정치적 요소는 이 종교의 통합적인 요소이다. 다행히 무슬림 대다수는 종교에서 입맛에 맞지 않는 부분을 무시한다. 그렇다고 해서 이들이 찾아내기 힘든, 온화한 진짜 이슬람을 믿는다는 의미는 아니다. 만일 모르드개 루빈스타인이라는 유대인이 돼지고기와 새우를 먹기로 했다면, 그는 지금 더욱 자유로운 형태의 유대주의 신앙 생활을 하고 있는 게 아니다. 코셔 법을 지키기가 너무 까다롭다 보니 그저 법 조항들을 무시하고 있는 것이다.

이슬람 교리에서 입맛에 맞지 않는 부분이 눈에 띄면, 진보주의자들은 이를 심각하게 받아들여서는 안 된다고 주장한다. 텍스트 해석은 주관적인 활동이며, 우리가 듣는 아주 분명한 종족 살해적 이슬람 칙령들은 잘못 번역되고, 잘못 해석되고, 잘못 이해된 것이기 때문이라는 것이다(나는 이것을 핑계의 성삼위일체 Holy 3M라고 부른다[33]). OPS 환자들은 다문화주의 정치철학을 이용, 도덕적 상대주의 및 문화상대주의라는 이름 하에 여성 할례, 미성년 소녀 신부, 명예 살인 같이 진정으로 혐오스러운 문화적, 종교적 관행마저 비판하기를 꺼린다. 어느 한 사회의 계율을 판단할 때 보편적 도덕률을 적용하는 게 잘못이라는 것이다. 그러므로 서구의 비평가들은 보편적으로 책망해야 할 문화적, 종교적 관행들에 대해 설사 지지하지는 않더라도 침묵한다. 남들의 전통에 대해 의문을 제기하는 것은 '인종차별적이고 편견에 사로잡힌' 행위로 간주될 것이기 때문이다. 실제 쥐스탱 트뤼도는 캐나다의 총리가 되기 전, 자신은 그런 관행들 자체보다는 그런 관행들에 대해서 야만적이라고 말한 자기 자신에 대해 더 화가 난다고 표명한 바 있다.[34]

서구의 급진 페미니스트 역시 문화상대주의라는 미명 하에 끔찍한 여성 학대를 덮어버리도록 용인한다. 이들의 비비 꼬인 세계관으로 볼 때 비키니는 가부장적 억압의 상징인 반면 부르카, 니캅, 히잡은 여권의 상징이다. 피해의식의 위계 서열을 볼 때 OSP 환자들은 '무례하고 인종차별적'일까 봐 이슬람 비판을 거부한다(배우 벤 애플렉의 유명한 말을 이용했다[xiv]). 그대신 그들은 모든 무슬림이 선천적으로 고상하고 평화롭고 친절하다고 고집한다. 고상한 야만인(갈색 인종은 모두가 사랑스럽지만 백인은 모든 악의 근원이다)의 신화가 새로이 발현된 것이다.

한 번은 내 페이스북 페이지에 이슬람 성전에 따르면 지구가 정말로 평평하다고 주장하는 이라크 천문학자의 동영상을 공유했다. 한 백인 서구인이며 '진보적인' 여성 과학자가 격분해서 댓글을 달고 그런 이야기를 공유했다며 질책했다. 그녀의 관점에서 볼 때, 우리는 무슬림에게 더 친절해야 한다. 따라서 같은 과학자이면서도 그 이라크 신사가 퍼뜨리는 허튼 생각에 대해서 그녀는 분노하지 않았다. 오히려 그 어리석은 영상을 공유했다는 이유로 내게 화를 냈다. PC주의적이어야 한다는 임무에 충실하고자 그녀는 기꺼이 진실을 해치려 했다.

스테판 콜리니(Stefan Collini)는 그의 책《무례하시네요!(That's Offensive!)》에서 일부 집단들을 동등한 평가로부터 면제해주고자 하는 진보주의자들의 삐뚤어진 욕망에 대해 다뤘다.

어떤 집단의 관점이나 취향에 대해 이성적 평가나 신중한 판단을 면제해주려는

---

xiv 2014년 벤 애플렉이 이슬람을 비판하는 작가 샘 해리스와 코미디언 빌 마어(Bill Maher)를 비난했던 사건을 말한다.

시도를 할 때도 비슷한 주장이 적용된다. 아무리 의도가 좋아도 그런 모든 시도는 결국 건방진 것이다. 주어진 주제에 대해 불리한 입장에 놓인 '소수 집단'(어떤 주제에 대해서는 우리 모두 소수 집단이 될 수 있다)들은 ─그들 자신의 불리함을 극복하려는 노력에 더하여─그들의 가장 소중한 확신에 대해 비판적인 평가를 받지 않게끔 보호해줄 필요가 있다고 그들은 추정한다. 이것은 사실상 사회가 어른과 아이, 두 계층의 지적 단계로 이뤄져 있다고 상정하는 것이나 다름없다. 이런 사회에서 어른 계층은 아이들 앞에서 무엇을 말하고 무엇을 말하지 말아야 하는지 결정하는 것은 물론, 무엇보다 먼저 누구를 아이들로 여겨야 할 것인지를 결정한다. 이는 결국 특권계층이라 여겨지는 사람들은 얼마든지 비판하고 조롱하고 기분을 상하게 해도 용납이 되지만, 특권을 덜 가진 계층의 사람들에게는 그래선 안 되는 상황이 야기된다. 이것은 도덕적으로 불공정한, 궁극적으로는 개인의 존엄성과 평등을 훼손하는 일이다.[35]

샤리아 법은 서구의 법적 기준에 부합하는가?

미국의 법 체계와 가장 반대되는 법 체계를 골라야 한다면 아마도 샤리아 법이 그 조건에 가장 부합될 것이다. 그럼에도 많은 OPS 환자는 이와 다른 주장을 한다. 서구인 다수는 절도죄(손목 절단)와 간통죄(석살, 돌로 때려죽임)에 샤리아가 기이하리만큼 가혹한 체벌을 내리는 걸 보면 혐오감을 느낄 것이다. 여성의 법정 증언이 인정받지 못한다는 사실 혹은 여성의 유산상속권(남자의 절반) 문제 등 서구인들의 감성으로 볼 때 여성의 지위는 기괴하리만큼 낮다. 샤리아 법에서는 강간 피해를 입은 여성이 피해를 입증하려면 목격자 네 명의 증언이 필요하다. 이러한 사실이 대부분의 서구인에게는 미쳤다고까지는 아니더라도 최소 경악하리만큼 산인하고 부당하게 느껴질 것이다.

그러나 샤리아 법이 그보다 더 근본적으로 서구의 법적 기준에 반대되는 까닭은, 재판은 개인의 정체성과 무관하게 공정하게 이뤄져야 한다는 서구의 사상을 이슬람이 거부하기 때문이다. 샤리아 법에 의하면 처벌은 피해자와 가해자의 정체성에 따른 함수(函數)다. 무슬림을 살해한 유대인은 유대인을 살해한 무슬림과 매우 다른 판결을 받는다.[36] 샤리아 법은 특별히 무슬림이 무슬림 아닌 사람을 죽였을 때는 보복할 수 없으며, 문제 당사자들의 정체성에 따라 보상금이 달라진다.

04.9(A: 아래 판결에서, 남성 배상액(04.2-6 및 04.13조에서 규정)에 해당하는 사망이나 부상의 고의성 여부, 기타 관련 환경에 따라 적절한 배상액을 분할계수에 곱한다.
여성이 사망하거나 부상을 입었을 때 남성의 배상액의 절반을 배상한다.
유대인이나 기독교인에게 지급하는 배상액은 무슬림 배상액의 3분의 1이다.
조로아스터교인에게 지급되는 배상액은 무슬림 배상액의 15분의 1이다.

이것이 바로 정체성 정치가 사법 체계에 하는 짓이다. 이것이야말로 진보주의자들이 고수하는 기준이다. 남자들은 성차별주의자가 될 수 있지만 여성들은 될 수 없다. 백인들은 인종차별주의자가 될 수 있지만 흑인들은 될 수 없다. 무엇을 말할 수 있느냐 없느냐는 그 사람의 정체성과 정치적 입장에 따라 달라진다. 양성애 백인 기독교 보수 남성은 입 다물고 진보적 무슬림 토착 유색 인종 성전환 여성에게 자리를 양보해야 한다. 백인 친구들, 분수를 알라고. 주제넘게 나서지 말고. 따라서 샤리아 법과 진보적 정체성 정치는 정확히 동일한 원칙을 고수하는 것이다. 개인의 권리를 근본적으로 공격하는 것의 영향은 이슬람 세계와 서구 진보주의자들 세계에 서로 다르게 나타나겠지만, 그 사고방식은 거의 동일하다. 유일한 차이라면, 진보주의자들은 평등이라는 이념을 지지하지만 샤리아 법은 그렇지 않다는 것이다. 그럼에도 진보주의자들의 평등은 매우 특별한 종류의 평등이다. 진보주의자들의 평등은 소설 《동물농장》에 조지 오웰이 남긴 불멸의 문장이 가장 잘 표현해준다. '모든 동물은 평등하다. 하지만 어떤 동물은 다른 동물들보다 더 평등하다.'[37]

프로파일링은 인종 차별이다!

1983년과 1984년, 나는 친척들이 있는 이스라엘에서 여름을 보냈다. 그중 한 번은 국경에서 억류돼 결국 심문을 받기까지 했는데, 내가 레바논에서 태어난 젊은이였기 때문이다. 나는 내가 레바논 출신 유대인으로 이스라엘에 친척들이 있다고 설명하려 했다. 이스라엘 요원은 내 가족들의 이름을 알아보고(큰 형의 이름은 영어로 모시스, 즉 모세이며 내 이름은 성경에도 나오는 히브리어 이름이다), 내게 히브리어로 '당신 유대인이냐'고 물었다. 문제는 곧 해결됐다. 1999년에는 한 학술회의에서 논문을 소개하러 다시 이스라엘로 갔다. 이 때 다하브(시나이 반도 중 이집트 령 지역)에서 잠시 쉬었다가 다시 이스라엘로 입국하려는데 또 다시 심문을 받았다. 이스라엘 요원은 내가 교수이며 박사 학위를 갖고 있다는 증거를 원했다. 나는 박사 학위증을 갖고 다니는 습관이 없다고 대답했지만, 이 문제 역시 곧 해결됐다.

그보다 최근에 클라크슨 대학(Clarkson University)의 초청을 받아 강연하러 가던 나는 우리집 가까운 곳, 즉 미국 국경에서 한 시간 반 이상 억류됐다. 나는 아내와 당시 두 살이던 어린 딸과 함께였다. 여행이 지체돼 불편하긴 했지만, 큰 그림을 보자면 별것 아니었다. 내가 이런 일들을 돌이키는 것은 한 가지 질문을 하기 위해서다. 이스라엘인들과 미국인들은 무고한 올리브색 피부를 가진 중동인들을 겨냥하는 극심한 인종차별주의자들인가? 그들은 프로파일링이라는 차별 행위를 자행하는 사악한 편견덩어리들인가? 당신이 만일 OPS에 감염됐다면 그 대답은 한결같이 "그렇다"일 것이다. 뇌가 제 기능을 하는 사람이라면 누구라도 "아니오"라고 대답한다.

집으로 돌아가는 길에 어두운 지름길이 있다. 네 명의 젊은 남자나 네 명의 나이든 여자가 어정거리고 있는 걸 본다면 당신은 그 길을 택하겠는가, 아닌가? 상식적으로 생각하면 젊은 남자들이 나이든 여자들에 비해 더 위험할 수 있다는 걸 알 수 있으며, 젊은 남자들을 피해 다른 길을 택할 수 있다. 그렇다고 당신이 성차별주의자나 연령차별주의자가 되는 건 아니다. 대부분의 젊은 남자는 폭력적이지 않지만, 폭력적일 가능성은 꽤 크며, 따라서 두려워하는 것도 무리가 아니다. 1993년 과격한 백인 인종차별주의자가 다음과 같은 악명 높은 말을 뱉었다. "요즘 나는 길을 가는데 뒤에서 발자국 소리가 들리고 강도일지 모른다는 생각이 들 때가 가장 힘들다. 그러면 나는 뒤를 돌아보고, 그가 백인이면 안심한다."[38] 잠깐, KKK

단의 대마법사^{xv}가 한 말이 아니다. 이 말을 한 사람은 다름 아닌 미국 흑인 운동가 제시 잭슨(Jesse Jackson)이다. 잭슨 목사가 자기 인종에 대한 내면적인 편견에 시달리는 건가? 아니, 아마도 집계 자료에 기반한 인종별 범죄 유형을 알아차리고 거기 맞게 대응했을 뿐이다.

코넬 대학 박사 과정 첫 학기에 나는 《살인(Homicide)》이라는, 진화심리학계의 두 거물이 저술한 책을 읽었다. 이 책은 이후 내 과학 이력에 깊은 영향을 끼쳤다.[39] 이 책에서 저자들은 학대와 가정 폭력을 포함, 다양한 범죄 행위를 진화론적 렌즈를 통해 분석했다. 그들의 분석으로부터 두 가지 놀라운 결론이 도출됐다. 1) 한 어린이가 학대당할지 아닐지를 가장 잘 예측하게 하는 요소는(반드시 학대당하는 경우 그 지수를 100이라 한다) 그 아이가 양부모에게 양육되는지 아닌지의 여부다(신데렐라 효과라는 별칭으로 불린다). 2) 한 여성의 인생에서 가장 위험한 사람은 그녀의 남성 파트너다. 남성은 아내를 의심하거나 아내의 부정을 알고 있는 경우 폭력 행위로 치닫는다. 이 같은 결론은 문화와 시간을 초월하는 보편적인 사실이다. 이 결론들은 우리 모두가 갖고 있는 인간 본성의 어두운 요소들을 형성하는 진화론적 계산에서 비롯된 것이기 때문이다.

그렇다면 여성이 살해됐을 때 경찰이 남편이나 남자 파트너를 그 첫 번째 용의자로 생각하는 것도 전혀 놀라운 일이 아니다. 대부분의 남성은 절대 그런 행동을 하지 않는다는 것을 완벽하게 알고 있지만, 또 한편으로 혐의를 둘만큼 그럴 가능성이 큰 것 역시 잘 알고 있다(다름 아닌 경험으로

....

xv   Grand Wizard. 악명 높은 백인우월주의 및 인종차별주의 집단 KKK(Ku Klux Klan) 대표의 칭호.

라도 안다). 비슷한 이유로, 사랑 많고 배려 깊은 계부모가 분명히 존재한다고 해서 신데렐라 효과가 부정되는 것은 아니다. 개인적인 일화들이 통계학적 현실을 무효로 만들지는 못한다. 우리의 뇌는 환경 속에서 통계 규칙을 감지할 수 있도록 진화해왔다. 이 지식에 따라 행동한다고 해서 편견을 가졌다든지, 인종 차별을 한다든지, 증오심 가득한 사람이라고 할 수 없다. 그런 지식은 인간 인지의 근본이다. 확률론적 현실을 바탕으로 구분한다는 의미에서, 구별하는 행위는 곧 인간의 행위다.[40] 프로파일링을 한다는 건 인간이라는 의미다.[41]

OPS에 감염된 사람들은 이런 논리를 거부한다. 대신 '현실은 인종차별적이다'라는 진보주의의 신조를 고수하고 싶은 마음에 프로파일링하기를 거부한다. 프로파일링을 하는 건 차별 행위이기 때문이다(이 어휘가 갖는 편견적 의미에서 볼 때 그렇다는 것이다). 그들은 정치 코미디언 에반 세이엇(Evan Sayet)이 무차별의 컬트(cult of indiscriminateness)라 일컫은 바로 그 광신적 집단이다.[42] 이것이 바로 2011년 우리 가족이 캘리포니아 남부로 여행했을 때, 몬트리올 공항에서 보다 엄밀한 보안 점검을 한다며 당시 두 살이었던 내 딸을 무작위로 지목했던 원인이다. 이것이 바로 보안 등급 상향 조정 때 노년의 수녀들이 파키스탄, 예멘, 시리아에서 무리 지어 여행 온 젊은 남성들과 똑같은 확률로 정밀 조사를 받는 까닭이다. 유니콘의 나라에서는 누구나 테러리스트가 될 가능성이 똑같다. 그렇게 생각하지 않는다면 당신은 증오심으로 가득한 편견덩어리다. OPS는 인간 마음의 끔찍한 질병이다.

제7장

진리는 어떻게 추구하는가:
중복 증거의 법칙적 관계망

"우리 문화의 가장 현저한 특징은 헛소리가 너무 많다는 점이다.

모두가 이를 알고 있다."

– 헨리 G. 프랑크푸르트[1]

"이성에는 두 가지 주요 기능이 있다는 게 우리의 주장이다.

하나는 우리 자신을 정당화하기 위해 만들어내는 이성이며

또 하나는 다른 이들을 설득시키기 위한 이성이다."

– 위고 메르시에와 댄 스퍼버[2]

자유 사회에서 개인에게 부여된 시민의 의무에는 한 가지 근본적인 특징이 있다. 바로 중요한 사회 문제에 대해 잘 알고 있어야 한다는 것이다. 이게 그리 쉬운 일은 아니다. 대부분의 사람은 몇 가지 인지적이고 감정적인 덫에 걸려 굴복해버리기 때문이다. 첫째, 인간은 뇌를 쓰는 데 매우 인색하다. 다시 말해 인간은 너무 게을러서 주어진 문제에 관련된 정보를 수집하지 못하고, 그 대신 되도록이면 머리를 안 쓰면서 자기 생각과 같은 여론을 형성하는 편을 좋아한다. 두 번째로, 정보를 이루는 데이터의 정확성은 제각기 다 다르다. 세 번째, 일단 한 개인이 자기 입장을 결정하고 나면, 이에 반하는 증거를 고려하도록 만들기가 매우 어렵게 된다. 두 명의 다른 공동 저자와 저술한 책에서, 인지부조화 이론의 선구자인 레온 페스팅거는 무려 60년 전에 사람의 마음을 바꾸기가 얼마나 어려운지를 상기시켰다.

확신을 가진 사람은 바꾸기 힘들다. 그에게 동의하지 않는다고 말하면 그는 돌아설 것이다. 사실이나 숫자를 제시하면 그는 출처에 의문을 던질 것이다. 논리로 호소하면, 그는 알아듣지 못할 것이다.
우리 모두는 강한 확신을 가진 사람의 마음을 바꾸는 게 얼마나 힘든지, 특히 그 사람이 자기 믿음에 투자라도 한 경우에는 얼마나 더 힘든지 경험해보았다. 아무리 통렬히 공격해도 믿음에 전혀 손상을 입지 않은 채 자기 확신을 지키기 위해 다양한 방법으로 기발하게 변호하는 데 우리는 익숙하다.
그러나 인간의 지략은 그저 신념을 지키는 데서 그치지 않는다. 한 개인이 무언가를 진심으로 믿는다고 가정해보자. 더 나아가 그가 그 믿음에 헌신하고, 그로 인해 그가 돌이킬 수 없는 행동을 취했다고 가정해보자. 그러고 나서 마지막으로 그의 믿음이 틀렸다는 증거가, 확실하고 부정할 수 없는 증거가 제시됐다고 가정해 보자. 어떻게 될 것인가? 그 사람은 대개의 경우 흔들리지 않는 것은 물론, 이전 보다도 더 자기 믿음이 진실되다고 확신하는 모습을 보인다. 심지어 남들을 납득시키고 남의 생각을 자기 관점대로 바꾸려는 열정마저 새로이 보일 수 있다.[3]

보다 최근으로 와서, 댄 스퍼버(Dan Sperber)와 위고 메르시에(Hugo Mercier)는 추론의 논쟁 논리(argumentative theory of reasoning)를 개발했다. 이것은 완전히 반대되는 증거에 직면했을 때조차 사람들이 자기 견해를 바꾸기 힘들다는 사실을 다루는 이론이다. 이 두 사람은 우리의 추론 능력이 꼭 진리를 찾기 위해서가 아니라, 두뇌 싸움에서 우리 자신과 남들을 설득하기 위해 진화한 것이라고 상정한다. 사람들 대부분은 동기를 갖고 추론하는(자기 신념, 태도 혹은 이념적 입장을 지키기 위한 편향된 정보 처리) 성향이 분명히 존재한다는 점을 고려해볼 때, 사람들이 객관적 진리를 찾을 것이라고 기대하는 게 가당할까? 낙천적 현실주의자로서, 나는 그렇다고 생각하고 싶다.

지적인 용기—나는 '배짱'이라고 부르는 편을 선호한다—는 누구든 사상의 전투에 참여하고 싶어 하는 사람들이 가장 먼저 거쳐야 할 단계이다. 그러나 그것만으로는 부족하다. 관련 정보와 그 정보를 처리할 적절한 비판적 사고에 완전히 통달하지 않으면 이 세상 모든 용기로도 한 사람의 견해를 흔들지 못한다. 여러 개 흩어진 출처에서 온 정보들을 논리정연하게 종합하기 위해서 '중복 증거의 법칙적 관계망'이라는 뛰어나게 강력한 인식론적 도구를 이용해야 하는 이유가 바로 그것이다.[4]

진리를 입증하는 법

철학자들은 진리를 정의하기 위해 여러 가지 체계를 제안해왔다. 가령 수학적 증거는 공리적 진리다. 반면 경험적 진리는 과학적 방법을 통해 추구한다. 간단히 말해, 한 연구원이 문제를 제기하고, 가설을 세우고, 관련 자료를 수집 및 분석하고, 실험을 통해 가설을 확인하고, 적합한 결론을 유출한다. 만일 주어진 과학 현상을 충분히 여러 번 반복해 재현할 수 있으면 이것은 이 분야의 핵심 지식의 일부가 된다. 진부한 예를 들자면, 여성보다 남성이 폭력 범죄를 더 많이 저지른다는 것은 경험적 진리다(이 패턴은 서로 전혀 다른 자료 출처를 이용해 시간과 문화권을 초월해 문서화돼 왔다).

과학적 진리는 언제나 잠정적이다. 과학적 진리는 언제나 잠정적으로 틀렸으리라 가정할 수 있어야 하기 때문이다(즉 실험을 통해 확인할 수 있어야 한다). 이 때문에 과학자들은 정보를 공정하게 처리하는 사람들이라고 생각하기 쉽다. 하지만 현실은, 과학자들 역시 동기가 부여된 추론 쪽으로 기울 수 있는 한낱 인간에 불과하다.

2008년 나는 최고 순위권의 미시간 대학 심리학과와 마케팅학과로부터 진화심리학과 소비자행동의 교차점에 있는 내 연구에 대해 두 차례 강연해달라는 요청을 받았다. 초청자 측에게서 2회 강연의 청중이 서로 다르다는 것을 확인했기에, 나는 두 그룹에게 똑같은 내용으로 강연했다. 첫 강연은 심리학과에서 했는데, 여기서는 내 생각이 잘 받아들여졌다. 다음 날 두 번째 강연은 의심할 여지도 없이 내가 본 중에서 가장 공격적인 학자 집단이었다. 여러 명의 교수가 한 문장을 다 마치기도 전에 질문하고, 가로막고, 반복적으로 괴롭혔다. 그 무지한 적대감은 강연을 시작하기 전

교수진과 1 대 1 만남을 가질 때부터 이미 넘쳐흐르기 시작했다. 한 마케팅 교수는 그의 사무실에서 진화론은 '허위 입증이 불가능'하나고(따라서 진짜 과학이 아니라는) '설명했다'. 나는 대답을 회피하며 물었다. "그런데 미시간 대학에 계신 지는 얼마나 됐나요?" 다시 말해 나는 그 사람과 질의응답을 하는 게 얼마나 무용한 일인지 가늠하고 그 우스꽝스러운 언급으로부터 회피한 것이다.

적대감에는 일반적인 유형이 있었다. 박사 과정 학생들이나 하급 교수들은 내 생각에 열린 마음을 갖고 있었지만, 더 나이가 많은 기성세대 교수들은 내 생각에 훨씬 더 큰 거부감을 가졌다. 기성 교수들은 자기들의 직업상 연구를 규정하는 패러다임 안에 굳게 자리잡고 있다고 말할 수 있다. 그들은 내 진화론적 연구를 그들의 학문에 대한 위협으로 이해하고 분노로 씩씩댄 것이다. 반면 박사 과정 학생들은 아직 패러다임을 통해 보호받는 이해 관계가 없었으며 따라서 새로운 접근 방식에 수용적이었다. 마케팅 종사자들을 마케팅 학자들과 비교해볼 때도 내 과학 연구에 저항하는 비슷한 패턴이 있음을 알 수 있었다. 마케팅 종사자들은 내 과학 연구를 실무에 적용할 수 있는가, 적절한가를 따지지만, 학자들은 내 연구가 기존 패러다임에 얼마나 잘 들어맞는지로 내 학문의 업적을 평가한다.

획기적인 과학적 성과는 무엇보다 통설을 흔들고, 그래서 전면적인 거절까지는 아니더라도 현재 상황을 수호하는 사람들의 저항을 불러일으킨다.[5] 과학자에게도 다른 사람들처럼 개인적인 편향이나 사견(이견, 의견)이 있다. 노벨상 수상자인 물리학자 막스 플랑크는 이렇게 언급했다. "새로운 과학적 진리는 반대자들을 설득하고 그들에게 빛을 보게 함으로써 승리하는 게 아니다. 반대자들이 결국 죽고, 새로운 세대가 성장해 그 과학적 진리에 익숙해짐으로써 승리한다."[6] 동물학자 프레데릭 R. 슈람(Frederick R. Schram)도 그런 보편적 생각을 갖고 이렇게 선포했다. "과학이란 인간 본성이 가진 약점으로부터 자유로운 초인의 활동이 아니다. 과학의 진보가 드문 것은 사실을 담은 정보가 부족해서라기보다는 과학자들 자신의 고정관념 때문이다."[7] 하지만 결국, 과학의 자체 교정 과정을 통해 우수한 생각이 이긴다. 심장병 전문의 딘 오니시(Dean Ornish)도 같은 견해를 갖고 이렇게 선포했다. "과학자들도 다른 사람들마냥 새로운 생각에 저항할 때가 자주 있지만, 시간이 흐르면서 과학적 과정을 통해 좋은 생각과 이론이 승리하게 해준다."[8] 나도 동의한다.

하나의 발견이 해당 분야에서 핵심적인 지식이 되려면, 과학자들은 이 발견이 확고한 경험적 진리임을 밝혀야 한다. 그 첫 단계로, 이 발견은 각각 독립적인 연구원들에 의해 충분한 횟수만큼 반복돼야 한다. 이것은 과학적 방법론의 초석인데, 사회과학의 경우는 반복 가능한 결과들의 수가 바닥을 칠 정도로 작다.[9] 과학적 과정의 또 다른 통합적 부분은 문헌 조사다. 한 건의 연구 프로젝트는 다른 연구원들이 이미 기여해온 거대한 과학적 스토리의 한 부분이다. 따라서 만일 그 과학 연구 과정의 전체적인 서사를 다시 서술하고자 한다면, 보다 큰 퍼즐에서 중요한 부분을 제공했던 전임자들을 알아봐야 한다. 다시 말해 아이작 뉴턴이 남긴 불멸의 명언대로 "내가 더 멀리 봐왔다면 그것은 내가 거인들의 어깨 위에 올라섰기 때문"이다.

나는 언제나 학생들에게 문헌 조사의 핵심적 목표는 각자 자기 연구의 바탕으로 삼은 다른 이들의 이전 연구에서 설득력 있는 서사를 찾아 제공하는 것임을 상기시킨다. 연애하는 상대방에게 선물을 주는 행위의 진화론적 근원에 바탕을 둔 프로젝트를 연구한다고 가정해보자. 이 접근 방식은 경세학적 혹은 사회학직 세계를 이용해서 조사한 사람들의 방식과 대조해볼 수 있다. 아니면 인간 세계의 혼인 선물 주고받는 행위를 동물 세계와 비교해볼 수도 있다. 어떤 서사를 선택하든, 문헌 조사는 현재 그 분야의 지식을 간단히 알려줄 귀중한 자료를 제공한다."

물론 때로는 문헌 조사를 통해 아무런 합의도 도출하지 못할 수 있다. 가령 1990년대 후반 의사결정 때 불쾌감(dysphoria, 행복감 euphoria의 상대적 개념)이 주는 효과에 대해 조사했다.[10] 나는 과학 문헌들을 통해 이 주제에 대한 합의점이 없음을 발견했다. 그렇다면 자신의 연구와 상충하는 연구 결과들은 어떻게 통합하는가? 메타 분석으로 이 난제를 다룰 수 있다. 메타 분석이란 서로 비교할 수 있는 연구들을 하나의 '대형 연구(mega-study)'로 결합시키는 통계학적 기법이다. 메타 분석의 핵심 요소는 어떤 연구를 포함시키느냐에 있는데, 이 때 한편으로는 아무 결과도 낳지 못한 탓에 출판 편향으로 인해 발표되지 않은 소위 '서류함'[i] 문제도 염두에 둬야 한다.

내가 수행했던 의사결정상 불쾌감 연구에서는 16가지 독립적인 측정 변수들 중 15개 항목에서 불쾌감과 비불쾌감 간 아무런 차이를 발견하지 못했다. 다시 말해, 변수가 워낙 광범위하다 보니 서로 상쇄돼 무의미한 결과가 압도적이었던 것이다. 내 연구에 대한 논문을 출판하려 할 때, 편집자는 바로 정확히 그런 이유로(무의미한 결과가 너무 많다) 내 논문을 거부했다. 때로 무의미한 결과가 극도로 중요해서 과학 문헌 내에 기록되기도 하며, 특히 메타 분석을 수행할 때 그렇다.

· · · · · · · · · · · · · · · ·
i file drawer problem. 학술 저널에 출판되지 않은 논문을 말한다.

반복 연구, 문헌 조사, 메타 분석은 확고하게 정의된 방법론, 패러다임, 학과 내에서 과학자들이 주어진 현상에 대한 증거를 축적하는 데 사용하는 수단이다. 그러나 이보다 한 발 더 나아가, 제 아무리 이념적 편향에 함몰돼 강경하게 반대하는 사람들이라도 당신의 결론을 거부하기 어렵게끔 지식을 생산하고 체계화할 방법이 있다.

중복 증거의 법칙적 관계망

찰스 다윈은 종들이 어떻게 진화하는지 설명해주는 우아한 메커니즘 (자연 선택)을 제공함으로써 시대를 초월하는 선구적 사상가 중 한 명으로 자리매김했다. 그의 1859년작 《종의 기원(On the Origin of Species)》이 걸작인 이유 중 하나는 이 책이 생물지리학, 지질학, 곤충학, 비교해부학, 식물학, 발생학, 고생물학으로부터 증거를 총망라했다는 점이다. 신중한 지방 검사는 판사 앞에 사건을 가져가기에 앞서 참을성 있게 산더미 같은 증거를 총망라한다. 언제나 매우 주의 깊었던 과학자 다윈은 웬만한 검사보다도 더 성실했다. 그는 사건을 세상 앞에 내놓아도 되겠다는 충분한 자신감이 생길 때까지 수십 년 동안 데이터를 수집했다. 이런 접근 방식은 인간 지력이라는 재능의 전형을 보여준다. 이 접근 방식은 직소 퍼즐을 맞추는 것과 비슷하다. 하나의 조각으로는 전체 그림이 어떤지 결코 알 수 없지만, 일단 모든 조각이 제자리를 찾으면 최종적인 형태가 분명하게 나타난다.

중복 증거의 법칙적 관계망은 다윈의 종합적 접근 방식이 현대적으로 나타난 것이다. 남자들이 보편적으로 모래시계 같은 체형을 선호하는 것은 진화에 의해 형성된 습성임을 보이고 싶다고 가정해보자. 어떻게 하면 증명할 수 있을까? 목표는 광범위하게 다양한 출저로부터 비롯된 숭복 승거들의 관계망을 수립하는 것이 될 것이다. 그 모든 출처는 최종적인 직소 퍼즐을 구성하는 데 사용된다(의심의 여지없이 모래시계 체형을 가진 아름다운 여성들에 관한 직소 퍼즐이 되겠다).

　여기 몇 가지 설득력 있는 연구 결과가 있다.[11] 1) 모래시계 체형은 뛰어난 생식력과 우월한 건강 상태와 관련 있다.[12] 2) 다양한 문화권에 걸쳐, 온라인 매춘부들은 예상 고객들에게 모래시계 체형을 광고한다. 제시한 신체 치수가 거짓말인지 아닌지는 중요하지 않다. 3) 모래시계 체형을 가진 온라인 매춘부들은 더 높은 요금을 요구한다. 4) 수세대에 걸쳐 다양한 문화권에서 만들어진 조각상이나 조형물은 바람직한 모래시계 체형을 보인다. 5) 20세기 내내 《플레이보이》 잡지 센터폴드[ii] 모델과 미스 아메리카 우승자는 사람들이 선호하는 모래시계 체형을 가졌다. 6) 뇌영상법과 시선 추적을 포함한 다양한 방법을 통해 다양한 문화권과 인종 간에 걸쳐 남성들이 모래시계 체형을 선호한다고 기록돼왔다. 7) 선천적 시각장애인으로 한 번도 시력을 가져보지 못한 남성들 역시 모래시계 체형에 끌린다(만져서 선호하는 몸매를 결정한다).

　이것으로 난공불락의 증거 체제가 마련됐다. 자칫하면 호전적이 되기 일쑤인 관중(가령 급진 페미니스트처럼) 앞에서도 내가 평소 하던 대로 으스대며 이런 진화론적 원칙에 대해 강연할 수 있는 이유가 바로 이것이다. 일단 진리의 적들에게 이런 중복 증거의 법칙적 관계망을 들이대면 그들

···············
ii centerfold. 잡지 한 가운데 접혀서 펼치면 포스터로 사용할 수 있는 페이지.

은 대개 패배를 인정하고 체념한 채 조용히 고개를 끄덕인다. 당신의 느낌은 당신을 진실로부터 보호해주지 못한다. 이런 관계망은 설명적 일관성[13], 이론적 집적화[14] 및 통섭(지식의 연합)[15]을 포함, 과학적 현상들을 설명하는 데 핵심적인 인식론적 혜택들을 제공한다.

장난감 기호에 대한 중복 증거의 법칙적 관계망

사회구성주의자들은 자녀들이 어릴 때 부모들이 장난감을 주는 데서부터 '독단적 성차별주의식' 성 역할을 주입시킨다고 오랫동안 주장해왔다. 일반적 서사에 의하면, 남자애들은 군인과 트럭을 갖고 놀도록 부추기고 여자애들에게는 인형과 인형의 집을 준다. 이 초기 사회화—남자애들에게는 공격성을, 여자애들에게는 육아를 가르치는—가 이후 살아가면서 수도 없이 많은 성별 차이를 야기한다고 추정한다. 만일 어린 수지를 거칠고 야단스럽게 놀도록 부추기기만 했더라도 수지는(남녀 공동 부분에서) 역도 세계 기록 보유자가 될 수도 있었는데 말이다. 그런데 성차별주의자 부모가 어릴 때 장난감 선호를 강요함으로써 수지의 발목을 잡았다는 것이다. 이 어리석은 전제는 고매한 학계에만 국한된 이야기가 아니다. 이 전제는 완구 제조업체까지 침투했다. 완구 제조업체들 중 일부는 진보적으로 보이고자 하는 노력의 일환으로 완구 선호 기준과 정반대되는 광고 캠페인을 만들었다(가령 남자아이가 인형을 갖고 노는 식이었다). 장난감 기호 차이가 생물학적으로 근거 있는 이야기임을 납득시키려면 어디서부터 중복 증거의 법칙적 관계망을 구축해야 할까?[16]

선천적인 선호도가 존재한다는 것을 증명하기 위해 진화심리학자들이 사용하는 전략 중 하나는, 아직 선호노가 학습될 만큼 사회화 발달 단계에 이르지 못한 유아들을 통해 이를 입증하는 것이다. 다시 말해, 어린 유아들이 성별에 따라 서로 다른 장난감 기호를 드러낸다는 사실을 보임으로써 사회구성주의자들의 주장에 쉽게 반박할 수 있다. 이는 실제로 몇 가지 연구를 통해 밝혀졌으며, '임의적 성차별주의자'식 기준이야말로 남녀 아동 사이에 완구 선호 차이가 생기는 근본적 원인이라는 생각을 거부하는 데 충분한 증거로 채택된다.

하지만 이것은 문제의 법칙적 관계망 구축의 시작에 지나지 않는다. 검지와 약지의 상대적 길이는 손가락 비율(digit ratio)이라 알려졌다. 이것은 성적 이형(性的異形) 특성의 하나로, 인간의 남녀가 이 특성과 관련해 일관적인 차이를 보이는 경우다. 구체적으로 말하자면 남성의 경우 약지가 검지보다 길고 여성의 경우는 약지와 검지의 길이가 거의 비슷하다. 손가락 비율은 개인이 모태에 있을 때 얼마나 남성 호르몬에 많이 노출됐느냐에 따라 달라진다. 다시 말해, 남성적인 손가락 비율은 테스토스테론에 더 많이 노출됐다는 지표다.

이전에 나는 대학원 학생들과 함께 손가락 비율과 위험 감수 성향 및 구애 관련 행동 간 관계에 대한 몇 가지 연구를 수행했다.[17] 현재 완구 사례에 관련해서, 연구원들은 손가락 비율이 더 남성적인 남자아이일수록 남성적인 놀이 행동 및 완구 선호도를 더 크게 드러낸다는 사실을 밝혀냈다. 또한 생후 7일부터 6개월 사이 유아들의 소변 샘플을 통해서(테스토스테론 수준을 측정함으로써) 완구 기호와 놀이 유형의 차이가 근본적으로 호르몬에 있음이 밝혀졌다. 임상 자료를 통해, 각기 다른 두 그룹의 연구원들은 선천성부신과다형성증(congenital adrenal hyperplasia)—남성화를 초래하는 내분비계 질환—을 앓는 어린 여자아이들이 남성적인 장난감 기호를 더 크게 보인다는 사실을 기록했다. 따라서 우리는 정상 인구와 임상학적 인구에서 도출된 발달학적, 형태학적, 소아내분비학적 증거를 이용해 완구 기호에 대한 이론의 여지가 없는 생물학적 뿌리를 증명할 수 있다. 이것은 시작에 불과하다!

비교심리학은 다른 종들과 비교함으로써 인간의 인지를 이해하고자 도모하는 심리학의 한 분야이다. 비교심리학을 추구할 때 두 가지 중요한 원칙은 상동(相同, homologies)과 상사(相似, analogies)다. 종 A와 종 B 사이의 상동 특성은 그 두 종이 같은 진화적 조상에서 나왔다는 증거이며, 상사 특성은 각자 다른 수단을 통해 같은 적응 단계에 도달할 수 있음을 강조한다(가령 조류와 박쥐 모두 날 수 있는 경우를 예로 들 수 있다). 버빗원숭이, 붉은털원숭이, 침팬지들은 장난감에 대해 인간의 성별과 같은 기호도를 보였다. 이렇게 인간과 유인원이 성별에 따라 같은 완구 기호도를 보인다는 사실은, 진화적/생물학적 특징이 분명히 작동하고 있음을 시사한다. 사회구성주의자들은 이에 대해 사악한 성차별주의적 가부장제가 몇몇 유인원 종에게까지 그 범죄적 영향력을 행사했다고 반박할 수도 있겠다. 타조기생충 증후군에 감염된 사람들에게 내재하는 망상적이고 독단적인 광기를 결코 과소평가해서는 안 된다.

중복 증거의 법칙적 관계망을 물샐 틈 없이 구축할 때는 공격하는 측에서 내놓을 수 있는 모든 반론을 예상하고 대비하는 노력을 해야 한다. 남성이나 여성이 사회화되는 과정에서 독단적으로 성 역할이 부여되며, 장난감 선호의 성향 차이는 '성차별주의적'으로 습득된 것이 일찍부터 발현

되는 것이라고 사회구성주의자들이 상정하는 것을 돌이켜보자. 이 터무니 없는 전제에 어떻게 하면 치명타를 안길 수 있을까? 그 해답은 스웨덴에 있다. 비교문화심리학자 헤이르트 호프스테드(Geert Hofstede)는 전혀 다른 50개 국가 중 성별 격차가 가장 작고 가장 여성적인 국가로 스웨덴을 꼽았다. 진보들의 진부한 이야기가 늘 샘솟는 이 스칸디나비아 국가는 지난 수십 년 동안 종방향 사회공학 실험(longitudinal social engineering experiment)이라는 사업을 시행했는데, 완벽하게 성별중립적인 유토피아 사회를 창조하는 게 그 목적이었다. 따라서 스웨덴은 양성평등적인 나라일수록 성별 특이적이지 않은 완구류 기호를 보이는지 아닌지 알아보기에 완벽한 사례 연구 대상이었다.

일반적으로 데이터라는 건 좀 성가시긴 해도 망상하는 공론가들의 유토피아적 꿈을 쓰레기로 만들어버릴 수 있는 좋은 방법이다. 스웨덴 어린이들의 완구 기호를 광범위하게 연구한 결과, 어린이들의 성별 특이적 완구 기호는 사회구성주의자들이 믿고 싶어 하는 것처럼 그렇게 쉽게 변하는 게 아니었다. 사내아이들은 사내아이들이고, 계집아이들은 계집아이들임이 밝혀진 것이다.[18]

사회구성주의자들은 그래도 두 가지 문제가 있을 수 있다고 항변했다. 관련 연구가 서구 문화에 뿌리를 두었으며 그 연구는 단지 현대만을 다뤘다는 것이다. 글쎄, 과연 그럴까? 인류학자 장 피에르 로시(Jean-Pierre Rossie)는 사하라 및 북아프리카 여러 부족의 인형들과 인형놀이에 대해 상세하게 연구했다. 여기에는 벨바다, 참바, 차우이아, 기리브, 카빌스, 무어, 모자비트, 레귀바트, 사라위, 데타, 투아렉, 하우라 계곡 거주민, 모로코 시골 거주민, 알제리, 모로코, 튀니지의 도시인들이 포함됐다. 서구 문화의 보고라고 부르긴 어려운 곳들이다.

로시는 현재 논의하는 것과 관련된 두 가지 주요 결과를 문서화했다. 1) 여자아이들은 남자아이들보다 인형을 갖고 놀 가능성이 높다. 2) 여성 인형이 남성 인형보다 훨씬 더 자주 나타난다. 나는 고대 그리스의 장례 조형물에 표현된 어린이들의 모습에 관한 연구를 발견했다. 동일한 패턴이 나타났다. 남자아이들은 바퀴를 갖고 노는 모습으로, 여자아이들은 인형을 갖고 노는 모습으로 묘사됐다. 2017년 내가 처음 이 법칙적 관계망을 보고한 이후, 철저한 검토와 메타 분석을 통해 성별 특이적 완구 기호가 정말로 전 연령, 시대, 문화적 맥락에 걸쳐 적용된다는 게 밝혀졌다.[19] 어린이들의 완구 기호가 사회적 구성에 의한 것이라는 전제에 반하는 증거로서 이보다 더 큰 증거의 쓰나미도 없을 것 같다. 중복 증거의 법칙적 관계망은 OPS 감염에 대한 중요한 해독제로 작용한다.

인간 짝짓기의 성별 차이점에 대한 중복 증거의 법칙적 관계망

인간은 성적 이형성을 보이는 종이다. 이것은 인간이 진화론적 현실에 뿌리를 둔 성별 차이를 보인다는 의미다. 이 사실은 두 성의 신체 크기 차이로 명확하게 드러난다. 평균적으로 남성은 여성보다 키가 크고 체중이 더 나간다. 수없이 많은 개별적 예외를 생각할 수는 있지만, 전체 인구 평균 수준에서 볼 때 사실이다. 수많은 OPS 환자에서 찾아볼 수 있듯, 예외를 가져와 지적하는 이 현상을 나는 '하지만 케이티 홈즈는 탐 크루즈보다 키가 큰데요 인지 편향'이라고 부른다.[20] 사람들은 단 하나의 사례로도 반증이 가능하다고 간주한다. 그렇지 않다. 인간이 근본적이고도 강력한 짝짓기 충동을 가진 유성 생식 종이라는 진술이 이를테면 독신자(가령 가톨릭 사제들)들이 존재한다는 이유로 무효화되지는 않는다.

대단히 광범위한 분야(몇 가지만 들더라도 생리학적, 형태학적, 행동학적, 호르몬학적, 정서적 차이를 들 수 있다)에 걸쳐 인간을 연구한 과학 문헌들을 살펴봐도 확고한 성별 차이가 기록돼 있다.[21] 모든 성별 차이가 다 진화의 산물이라고 볼 수는 없지만, 짝짓기와 관련된 성별 차이는 대개 진화의 산물이다. 자웅 선택(sexual selection)이란 진화적 메커니즘으로, 유성 생식 종은 이 메커니즘을 통해 짝짓기 상대에 대한 성 특성적 기호도(가령 공작 암컷이 수컷의 화려한 꼬리깃털을 선호하는 등)를 진화시킨다. 그렇다면 남성과 여성이 이상적인 짝짓기 상대에 대한 성특성적 기호를 각기 다르게 진화시켰다고 해서 놀라울 게 없다. 이런 짝짓기 기호가 시대와 문화 배경 전반에 걸쳐 유효한 것은, 우리가 공유하는 생물학적 유산이 기호에 반영됐기 때문이다.

인간의 모든 성적 이형성 중에서도 가장 잘 문서화된 것이 바로 성별에 따라 원하는 짝짓기 상대가 가졌으면 하는 바람직한 속성들의 차이였다. 이제 고전이 된 1989년의 한 문헌에서, 진화심리학자 데이비드 버스(David Buss)는 우수한 재정적 전망, 야망 및 근면성, 선호하는 상대 나이(자신과 상대방의 나이차), 외모 등을 포함해 몇 가지 진화적으로 중요한 속성을 남성과 여성이 각각 얼마나 중요하게 생각하는지를 조사했다. 표본의 크기는 1만 47명으로, 전 세계 37개의 서로 다른 문화권, 즉 다양한 인종, 민족, 종교, 정치 경제 체계, 언어권으로부터 추출했다.[22] 남자들은 조사한 모든 문화권에서 더 젊은 상대를 원했고(37개 문화권 중 37개), 37개 문화권 중

34개 문화권에서는 육체적인 매력을 더 중요시했다. 여자들은 상대방의 재정적 전망(36개 문화권) 및 야망과 근면성(29개 문화권)을 더 중시했다. 통계학적으로 유의미한 결과가 진화론적 예측과 어긋나는 경우는 드물었다. 양성평등점수가 제각기 다른 36개 국가를 최근 연구한 결과에 의하면, 남성과 여성이 각각 육체적 매력과 높은 소득을 얻을 가능성을 더욱 중시한다는 사실이 확인됐다.[23]

버스의 자료가 현대 서구 사회의 현실만을 반영한다는 우려를 잠재우기 위해, 조내선 고트셜(Jonathan Gottschall)과 그의 동료들은 서로 매우 이질적인 48개 문화적 배경에서 발생한 658편의 민담과 240편의 서양 고전 문학에서 남성과 여성의 등장인물의 짝짓기 선호에 대한 내용 분석[iii]을 수행했다.[24] 다양한 형태의 사회(무리, 부족 및 산업화 이전 국가들)와 시대도 포함됐다. 이 숨가쁘도록 광범위한 자료들을 통틀어봐도 남성과 여성은 각각 신체적 매력과 부/지위를 더 중요하게 여긴다는 사실이 분명히 확인됐다. 이런 보편적인 짝짓기 선호 경향은 시대와 문화적 배경을 초월해 확인돼왔으며, 여기에는 교차 세대 조사, 우편 주문 신부들[iv] 분석, 스피드 데이팅[v] 행사, 온라인 데이팅 행동, 개인 광고의 내용 분석, 산업화 이전 사회의 민족지학과 민족학[25], 문화 상품(노래 가사, 영화 줄거리, 뮤직비디오, 로맨스 소설)[26], 중세 음유시인들의 가사[27] 등을 포함, 놀라우리만큼 광범위하고 혁신적인 출처의 자료가 이용됐다.

• • • • • • • • • • • • • •

iii content analysis. 문자 등 인간의 상징적 기호로 표현된 의사소통 기록물의 내용을 객관적·체계적·수량적으로 기술하고 분석하는 기법.

iv mail-order bride. 카탈로그 등에 자기 자신을 소개해서 국제결혼을 꾀하는 여성들.

v speeding date. 단체로 남녀가 만나 제한된 짧은 시간 동안 모두 한 마디씩 나눈 후 짝을 정하는 방식의 모임.

흔히 색정망상이라고도 부르는 드 클레랑보 증후군(De Clérambault's syndrome)은 표적이 된 누군가가 자기를 사랑한다고 망상하는 정신과 장애다. 이전 심야 토크쇼 진행자인 데이비드 레터맨(David Letterman)을 향해 마거릿 메어리 레이(Margaret Mary Ray)가 갖고 있던 색정망상이 아마도 가장 유명할 것이다. 심리학자 마르틴 브뤼네(Martin Brüne)는 전 세계 246개 색정망상 사례를 분석하고 환자의 성별을 상관적 요소로 삼아 색정망상의 대상이 된 인물들의 주요 특징들을 코드화했다.[28] 다시 말해, 색정망상을 앓는 여성들의 망상 대상이 같은 장애를 앓는 남성들의 대상과 어떻게 다른가를 본 것이다. 진화심리학에 의거하면, 여성 색정광은 지위가 높은 연상의 남성에게 사랑받는다고 망상하는 경우가 많은 반면, 남성 색정광은 아름다운 젊은 여성에게 그 망상의 초점을 맞춘다. 즉 정상적 인구 집단의 보편적인 짝짓기 선호 경향이 정신 장애가 있는 집단에서도 그대로 나타난다는 것이다.

부모투자이론(Parental investment theory)은 막대한 수의 유성 생식 종들로부터 성별 차이의 유형을 이해하기 위한 방대한 메타프레임워크[vi]다.[29] 대부분의 종에서 암컷들은 수컷들보다 부모로서 더욱 많이 투자하며, 그 결과 성적 행동에 있어서 훨씬 더 신중하다. 그러나 수컷이 부모로서 암컷보다 더 많이 투자하는 종의 경우, 대개 성별 차이가 역전된다. 그런 종의 암컷들은 더 크고, 더 공격적이고, 성적으로 더욱 분방하다.[30] 그런 예로 오스트레일리아에 서식하며 선사시대 동물처럼 생긴 화식조(cassowary)가 있다.

인간 사이에서는 여성이 남성에 비해 부모로서 훨씬 많이 투자한다. 여

----

vi meta-framework. 보통 '프레임워크들의 프레임워크'를 의미한다.

성은 생리 주기가 시작될 때부터 폐경이 될 때까지 평생 400개의 수정 가능한 난자를 생산하는 반면, 남성은 한 번 사정할 때 2억 5,000개의 정자를 방출한다. 이처럼 여성 생식 세포들은 귀중하고 희귀하며 남성 생식 세포들은 풍부하고 값싸다. 여기에 임신 기간과 수유에 소요되는 생리학적 비용, 분만 시 사망 위험, 기타 성별 특이적 비용(여성들은 임신 시 포식자에게 희생될 위험이 커진다)까지 합치면, 여성의 부모 투자 규모가 압도적으로 더 커진다. 부모투자이론에 입각하면, 거리낌 없는 성생활에 대해서 여성들의 관심이 남성들에 비해 크게 떨어지리라 예측할 수 있다. 이것은 보편적으로 사실이다.

SOI(Sociosexual Orientation Inventory, 사회성적 지향성검사)는 바로 이런 생각을 측정하는 심리 측정 척도다.[31] 데이비드 P. 슈미트(David P. Schmitt)가 설립한 국제 성생활 기술 프로젝트(International Sexuality Description Project)는 전 세계인의 성생활을 조사한다. 이 프로젝트의 일환으로 각기 다른 여러 문화권을 대표하는 48개국의 1만 4,059명 참가자를 대상으로 SOI를 조사했다.[32] 단 한 나라도 빠짐없이 여성들이 통계적으로 더 낮은 SOI 점수를 보였다. 이보다 더 설득력 있는 보편적 자료를 상상하기 힘들 정도다. 전 세계적으로 이성애자들이 보인 성별 SOI 점수 차이는 게이들에게서도 나타났다. 다시 말해, 남성 대 여성 구조의 심리에 뿌리를 둔 이 성별 차이는 상대가 이성이든 동성이든 상관없이 그대로 나타난다는 것이다.

행동 관련 자료는 여성들이 낯선 이들과 섹스하는 데 훨씬 덜 흥미를 느낀다는 사실을 수렴적으로 뒷받침한다. 두 가지 연구에 의하면, 낯선 사람이 섹스를 하자고 다가왔을 때(미국 대학 캠퍼스에서 행한 실험), 남성 대부분(거의 75%)이 그 제안을 수락한 반면 여성들은 단 한 명도 빠짐없이 거절했다.[33] 이후 나온 몇 편의 논문은 이 사실이 다른 문화적 배경에서도 유효함을 추가로 확인해주었다.

성적 판타지는 인간 짝짓기에서 성별 차이를 조사하는 데 있어 또 하나의 근거 자료가 될 수 있다. 성적 판타지는 사람들의 가장 은밀한 생각과 잠재된 욕망을 보여주는 창구로서 독특한 과학적 증거들의 원천이 된다. 이 문제를 조사한 한 연구에 의하면, 남성은 여성보다 훨씬 더 자주 성적 판타지에 사로잡힌다. 남성은 여성보다 더 많은 수의 상대를 공상한다. 남성의 판타지에는 여성의 판타지보다 시각적인 상상(외음부 포함)이 더 많이 동원된다. 남성은 누군가와 직접적으로 섹스하는 공상을 하는 경향이 여성에 비해 더 강하다.[34] 다시 말해, SOI를 통해 파악한 성별 차이가 이 독특한 자료 집합에서도 그대로 나타난다.

부수적으로, 성적 다양성에 있어 남녀가 갖고 있는 욕망의 이러한 차이는, 역사적으로도 서로 다른 여러 문화권의 남성 군주들이 처첩을 갖는 경향이 여성 군주들에 비해 더 컸던 이유[35], 85%의 문화권에서 일부다처제가 허용됐던 이유 중 하나다.[36] 폭군이 되든, 유명 운동선수(윌트 챔벌레인[vii]에게 물어보라)가 되든, 록스타(록밴드 키스의 진 시몬즈나 심플리레드의 리드싱어 마이클 제임스 헉놀에게 물어보라)가 되든 일단 남자가 사회적으로 높은 지위에 오르면 이내 성적 다양성에 대한 진화된 성향의 예시가 돼버리는 경우가 흔하다. 여성 군주, 여성 운동선수, 여성 록스타들은 성적 다양성과 관련해 남성들과 유사한 욕망을 드러내지 않는 것으로 보인다.

· · · · · · · · · · · · · ·

vii Wilt Chamberlain. 40년 동안 2,000명의 여자와 성관계를 맺었다고 주장하는 미국 프로 농구 선수.

남녀 간 '조건 없는' 섹스에 대한 흥미는 여러 가지 무한히 많은 방법으로 살펴봐도 명백하게 차이가 난다. 남성들이 훨씬 더 단기적 짝짓기 성향을 보인다는 점을 고려하면, 성적으로 급속히 흥분하는 경향을 포함해 남성들이 '속사포' 같은 생리 능력을 진화시켰을 거라고 예측할 수 있다. 예상했던 것처럼 남성과 여성은 정말로 시각적 성적 자극에 대해 생리학적으로, 신경학적으로 다른 반응을 보였다.[37] 이런 보편적인 현실은 수많은 광고의 배경에서도 두드러지게 나타난다. 여성을 대상으로 한 스트립바가 남성을 대상으로 한 스트립바보다 많은 곳이 전 세계 그 어디에도 없는 건 우연이 아니다. 이는 또한 전 세계적으로 로맨스 소설은 거의 여성이 읽고 하드코어 포르노 영화는 압도적으로 남성이 많이 보는 이유이며, 매춘 서비스 구매자가 대개 남성인 이유이기도 하다. 여성이 단기적 매춘 서비스를 남성보다 더 많이 구매하는 경향이 있다고 기록된 문화가 있다는 말은 한 번도 듣지 못했다.

나는 두 명의 대학원생과 함께, 남녀가 구애자 두 명 중 한 명을 선택하거나 두 명 다 거절할 때 각각 얼마나 많은 정보−25개 이상의 속성−를 필요로 하는지 조사해보았다.[38] 여성들은 더 적은 정보로도 구애자를 거부했다. 더욱이, 단기적인 상대를 찾는 여성들은 두 명의 구애자 모두를 거부하는 경향이 더더욱 높았는데 단기적인 상대를 찾는 남성들은 둘 다 거절하는 경우가 가장 적었다. 우리가 수행한 두 번째 연구에서는, 한 구애자에게 헌신하기 전까지 남성에 비해 여성이 훨씬 더 많은 수의 후보자를 평가한다는 것을 알아냈다.

졸업한 다른 대학원생 중 한 명과는 프레이밍[viii]이 후보자들을 평가하는 방식에 어떻게 영향을 끼치는지도 살펴보았다. 예를 들어 다음 두 가지 동일한 묘사 중 하나를 기준으로 해서 후보자를 평가해야 한다고 가정해 보자. 1) 이 사람을 아는 열 명 중 일곱 명이 그가 지적이라고 생각한다(긍정적 프레임). 2) 이 사람을 아는 열 명 중 세 명은 그가 지적이라고 생각하지 않는다(부정적인 프레임). 여성은 프레이밍 효과에 더 큰 영향을 받는데, 이것은 짝짓기 상대를 선택할 때 남성보다는 여성이 부정적으로 프레이밍된 정보를 훨씬 더 중요하게 여기기 때문이다.[39] 이 두 가지 연구는 남녀가 짝짓기 후보를 찾아 평가할 때 부모투자이론과 관련해 어떻게 성별 특성적 인지 과정을 진화시켜왔는지 보여준다.

인간은 암컷과 수컷 모두 자녀에게 크게 투자하는(암수가 동일하게 투자하는 게 아니라 하더라도) 양친형(兩親型) 종이지만, 오직 수컷만이 자기 자식이 아닌 데 투자할 위험에 처한다. 이런 위협은 질투심 촉발을 포함, 짝짓기와 관련해 남녀가 여러 가지 차이점을 보이는 근본적 원인이 된다. 가령 남성과 여성이 정서적 부정(不貞)과 육체적 부정에 대해 서로 다르게 반응하는 걸 생각해보자. 광범위한 메타 분석을 통해, 남성은 육체적 부정에 대해 더욱 부정적으로 반응하지만, 여성들은 정서적 부정에 훨씬 엄격하게 대응한다는 사실이 밝혀졌다.[40] 남성들은 친자 여부가 불확실한 것을 두려워하지만, 여성들은 파트너 관계가 끝나는 것을 더 두려워하는 것이다.

남성이 다른 남성을, 여성이 다른 여성을 질투하게 촉발하는 요소 역시 진화론적 관점에서 연구돼 왔다.[41] 예를 들어, 남성은 다른 남성의 사회적 지위를 더 부러워하고 여성은 다른 여성의 육체적 매력을 더 부러워한다.

••••••••••••••••
viii　framing. 본래 사물이나 사건을 바라보거나 해석할 때 사용하는 프레임워크가 보는 사람에 따라 달라진다는 개념에서 나온 사회학 용어. 뉴스 미디어 등에서 사건을 보도할 때 특정한 프레임을 이용하는 경우를 말한다.

우리는 짝짓기 대상으로서 경쟁력 있는 이들을 부러워하는 것이다.

후회 역시 짝짓기 영역에서 탐구해온 또 하나의 감정이다. 연구원들은 단기적 성관계를 가진 후와 단기적 성관계 기회를 놓쳤을 때 남성과 여성이 어떻게 반응하는지 조사했다. 전자의 경우 여성들이, 후자의 경우 남성들이 더 크게 후회했다.[42] 다시 말해, 성적 다양성과 제약 없는 성행위에 대한 남성의 관심이 더 큰 것이 후회라는 심리로 포착된 것이다.

이 중복 증거들은 그저 관련 데이터라는 빙산의 일각에 지나지 않는다. 즉 이러한 법칙적 관계망을 구축하는 데 있어 나는 문화, 시대, 종속변수, 방법론적 접근 방식을 아우르며 확실한 증거들을 제시해왔다. 법칙적 접근 방식은 오직 과학적 현상에만 사용할 수 있는가? 그렇지 않다! 이는 사회적으로 매우 중요한 수많은 문제를 다룰 때 과학, 논리, 이성의 힘을 결집시킬 수 있게 해주는 엄밀한 방법이다. 이제 구체적이고 시기적절한 사례를 들어보겠다.

이슬람에 대한 중복 증거의 법칙적 관계망

9·11테러 이후, 서구 세계는 과거(최소 중세말 이후) 그 어느 때보다 더 이슬람에 노출돼왔다. 캐나다와 미국에 거의 존재하지 않다시피 한 종교 하나가 우리 일상 생활의 여러 면에 걸쳐 과다하게 존재감을 과시한다. 대부분의 서구인은 이슬람의 본성에 대해 혼동하고 있다. 이슬람은 자비롭고 관용적이고 평화로운 종교인가, 아니면 폭력과 비관용과 군림의 종교인가? 조지 W. 부시(George W. Bush), 버락 오바마, 쥐스탱 트뤼도와 같은 수많

은 서구 정치인은 이슬람이 정말로 평화의 종교라고 반복해서 우리를 안심시켜왔다. 하지만 일상적인 현실을 보면 그렇지 않은 것 같다. 이렇게 까다롭고 민감한 질문에 어떻게 해답을 모색해야 하는가? 이 문제를 밝혀줄 모든 관련 자료 출처를 알아내고 이에 해당하는 중복 증거의 법칙적 관계망을 체계적으로 구축하라.[43] 이슬람이 근본적으로 평화로운지 아니면 가늠도 못할 만큼 비관용적인지는 이를테면 역사적 데이터, 조사에 기반한 데이터, 종교 경전에서 도출된 데이터를 통해 논리와 이성과 과학으로 결정할 수 있다. 이슬람이 어떻게 전 세계에 퍼졌으며, 종교적 소수자가 이슬람 통치를 어떻게 겪어왔는지 알아보는 것부터 시작하겠다.

감염성 밈플렉스, 역사적 자료, 종교적 소수자의 역경

홍역과 에볼라 중 무엇이 더 두려운가? 이 질문에 대답하는 건 그리 간단한 일이 아니다. 여기 대답하려면 유행병학(流行病學) 지식이 어느 정도 필요하기 때문이다. 누군가는 해당 질환에 접촉됐을 때 사망률에 따라 그 감염성 질환이 얼마나 끔찍한지 결정할 것이다. 다른 조건들이 모두 다 동일한 경우, 사망률 100%인 질병이 사망률 25%인 질병보다 더 무섭다. 그러나 이게 전부는 아니다. 질병이 치명적일수록 번식하는 수가 적어지며 이는 전염성이 그리 높지 않음을 의미한다. 반면 사망률이 낮은 질병은 훨씬 더 전염성이 클 수 있다.[44]

질병의 전염성을 파악하고자 할 때, 감염성 질환의 유행병학 모델에는 감염 기간, 접촉 비율, 전파 방식 등 몇 가지 요소가 포함된다. 감기는 불과 며칠 동안만 감염되지만 HIV 감염은 지속적이다. 접촉 비율은 비감염자들이 감염자에게 어느 정도까지 접촉해야 감염되는지 말해준다. 가령 다른 모든 조건이 동일할 때, 인구 밀도(인구가 밀집된 도시 지역 대 인구가 희박한 농촌 지역)가 높으면 해당 감염성 질환의 접촉 비율이 높아진다. 마지막으로, 전파 방식은 개인들 간 질병이 전달되는 방식을 말한다. HIV가 두 사람 간에 전파되려면, 가령 기침에 노출돼 공기에 뿌려진 비말 바이러스보다 더 친밀한 상호 작용(성행위나 피하주사 바늘 공유 등)이 필요하다.

감염성 질환의 유행병학을 이해하는 프레임워크는 사상, 신념, 도시 괴담, 종교 및 기타 전파 가능한 단위 정보들이 어떻게 확산되는지 연구할 때 적절하다. 왜 어떤 회사에 대한 소문은 인터넷에서 산불처럼 퍼지는데 또 다른 소문들은 소셜미디어에 몇 번 공유되고 금방 사그라질까? 왜 어떤 생각들은 소셜 네트워크에 방대하게 퍼져가는데 다른 것은 유행하지 못할까? 이슬람과 유대교를 예로 들어보자. 시작하기 전에 우선, 이 두 종교 신봉자들의 전 세계적 순위가 어느 정도 되는지 짐작할 수 있는가? 나는 조 로건 팟캐스트에서 로건에게 바로 이 질문을 했었다. 더욱 정확히 말하자면, 나는 전 세계에 유대인 수가 얼마나 되는지 어림짐작할 수 있느냐고 물었다. 그런 질문을 한 이유는, 대부분의 사람이 실제 숫자보다 훨씬 더 크게 부풀려 생각하기 때문이었다. 처음 짐작할 때 그는 10억이라고 하고 이후 5억으로 줄였다. 실제 숫자는 1,450만 명이다. 전 세계 유대인을 다 합친 수가 그렇다. 유대인 수를 과대평가하는 사람들이 그리 많은 이유는 소수임에도 불구하고 유대인들이 지금까지 쌓아온 놀라운 업적들 때문일 것이다.

조 로건은 이 숫자를 듣고 너무나 놀라서 생방송 도중 프로듀서에게 이 숫자를 확인시켰다. 반면 무슬림의 수는 대략 18억이다. 달리 말하자면, 인류 전체 중 25%가 무슬림이다. 유대인 한 사람낭 대략 125명의 무슬림이 있다. 유대교는 이슬람보다 약 2,500년 더 오래됐지만, 그럼에도 이슬람만큼 추종자를 끌어들이지 못했다. 리처드 도킨스의 용어를 빌려서 종교를 밈플렉스(memeplex, 상호 연결된 밈들의 집합)로 이해한다면, 이슬람 밈플렉스는 유대교 밈플렉스에 비해 훨씬 더 성공적이었다(이를 테면 전염병학적 관점에서 성공적이라고 말할 수 있다). 이유가 무엇인가? 이 중요한 질문에 답하자면, 두 개의 밈플렉스 내용을 각각 살펴보고 나서 어째서 하나가 다른 하나보다 더 '전염성' 있는지 조사해야 한다.

이 두 개의 종교로 개종하는 법과 벗어나는 데 필요한 법을 알아보자. 유대교에서는 개종을 위한 종교적 절차가 아주 까다로워서, 몇 년을 헌신해야 하며 다른 숨은 동기(가령 유대인과 결혼하기 위해 유대교로 개종하려는 경우에는 인정할 수 없는 숨은 동기로 간주된다)가 있어서는 안 된다. 이런 진입 장애물로 인해 유대교로 개종하는 사람들은 당연히 상대적으로 적다. 반면 이슬람으로 개종하려면 단지 공개적으로 다음과 같은 샤하다(증언) 한 문장만 선포하면 된다. "알라[하나님] 외에 다른 신은 없습니다. 무함마드는 알라의 사도(선지자)입니다." 어떤 밈플렉스가 더 급속히 퍼질 것인지 예측하는 데 정교한 유행병학 모델까지 필요하지도 않다. 이제 이 종교를 떠나려면 어떻게 해야 하는지 알아보자. 구약성경에는 배교자에게 사형을 내린다는 언급이 있긴 하지만, 유대 역사를 통해 실제 사형이 집행된 적은 거의 없었다. 반면 오늘날까지도 몇 개 이슬람 국가에서 배교는 곧 사형을 의미한다.

그러나 아마도 가장 중요한 차이는 유대교가 전도를 장려하거나 권장하지도 않는 반면 이슬람에서는 전도가 중점적인 종교적 의무라는 점일 것이다. 이슬람에 의하면 이 세상은 다르 알 하브(전쟁의 집)와 다르 알 이슬람(이슬람의 집)으로 나뉜다. 평화는 전 세계가 알라의 깃발 아래 통일될 때 찾아온다. 따라서 다르 알 하브 안에 있는 국가들을 이슬람화해야 한다. 이 세계에 유대인 국가는 단 하나뿐이며, 그 나라에는 유대인 이외 소수 민족이 상당수를 차지한다. 하지만 이슬람협력기구(Organization of Islamic Cooperation, OIC)에는 57개의 회원국이 있다. OIC 국가 중 다수 국가에서 이슬람은 다수 종교인 정도가 아니라 실질적으로 유일한 종교다.

다음은 무슬림이 현재 인구의 95% 내지 100%를 차지하는 나라들이다. 아프가니스탄, 알제리, 코모로, 이란, 이라크, 요르단, 코소보, 리비아, 몰디브, 모리타니아, 모로코, 니제르, 파키스탄, 팔레스타인 영토, 사우디아라비아, 세네갈, 소말리아, 수단, 타지키스탄, 타지키스탄, 튀니지, 튀르키예, 우즈베키스탄, 웨스턴사하라, 예멘. 아랍 무슬림 국가 중 가장 인구가 많은 이집트에는 콥틱 기독교인들이 소수 있으나 그 인구가 지속적으로 줄고 있다. 다시 말해 이슬람과 기독교 두 종교가 퍼지는 방법과 두 종교가 다원주의를 관용하는 범위 역시 그들의 종교적 교리를 통해 잘 포착된다.

서구의 지식인 사이에서는 서구의 식민주의와 미국의 글로벌 패권주의를 지적하면서 자학하는 일이 흔하다. 그들은 서구는 전쟁과 정복으로 세워졌지만 이슬람은 사랑과 평화로 퍼져갔다고 말한다. 실상은, 이슬람의 역사야말로 끊임없는 정복으로 채워져 있다는 것이다. 하버드 정치과학자 새뮤얼 P. 헌팅턴(Samuel P. Huntington)의 그 유명한 말에 의하면, "서구와 이슬람 문명 사이의 단층선을 따라 발생하는 갈등은 1,300년 동안 지속됐다." 더 간결하게 말하자면, "이슬람의 국경은 피로 그려졌다."[45] 7세기

창시된 이래, 이슬람은 수천만 명을 예속시키거나 개종시키거나 혹은 죽였다.

현재 FBI 데이터

　FBI는 세계적으로 가장 위험한 테러리스트들의 현상수배범 명단을 관리한다.[46] 이 악명 높은 그룹을 이루는 28명의 현상수배범 중 26명은 이슬람 단체들과 연결돼 있다. 무슬림은 전 세계 인구의 약 25%를 차지하는데, FBI 테러리스트 명단에서는 92.9%를 차지한다. 26명의 이름은 다음과 같다.

　후사인 무하마드 알 우마리(팔레스타인), 알리 사에드 빈 알리 엘 후리에(사우디아라비아) 사지드 미르(파키스탄), 압드 알 아지즈 아우다(가자 지구), 자베르 A. 엘바네(예멘), 이브라힘 살리 모하마드 알 야쿠브(사우디아라비아), 모하마드 알리 하마데이(레바논), 라둘란 사히론(필리핀), 압둘라 아메드 압둘라(이집트), 라마단 압둘라 모하마드 샬라(가자 지구), 하산 이즈 알 딘(레바논), 압델카림 후세인 모하마드 알 나세르(사우디아라비아), 알리 아트와(레바논), 알람 아마드 알 타미미(요르단, 여성), 예하드 세르완 모스타파(미국), 아이만 알 자와히리(이집트), 압둘 라만 야신(미국), 사이프 알 아델(이집트), 무하마드 아메드 알 무나와르(쿠웨이트), 무하마드 압둘라 카릴 후사인 아르 라하얄(레바논), 와두드 무하마드 하피르 알 투르키(이라크), 자말 사에드 압둘 라힘(레바논), 리반 하지 모하메드(소말리아), 아마드 이브라힘 알 무그하실(사우디아라비아), 아마드 아부삼라(프랑스), 아드난 굴샤이르 엘 슈크리주마(사우디아라비아).

이 사람들은 전 세계 여러 나라 출신이며, 모두 인종이 다르고, 모두 다른 언어를 쓰며, 일부는 서구에서 태어났다. 이들을 하나의 공통된 지문(地文)으로 묶어줄 방법이 하나 있기는 있다. 하지만 듣자 하니 테러리스트들의 동기는 절대 알 수 없는 모양이다. 우리는 그들의 진정한 동기를 절대 이해할 수 없는 모양이다. 이슬람 테러리스트들이 잔혹한 공격을 자행해도 서구 경찰이 흔히 진심으로 옹호해주곤 하는 그들의 입장을.[47]

테러 공격의 인구학적 현실을 볼 때, 비행 금지 명단 및 경계 인물 명단에 무슬림이 다수 포함됐다 해도 별로 놀랄 일이 아니다. 물론 실제 명단은 대중이 열람할 수 없지만 말이다. 하지만 이에 대한 일반적인 반응이라곤 '이슬람 혐오'라며 새된 소리를 질러대는 것뿐이다. 그 외 다른 반응을 보이는 사람들은 모두 편견덩어리일 뿐이다.

경전의 내용 분석

전직 물리학 교수이자 '정치적이슬람연구센터(Center for the Study of Political Islam)' 설립자인 빌 워너(Bill Warner)는 이슬람의 세 가지 경전의 내용 분석을 수행했다. 세 가지 경전은 쿠란(무오류의 보편적이고 영원한 알라의 말씀), 하디스(이슬람 선지자 무하마드의 전통 및 어행록), 시라(무하마드의 전기)다.[48] 워너는 이 세 경전이 각각 카피르(비무슬림을 경멸적으로 지칭하는 말), 유대인 혐오, 정치, 지하드(불신자들에 대한 성스러운 전쟁)에 대해 다룬 비율을 분석했다. 그 결과는 놀라웠다. 가령, 이 세 권의 책 중 51%가 카피

르를 모욕적이고 냉담한 모습으로 묘사하며, 이 세 권의 책에는 아돌프 히틀러의 《나의 투쟁》에 나온 것(7%)보다 더 많은 유대인 혐오 표현이 등장했다(9.3%).

ISIS 일원, 개종자가 테러를 행할 성향, 테러 집단

판별 분석(discriminant analysis)은 유권자나 소비자들의 선택 등의 데이터를 분석하는 데 매우 강력한 통계학적 기법이다. [그림2]는 어느 정치인에 대해 수집한 데이터로, 이 정치인에게 투표한 사람들(점)과 투표하지 않은 사람들(평행사변형)을 보여준다. 그저 데이터들을 보기만 해도 그의 지지자들이 젊고 부유한 유권자들인 것을 분명히 알 수 있다.

[그림2] 오분류율이 0인 경우의 판별 분석

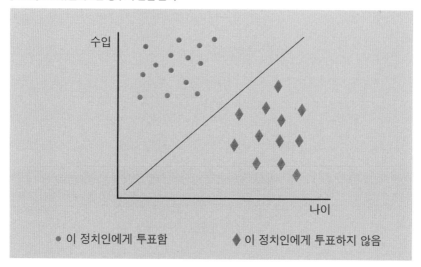

물론, 실세계의 데이터는 보통 이렇게 분명하게 선 긋듯 나뉘지 않는다. [그림3]은 이보다 더 현실적이고 살짝 '지저분한' 데이터 집합들을 보여준다. 네 개의 평행사변형과 세 개의 점이 '오분류'된 것, 즉 분리선 '반대편'에 위치한 것을 알 수 있다.

[그림3] 오분류율이 7인 경우의 판별 분석

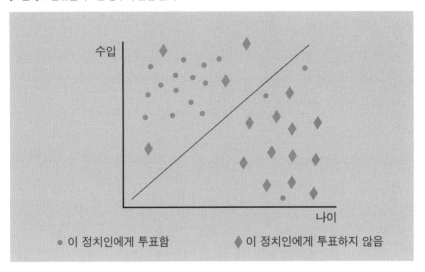

판별 분석에서는 오분류된 숫자를 최소화하게끔 가능한 한 수많은 분리선을 반복해 그어본다. 판별 분석은 단지 예측 변수 두 개와 두 가지 집단의 경우에만 국한되는 것이 아니다. 분명하게 설명이 되는 간단한 사례를 고른 것뿐이다. 이제 ISIS 일원인지 아닌지를 결정하는 데 있어 이 판별 분석을 이용해보자. 80개국에서 온 사람들이 ISIS에 가입했고, 그들에게는 모두 무슬림이라는 한 가지 공통점이 있다.[49] 이 특별한 미스터리를 푸는 데 판별 분석 같이 대단한 다변수 통계 도구까지도 필요 없다. 이보다 더 분명한 데이터를 상상하기도 어려운데도, 서구 분석가들은 자멸적인 타조 신드롬에 걸려서는 이 현실로부터 그 사람들을 보호해주려고 한다.

세계 수많은 지역에서 개종은 흔히 찾아볼 수 있지만, 그럼에도 전 세계에서 개종자들에게 테러를 저지르도록 고무하는 종교는 단 하나밖에 없는 듯하다. 자이나교, 정통파 유대교, 혹은 불교로 최근 개종한 사람들은 왜 그들의 평화로운 종교를 '잘못 해석'해서 테러리스트가 되는 일이 없어 보이는 걸까? 어떻게 된 건지 오직 한 종교에서만 개종자들이 계속해서 원래 '평화로운' 믿음을 잘못 해석하고, 잘못 번역하고, 혹은 잘못 이해하는 것으로 보인다.

수많은 국가가 공식 테러 조직 명단을 관리하고 있는데, 그런 테러 집단들을 몰아가는 이념이 어떻게 분포돼 있는지 조사하는 것도 도움이 될 것이다. 다음의 [표2]는 미국 국무부의 외국 테러리스트 조직 목록에 현재 등재된 68개 테러 집단의 명단이다. 테러 집단 중 81%(55개)가 이슬람이다. 나머지 중 두 개(쿠르드 노동자당과 혁명 민중해방당/전선)는 대개 무슬림으로 구성됐지만 이슬람 신학을 바탕으로 설립된 것은 아니다. 캐나다 정부는 캐나다 공공 보안(Public Safety Canada) 부서를 통해 테러리스트 조직의 리스트를 관리한다.[50] 여기에는 50개 테러 집단이 수록됐는데, 그 중 44개가 이슬람 집단(80%)이다. 이 이슬람 집단들은 인종, 민족, 언어, 경제, 정치, 지리적으로 모두 다 노선이 다르지만 한 가지 종교적 이념으로 통일된다.

전 세계적으로 문서화된 테러 공격을 추적하는 데이터베이스와 웹사이트가 몇 개 있다. 이 중에는 메릴랜드 대학의 '글로벌 테러리즘 데이터베이스(Global Terrorism Database)', 위키피디아, '평화의 종교(Religion of Peace)' 웹사이트가 있다. '평화의 종교' 사이트는 2001년 9월 11일 이후 이슬람의 테러 공격 수를 지속적으로 세고 있다. 2019년 7월 19일까지 전 세계 거의

70여 개국에서 3만 5,339건의 이슬람 테러가 있었다.[51] 다른 종교들을 모두 합해도 천문학적으로 더 높은 숫자다. 메릴랜드 대학의 '테러리즘 연구 및 테러 대응을 위한 국립 컨소시엄(National Consortium for the Study of Terrorism and Responses to Terrorism)'은 국제 테러리즘 배경 보고서(2017년도)를 발행했는데, 여기에는 가장 활발히 활동하는 스무 개 테러 집단에게 살해당한 피해자 수가 포함됐다.[52] 피해자 중 무려 96.6%가 이슬람 집단에게 살해됐다(1만 9,752명 중 1만 9,089명).

[표2] 미국 국무부의 외국 테러리스트 조직 목록[53]

이슬람 집단	아부 사야프 그룹(ASG)
	가마아 알 이슬라미야(이슬람 집단-IG)
	하마스
	하라카트 울 무자헤딘(HUM)
	헤즈볼라
	팔레스타인 해방전선(PLF)
	팔레스타인 이슬람 지하드(PIJ)
	팔레스타인 해방인민전선(PFLP)
	팔레스타인 해방인민전선 총사령부(PFLP-GC)
	알 카에다(AQ)
	우즈베키스탄 이슬람 운동(IMU)
	자이쉬 에 무함마드(JEM)
	라쉬카레 타이바(LeT)
	알 아크사 순교 여단(AAMB)
	아스바트 알 안사르(AAA)
	알 카에다 이슬람 마그렙 지부(AQIM)
	제마 이슬라미야(JI)
	라쉬카르 에 장비(LJ)
	안사르 알 이슬람(AAI)

	이슬람 국가 이라크 및 레반트 지부 (구 알 카에다 이라크 지부)
	이슬람 지하드 연합(IJU)
	하르카트 울 지하드 이 이슬라미/방글라데시(HUJI-B)
	알 샤바브
	카타이브 헤즈볼라(KH)
	알 카에다 아라비아 반도 지부(AQAP)
	하라카툴 지하디 이슬라미(HUJI)
	테리케 탈레반 파키스탄(TTP)
	준달라
	이슬람 군대(AOI)
이 슬 람 집 단	무자헤딘 인도 지부(IM)
	제마 안샤롯 타우히드(JAT)
	압달라 아잠 여단(AAB)
	하카니 네트워크(HQN)
	안사르 알 딘(AAD)
	보코하람
	안사루
	알 물라타문 대대(AMB)
	안사르 알 샤리아 벵가지 지부
	안 사르 알 샤리아 데르나 지부
	안 사르 알 샤리아 튀니지 지부
	ISIL 시나이 지부(구 안 사르 바이트 알 마크디스)
	알 누스라 전선
	무자헤딘 슈라 의원회 예루살렘 지역 지부(MSC)
	자이슈 리잘 알 라이크 알 나크샤반디(JRTN)
	ISIL-코라산(ISIL-K)
	이슬람 국가 이라크 및 레반트 지부 리비아 소재(ISIL-리비아)
	알 카에다 인도 아대륙 지부
	히즈불 무자히딘(HM)
	ISIS 방글라데시

이슬람 집단	ISIS 필리핀
	ISIS 서아프리카
	ISIS 대사하라
	알 아슈타르 여단(AAB)
	이슬람과 무슬림 지지 그룹(JNIM)
	이슬람 혁명 수비대(IRGC)
비 이슬람 집단	옴 진리교(AUM)
	바스크 조국과 자유(ETA)
	카하네 차이(Kach, 카흐)
	쿠르드 노동자당(PKK, 속칭 콩그라겔)
	타밀 일람 해방 호랑이(LTTE)
	아일랜드 국민해방군(ELN)
	콜롬비아 무장혁명군(FARC)
	혁명 인민 해방 당/전선(DHKP/C)
	빛나는 길(SL)
	아일랜드 공화국군 진정파(RIRA)
	필리핀 공산당/신인민군(CPP/NPA)
	아일랜드 공화국군 연속파(CIRA)
	혁명 투쟁(RS)

전 세계적 조사, 전 세계적 유대인 혐오 유형, 전 세계적 지수

현대적, 계몽적, 자유주의적 사회에 대한 사람들의 태도를 추적할 수 있는 글로벌한 정보 출처는 많이 있다. 공정하고 중립적인 조직으로서 전 세계적으로 다양한 영역의 문제에 대해 철저한 조사를 수행하는 퓨 연구센터(Pew Research Center)를 예로 들어보자. 2010년, 퓨 연구센터는 이슬람 국가 사람들이 유대인에 대해 갖고 있는 비호의적인 태도가 어느 정도인지 파악했다.[54] 유대인 혐오는 한 사회의 증오적 편견을 측정하는 데 있어 마치 석탄광산의 카나리아 같은 역할을 한다.

레바논에서는 조사 대상의 98%가 유대인들을 비호의적으로 본다고 인정했다. 요르단에서는 그 숫자가 97%, 팔레스타인은 97%, 이집트 95%, 파키스탄 78%, 인도네시아 74%, 튀르키예 73%, 나이지리아 60%였다. 무슬림 중 60%가 유대인을 좋아하지 않았으며, 기독교인들은 상대적으로 극히 적은 28%가 유대인을 좋아하지 않았다. 이스라엘의 아랍인들은 35%였다. 반명예훼손연대(Anti-Defamation League)는 2013년 7월부터 2014년 2월 사이 101개 국가와 팔레스타인 지구(서안 지구 및 가자 지구)에서 5만 3,100명의 개인을 대상으로 인터뷰를 실시해 유대인 혐오에 대한 글로벌 보고서를 작성했다.[55] 가장 반유대주의적인 국가들을 내림차순으로 서술하자면 서안 및 가자 지구, 이라크, 예멘, 알제리, 리비아, 튀니지, 쿠웨이트, 바레인, 요르단, 모로코, 카타르, 아랍에미리트연합, 레바논, 오만, 이집트, 사우디아라비아였다. 이 사랑과 평화, 관용의 보루들을 하나로 묶는 공통점이 무엇인지 알겠는가?

한 사회가 동성애 커플을 어떻게 대하는지 조사하면 그 사회의 관용을 보여주는 귀중한 지표를 얻어낼 수 있다. 2013년 퓨 연구센터는 동성애를 사회가 거부해야 하는지 아닌지 응답자들에게 의견을 묻는 글로벌 조사를 시행했다.[56] 이슬람 국가들은 동성애 관용에 관한 한 뒤에서 일등이었다. 여기 관련 데이터가 있다. 세네갈 98%, 요르단 97%, 이집트 95%, 튀니지 94%, 팔레스타인 지구 93%, 인도네시아 93%, 파키스탄 87%, 말레이시아 86%, 레바논 80%, 튀르키예 78%. '팔레스타인을 위한 퀴어들의 모임(Queers for Palestine)'에 속하거나 지지하는 서구 LGBTQ 운동가들은, 이스라엘이(이스라엘 내 무슬림 인구를 포함해도) 팔레스타인에 비해 동성애에 두 배 더 관용적이라는 걸 알면 어떻게 반응할지 모르겠다. 어쨌든 동성애자들에게 사형을 언도하는 나라들은 다음과 같다. 예멘, 이란, 모리타니아, 나이지리아, 카타르, 사우디아라비아, 아프가니스탄, 소말리아, 수단, 아랍에미리트연합.[57]

전 세계적으로 여성들은 얼마나 잘 살아가고 있는가? 2018년 세계경제포럼은 〈글로벌 젠더 격차 보고서(Global Gender Gap Report)〉를 발행했는데 여기에는 건강, 교육, 경제 및 정치에 있어서 성별 격차의 국가별 순위가 수록됐다.[58] 149개 국가 중 여성에게 최악인 나라들을 순위가 낮은 국가부터 나열하면 다음과 같다. 튀르키예, 아이보리코스트, 바레인, 나이지리아, 토고, 이집트, 모리타니아, 모로코, 요르단, 오만, 레바논, 사우디아라비아, 이란, 말리, 콩고민주공화국, 차드, 시리아, 이라크, 파키스탄, 예멘.

2018년 스페인 자유의지론자[ix]들의 씽크탱크인 '자유의 발전을 위한 재단(the Foundation for the Advancement of Liberty)'은 다섯 가지 자유의 척도를 바탕으로 점수를 내어 160개국의 순위를 매긴 〈2018년 세계 도덕적 자유[x] 지수〉를 발간했다.[59] 최악의 도덕적 자유 지수를 보인 나라들은 내림차순으로 다음과 같다. 리비아, 오만, 알제리, 브루나이, 파키스탄, 이란, 이집트, 아프가니스탄, 쿠웨이트, 카타르, 이라크, 아랍에미리트연합, 예멘, 사우디아라비아. 이 국가들은 인종적, 민족적, 언어적, 경제적, 사회정치적인 관점

• • • • • • • • • • • • •

ix libertarians. 흔히 리버테리언이라고 그대로 말하기도 한다. 집회 결사와 종교의 자유를 비롯해 자치권이나 정치의 자유를 최대화하는 것을 골자로 한다. 개인 재산권을 중시하고 정부가 간여하는 부의 재분배에 반대한다는 점에서 자유주의자(liberal)와 차이가 있다.
x Moral freedom. 도덕적 자유는 종교적 자유와 함께 양심의 자유에 포함된다.

에서는 모두 다르지만 단 한 가지 공통점이 있다.

서구인들은 종교에 관한 한 양심의 사유를 신봉한다. 그러나 세상 모든 나라가 다 그런 관점을 갖는 건 아니다. 다음은 무신론자에게 사형을 집행하는 나라들이다. 아프가니스탄, 이란, 말레이시아, 몰디브, 모리타니아, 나이지리아, 파키스탄, 카타르, 사우디아라비아, 소말리아, 수단, 아랍에미리트연합, 예멘.[60] 덧붙여 퓨 연구센터는 어느 나라 정부가 종교와 관련해 가장 많은 제약을 가하는지 조사했다.[61] 2013년과 2014년 조사를 합해 가장 최악의 나라 20개국은 중국, 인도네시아, 우즈베키스탄, 이란, 이집트, 아프가니스탄, 사우디아라비아, 말레이시아, 미얀마, 러시아, 시리아, 튀르키예, 아제르바이잔, 수단, 브루나이, 에리트레아, 카자흐스탄, 투르크메니스탄, 라오스, 몰디브다. 이 중 75%가 무슬림이 다수를 차지하는 국가들이다.

물론, 이렇게 다차원적이며 확실한 중복 증거들로 법칙적 관계망을 구축하는 행위가 무슬림에 대한 공격은 아니다. 한 이념을 정밀히 조사하고 그 이념이 평화, 다원주의, 자유를 촉진시키는지 결정하기 위해 감정에 좌우되지 않는 인식론적 접근 방식을 적용하는 것뿐이다. 설사 무슬림 대다수가 분명 친절하고 예의 바른 사람이라 할지라도 이 분석의 결론은 사실에 합치한다. 자유로운 사회에서는 이런 자료들을 분석한다고 해서 편견이라는 비난을 받지 않아야 한다. 그것이 바로 우리가 진리에 이르는 방식이다.

중복 증거의 법칙적 관계망은 이 시대 수많은 뜨거운 쟁점에 응용할 수 있다. 현재 진행되고 있는 인간이 초래한 기후 변화에 대한 논쟁을 예로 들어보자. 기후 변화에 대한 토론에는 발작적인 감정적 호소가 만연하다. 17세의 스웨덴 환경운동가 그레타 툰베리가 전형적인 예다. 불안스럽게 분노하고, 독실한 체하며, 종말을 언급하는 유엔 연설에서, 서구의 성인들이 기후 변화를 막으려 행동하지 못한 결과, 자신을 포함해 죄 없는 젊은 세대의 미래가 사라졌다고 선언했다. 중복 증거의 법칙적 관계망을 이용해 기후 변화가 어느 정도까지 인공적인지 조사하고, 실현 가능하고 현실적이며 이성적인 개입 방법들을 알아볼 수 있을 것이다. 그런 분석을 수행하자고 요청한다고 해서 '기후변화부정자'나 '과학부정자'라고 비난할 수는 없다.

중복 증거의 법칙적 관계망은 듣기 좋은 뻔한 소리나 감정적 호소라는 함정에 빠지지 않게끔 면역력을 키워준다. 당신의 지성—잘못 끼어든 감정이나 부족주의적 이념이 아닌—을 통해 입장을 결정하라. 진정으로 현명한 사람이 된다는 것은 어떤 분야에 지성이 가장 유용하고 어떤 분야에 감정이 가장 유용한지 아는 것을 의미한다. 자기 입장을 결정할 때는 이 장에서 다룬 강력한 인식론적 도구를 적용해 오직 '진리의 부족(部族)'에만 충성하라. 그리고 자신에게 되물어라. 내 입장을 뒷받침하는 데 도태시킬 필요가 있는 중복 증거는 무엇인가? 중복 증거의 법칙적 관계망은 합리적 의사결정이라는 임무를 달성하는 과정에서 복잡한 정보를 취합시켜 줄 강력한 수단이다.

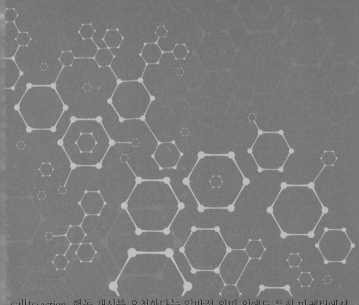

제8장

콜 투 액션[i]

call to action. 행동 개시를 요청한다는 일반적 의미 외에도 특히 마케팅에서
판매 촉진 시 소비자(고객)들의 행동을 유도하는 행위를 말한다. 저자가 마케
팅학과 교수이기에 사용한 표현으로 보인다.

"처음 그들이 공산주의자들을 덮쳤을 때, 나는 침묵했다.

나는 공산주의자가 아니었으니까.

그 다음 그들이 사회민주당원들을 가두었을 때, 나는 침묵했다.

나는 사회민주당원이 아니었으니까.

그 다음 그들이 노동조합원들을 덮쳤을 때, 나는 아무 말도 하지 않았다.

나는 노동조합원이 아니었으니까.

그 다음 그들이 유대인들에게 왔을 때, 나는 아무 말도 하지 않았다.

나는 유대인이 아니었으니까.

그들이 나에게 닥쳤을 때,

나를 위해 말해 줄 이들이 아무도 남아 있지 않았다."

– 마르틴 니묄러, 독일 신학자[1]

"침묵이 배신이 될 때가 온다."

– 마틴 루터 킹 주니어 인용[2]

모든 조건이 동일하다면, 당신이 군사 충돌이든 사상의 전투든, 대개는 자기 편이 많은 게 적은 것보다 낫다. 우리의 핵심 가치를 옹호해줄 사람이 많을수록 이성의 적에 대항해 승리하기 더 쉽다. 그럼에도 우리와 가치관을 공유하는 수많은 사람은 내놓고 말하지 못한다. 이유는 여러 가지다.

대부분의 사람은 너무 바빠서 사상의 병원체들이 얼마나 위험한지 알아차리지 못하거나 혹은 대수롭지 않게 여기는 잘못을 저지른다. 반과학, 반이성, 반자유적 운동은 사람들이 알아차지 못할 만큼 서서히 그리고 점진적으로 늘어난다. 따라서 천 번을 베인 끝에 느리지만 거스를 수 없는 서구의 죽음이 찾아온다. 문제를 무시하지 말라. 오늘은 다른 사람들에게 영향을 끼칠지 몰라도 내일은 자신에게 영향이 끼칠 것임을 알아야 한다. 대학에 다니는 자녀가 없다 해도 기업체에서 일하거나 사업체를 소유하고 있다면, 캠퍼스의 광기가 곧 당신 회사에 영향을 끼칠 것이다. 어쩌면 벌써 영향을 끼치고 있는지 모른다. 당신 회사의 인사부와, 다양성과 포용, 공정이라는 종교를 고수하라 요구하는 '진보적' 정부의 규제로부터 이미 시작되고 있는지도 모른다. 유럽 일부에서는 샤리아 지역에 불신자들(심지어 경찰조차)이 발을 들일 수 없게 됐다. 아직 당신의 도시에 샤리아 지역이 없을지 모르지만, 당신 나라의 이민 정책(타조 기생충 신드롬)으로 인해 조만간 발을 들일 수 없는 지역이 생길 수 있다.

사람들이 사상의 전투에 참여하기를 망설이는 또 다른 이유는 바로 '책임감의 분산'이나 '방관자 효과' 때문이다. 1960년대 후반 심리학자 존 달리(John Darley)와 빕 라타네(Bibb Latané)는 언뜻 생각하기에 직관에 반대되는 듯한 내용을 기록했다. 사람이 많을수록 누군가 다른 사람이 할 거라고 생각하기 때문에, 개인이 실제 누군가에게 도움받을 가능성이 적다는 것이다. 즉 위험을 자초할 다른 사람에게 책임을 전가하기 쉽다. "사드 박사님, 우리를 대신해 목소리를 내주셔서 감사합니다. 박사님의 노력을 진심으로 지지합니다. 힘 내십시오." 아니, 나는 다른 사람들을 대신하고 있는 게 아니다. 누구나 말할 수 있다. 당신의 개인적인 책임감을 일깨우라. 당신과 상관 있는 문제다. 참여하라. 진리와 이성, 논리가 도와달라고 외칠 때 방관자가 되지 말라. 다른 사람들 목소리에 묻어가지 말라. 자기 검열하지 말라. 이 전투의 결과에 당신과 당신 자녀들의 이해가 달려 있으니, 두려움 없이 목소리를 드높이라. 공유지의 비극[ii](이 용어는 1968년 생태학자 개럿 하딘Garrett Hardin이 대중화시켰다) 같은 집단 무기력의 비극에 굴복하지 말라.

사상의 전투에는 분계선이 없고 따라서 할 일도 많다. 당신이 학생인데 교수가 포스트모던식 허튼소리나 반과학적인 잡담을 내뱉는 걸 듣는다면 정중하고도 건설적으로 이의를 제기하라. 만일 당신이 대학을 졸업했는데 동창회에서 표현의 자유나 생각의 자유를 위반한다면, 동창회비 납부를 거부하고 학교 측에 그 이유를 알리라. 만일 페이스북 친구들이 당신이 동의하지 않는 내용을 게재하면 대화에 참여해 다른 입장을 제시하라. 친구를 잃을까 두려워하지 말라. 이성적인 견해 차이 때문에 친구 관계를 끊으려 하는 사람과는 우정을 나눌 가치가 없다. 동네 술집에 앉아서 민감한 주제에 대해 대화를 나누고 있다면, 당신의 생각을 말하기 꺼리지 말라. 정치인들이 자멸적인 PC운동에 무릎을 꿇는다면 투표로 그들을 물러

---

ii tragedy of commons. 공유 자원의 이용을 개인의 자율에 맡길 경우 자원이 남용되거나 고갈되는 현상을 말한다.

나게 하라. 도널드 트럼프가 2016년 미국 대통령이 된 것은 미국 중부의 조용한 유권자 대다수가 투표로 외쳤기 때문이다. "업신여기는 데 질렸다. PC 타령에도 질렸다. 정체성 정치와 피해의식에도 질렸다. 극단적으로 편향된 주류 매체에도 질렸다." 그렇게 투표일에 자신들의 불만을 드러내고 그들은 승리했다.

당신의 목소리가 갖는 힘을 믿으라

빅테크가 일부 사람의 목소리를 잠재우고 처벌하려는 범죄적 행위를 취하고 있긴 하지만, 소셜미디어는 매체 플랫폼을 민주화했다. 당신의 매체 플랫폼이 처음에 아무리 작게 시작해도 얼마든지 폭발적으로 성장할 수 있다. 마크 도슨(Mark Dawson)은 자가 출판을 하면서 연간 상당한 수익을 올리는 베스트셀러 스릴러 작가가 될 길을 열었다. 앤디 위어(Andy Weir)의 《마션(The Martian)》은 본래 온라인으로 자비 출판됐던 작품으로, 킨들(kindle)에서 99센트에 팔리다가 이후 리들리 스콧(Ridley Scott)이 감독하고 맷 데이먼(Matt Damon)이 주연을 맡은 블록버스터 할리우드 영화로 각색됐다.[3] 퓨디파이(PewDiePie)는 스웨덴 게이머 펠릭스 셸베리(Felix Kjellberg)가 진행하는 유튜브 채널이다. 구독자 수 1억을 돌파하고 총 조회수가 250억(2020년 5월 기준)이 넘는 최고 인기 채널 중 하나다. 셸베리의 연간 수입은 현재 100억을 훌쩍 넘어섰다. 대학 중퇴자치고는 나쁘지 않은 수입이다.

나와 따뜻한 우정을 키워온 조 로건(Joe Rogan)은 세계에서 가장 인기 있는 팟캐스트를 만들었다. 과학자, 기업가, 운동선수, 배우, 코미디언 등을 포함해 매우 짜릿한 게스트들과 장시간 대담한다. 그의 팟캐스트 다운로드 수는 연간 수억 회에 달한다. 어떻게 시작했을까? 그는 대학 중퇴자로서 잠깐 격투기를 했고, 스탠드업 코미디언, 배우, 텔레비전 쇼 진행자, 종합격투기 시합 해설자로 오랜 경력을 쌓았다. 개방적이고 적극적인 마음으로 다양한 사람들과 만난(이는 반향실에 갇힌 것과 반대, 즉 반테제antithesis다) 결과 그는 큰 보상을 받았다.

로건은 지난 해 팟캐스트 하나만으로 3,000만 달러를 벌어들였다.[4] 데이브 루빈 역시 스탠드업 코미디언으로 출발했으나 오늘날 완전히 독립적인 쇼 '루빈 리포트(The Rubin Report)'의 진행자가 되어, 다양한 정치적 스펙트럼을 가진 여러 사람과 의미 있는 대화를 나누면서 백만 명 이상의 구독자를 보유하고 2020년 6월까지 2억 6,000만 조회수를 기록했다. 자비 출판을 하거나 유튜브 채널을 시작하는 사람들 대부분이 만 명도 채 모으지 못하는 건 사실이나, 사상의 전투에서는 모든 목소리가 중요하다. 당신의 영향력이 설사 가족이나 친구, 친척까지밖에 미치지 못한다고 해도.

남을 판단하는 것과 불쾌하게 만드는 것을 두려워 말라

물론 민감한 주제를 거론해서 친구들을 잃을까봐 걱정하는 사람이 많다. 하지만 진정한 우정이란 정확히 말해 그런 대화가 주는 스트레스를 견딜 수 있어야 한다. 깊은 우정이란(나심 탈레브의 개념을 빌자면) 반취약적[iii]이어야 한다. 영국의 역사학자 헨리 토마스 버클(Henry Thomas Buckle)은 이런 말을 한 것으로 한 말은 유명하다. "남자나 여자는 세 가지 계급 혹은 지적 등급으로 분류된다. 가장 낮은 계급은 언제나 사람에 대해 이야기하는 버릇으로 알아볼 수 있다. 다음 계급은 언제나 사물에 대해 대화하는 버릇으로 알아볼 수 있다. 마지막으로는 언제나 **아이디어**에 대해 토론하는 것을 선호하는 경향으로 알아볼 수 있다."[5] [굵은 글씨는 원문 그대로]

나는 우정의 강도 역시 비슷한 분류학을 통해 파악할 수 있다고 주장한다. 한담(閑談)은 낯선 사람들끼리 서먹한 분위기를 깨는 데 적당하고 지인들끼리 농담할 때 적합하다. 정치나 종교와 같이 중요한 문제에 대한 깊고 의미 있는 대화는 소중한 우정에 있어 중점적인 특징이 돼야 한다. 말로는 친구라 하면서 실질적인 문제에 대해 서로 다른 견해를 받아들이지 못하는 사람과는 우정을 나눌 가치가 없다. 두 가지 통렬한 프랑스 속담이 떠오른다. 1) 좋지 않은 동반자와 있는 것보다는 혼자 있는 게 낫다(Mieux vaut être seul que mal accompagné) 2) 당신의 친구가 누군지 말해주면 당신이 어떤 사람인지 내가 말해주겠다(Dis-moi qui sont tes amis et je te dirai qui tu es). 인간은 사회적 종(種)이다. 우리는 우정이라는 강렬한 유대감을 형성할 때 감정적으로 번영한다. 행복을 추구하는 과정에서, 우리는 대뇌를 전 방위적으로 사용할 수 있게 해주는 사람들과 친분을 맺도록 노력해야 한다. 가까운 친구가 중요한 문제에 대해 동의하지 않을까봐 두려워한다면 그런 친분은 맺을 필요가 없다. 친구를 현명하게 선택하라.

비슷한 맥락에서, 좋은 의도를 가진 사람들은 남을 판단하기 두려워하는 경우가 많다.[6] 캠브리지 사전에는 '비심판적(non-judgemental)'이라는 단

----

iii anti-fragile. 레바논 출신 미국 작가이자 통계학자인 나심 탈레브(Nassim Taleb)가 도입한 개념. 어떤 계(系)가 스트레스나 쇼크 등 충격으로 인해 오히려 더 안정되고 번성하게 되는 형상을 말한다.

어의 유사어나 관련어로 '마음이 열린(open-minded)', '계몽된(enlightened)', '자유로운 사고의(freethinking)', '포용하는(inclusive)', '자유로운(liberal)', '알아서 살게 내버려두라(let live, 관용어)', '관대한 사회(permissive society)', '관용있는(tolerant)'을 들고 있다.[7] 판단에 대한 구어 표현을 몇 개 떠올려보자. '내가 뭔데 판단을 해?' '내가 판단할 일은 아니야.' '판단하지 마시오.' 이런 조심성은 어디서 비롯됐을까?

서구는 유대교와 기독교라는 반석 위에 세워졌으며, 기독교신학에 따라 많은 이가 다른 이를 판단하는 것은 죄가 될 수 있다고 추정한다. 복음서들에는 남을 판단하지 말라는 명이 포함돼 있다.[8] [iv] 간음한 여자 부분을 발췌해보면(요한복음 7장 53절~8장 11절) 예수는(간음을 저질러 곧 돌에 맞아 죽게 된 여자를 두고) "너희 중에 죄 없는 자가 먼저 돌로 치라"라고 했다. 마태복음 7장 1~2절에는 이런 구절이 있다. "비판을 받지 아니하려거든 비판하지 말라. 너희가 비판하는 그 비판으로 너희가 비판을 받을 것이요, 너희가 헤아리는 그 헤아림으로 너희가 헤아림을 받을 것이니라." 누가복음 6장 37절은 다음과 같다. "비판하지 말라 그리하면 너희가 비판을 받지 않을 것이요, 정죄하지 말라 그리하면 너희가 정죄를 받지 않을 것이요, 용서하라 그리하면 너희가 용서를 받을 것이요." 마지막으로 야고보서 4장 12절은 이렇게 상정한다. "입법자와 재판관은 오직 한 분이시니 능히 구원하시기도 하시며 멸하시기도 하시느니. 너는 누구이기에 이웃을 판단하느냐." 많은 사람이 이런 가르침을 잘못 해석해서 판단은 신이 금지한 행위이며, 그저 알아서 살게 내버려두라는 의미로 잘못 해석한다. 하지만 이는 옳지 않다. 이런 포고령들은 도덕적 위선에 대한 이야기다. 거짓을 말하는 사람은 심판해야 한다. 나는 매일 심판한다.

문화상대주의 역시 문화상대주의가 아니었으면 혐오스럽다고 여길 만한 종교적, 문화적 관행들에 대해 사람들이 판단하지 못하게끔 가로막는다. 몇 세대에 걸쳐 대학생들은 특히 자신이 서구의 백인인 경우 다른 인종적·종교적 배경을 가진 사람들을 판단하는 것은 편견까지는 아니더라도 뒤틀린 생각이라고 세뇌돼 왔다. 2011년 4월 노트르담 대학은 윌리엄 레인 크렉(William Lane Craig, 기독교신학자)과 샘 해리스(무신론자 뇌과학자)를 초대해 도덕이 자연에 기반을 둔 것이냐, 아니면 초자연적인 것에 기반을 둔 것이냐에 관한 토론을 했다. 이 논쟁 중에 해리스는 문화상대주의가 낳는 도덕적 맹목성을 완벽하게 요약해 보여주는 일화를 소개했다. 오바마 대통령의 생명윤리자문위원회(Council on Bioethics) 회원 지명자와 나눈 대화였다.[9]

그녀는 이렇게 말했다. "어떻게 여성들이 부르카를 입는 게 과학적인 관점에서 잘못됐다고 말할 수가 있는 겁니까?" 내가 대답했다. "옳은 것과 잘못된 것은 인간과 관련된 거라고 생각하기 때문입니다. 인류의 절반이 헝겊자루 속에서 살게 강요하고, 거기서 나오려고 하면 그들을 때리거나 심지어 죽이기까지 하는 건 인간 복지를 최대화시키는 방법이 아니란 게 분명합니다."

그러자 그녀가 말했다. "그건 당신 의견이죠." 나는 말했다. "네, 좋아요. 더 쉽게 말합시다. 모든 셋째 아기가 태어나는 즉시, 말 그대로 안구를 적출하는 문화를 발견했다고 합시다. 그렇다면 인간의 복지를 완벽하게 최대화하지 못하는 문화를 찾아냈다는 데 동의하시겠습니까?"

그녀가 말했다. "왜 그렇게 하느냐에 달렸죠." 정수리까지 올라갔던 눈썹을 제자리로 가져온 후에야 나는 말했다. "좋아요. 종교적인 이유리고 해둡시다. 그들의 경전에 이렇게 쓰여 있다고 합시다. '세 번째는 모두가 어둠 속에서 걸으리라' 뭐 그런 되지 않는 소리로요." 그러자 그녀는 말했다. "그렇다면 그들이 잘못했다고 절대 말할 수 없지요."

뇌 영상법 거짓말 탐지 기술을 테러리스트 심문에 사용하는 데 대해 그녀가 깊은 의구심을 갖고 있다는 점을 해리스는 지적했다. 여기서 잠시 멈추고 한 개인의 윤리 기준이 얼마나 잘못됐는지 생각해보자. 그녀는 기괴한 신앙심에 따라 아이들의 안구를 적출하는 야만은 냉정하게 무시하고 여성들의 부르카 착용 강요에 대해서도 이것이 이슬람 신앙에 따른 것이라는 이유로 전혀 불편하게 여기지 않았다. 하지만 감히 테러리스트의 신경세포적 자유를 침해할 생각을 해서는 안 된다고 한다. 부도덕과 혼란에 빠진 이 사람은 두 가지 편견에 굴복했다. 문화적 채찍질 고행 정신과 문화상대주의가 얽힌 파괴적인 사례다. 체포된 테러리스트를 다루는 데는 놀라우리만큼 가학적인 도덕적 기준을 자신의 문화에 들이대며 아무런 불만이 없으면서, 다른 문화나 종교의 사람들이 저지르는 야만적인 행동에 대해서는 아무런 판단도 하지 못한다. 이것은 도덕적 비겁함의 전형이다.

판단한다는 것이 곧 인간이다. 다른 사람들을 판단하는 것은 완벽히 자연스러운 일이다. 판단은 제대로 작동하는 성인에게 필요불가결한 능력이다. 인간 의사결정의 중점적 특징은 바로 몇 가지 서로 경쟁하는 대안들을 판단하는 절차다. 이것이 바로 판단과 의사결정학회(Society for Judgment and

Decision Making)와 그 대표 학술지《판단과 의사결정(Judgment and Decision Making)》이 존재하는 이유다. 우리는 가까운 친구들 안에 누구를 포함시킬지 판단한다. 우리는 결혼하기 전에 여러 구애자를 판단한다. 우리는 학생과 종업원을 판단한다. 삶은 끊임없는 판단으로 가득 차 있다.

가장 흥미로워 보이는 사람들을 생각해보면, 그들에게는 한 가지 공통점이 있다. 그들은 판단한다. 자기 의견을 밝힌다. 그들은 입장을 취한다. 절대 판단하지 않고 모든 가능한 문제에 대해 장단점만 열거하며 모호한 입장을 취하는 기회주의자들은 매우 지루한 사람들이다. 결코 판단하지 않는다는 것은 편향된 사람이라 불릴 가능성을 막기 위해 보험을 드는 지적 비겁함이다. 최고의 카리스마가 있는 대중 지식인들은 대개 다양한 문제에 대해 자신의 판단을 공유하는 사람들이다. 토마스 소웰[v]과 크리스토퍼 히친스[vi]가 지난 40년 동안 가장 중요한 대중적 지식인으로 꼽히는 것은, 논쟁적 문제에 대해 자기 의견을 밝히는 데 거리낌이 없었기 때문이다. 물론 판단이라고 다 똑같이 좋은 것은 아니다. 비판하기 좋아하는 공론가와 비판하기 좋아하는 지식인의 차이는 그들이 어떤 과정을 통해 그런 입장을 취하느냐에 있다. 판단에 이르게 된 과정을 또렷한 주장으로 설명할 수 있는 한 판단은 얼마든지 받아들일 수 있다.

• • • • • • • • • • • • • • •
v Thomas Sowell. 1930~ . 미국 시카고학파의 보수주의 경제학자.
vi Christopher Hitchens. 1949~2011. 대중적으로 큰 영향력을 가졌던 영국계 미국인 작가, 언론인, 평론가.

미덕 과시를 하지 말라

서구 도시에 테러리스트의 공격이 있을 때마다 메스꺼울 정도로 많은 겁쟁이가 다음 두 가지 중 한 가지 행동을 한다. 1) 소셜미디어의 사진을 공격당한 나라의 국기로 바꾼다. 2) 트위터에 해시태그를 이용해 해당 명분에 대한 연대감을 알린다. 파리에서 샤를리 엡도 Charlie Hebdo 사무실에 테러 살해 사건이 일어났을 때는 #JeSuisCharlie(내가 샤를리다), 나이지리아 소녀들이 테러 조직 보코하람에게 납치됐을 때 미셸 오바마가 유행시킨 #BringBackOurGirls(우리 소녀들을 돌려보내라)식이다. 정치인들은 문제가 된 테러 공격들이 발생한 데 대해 직접적으로 책임이 있는 정책들을 계속 입법하면서 '가슴으로 느끼는' 공허한 위로를 서로 경쟁적으로 남발한다. 대부분 경우 이런 것들은 전혀 쓸데없는 노력으로, 자기가 얼마나 덕있는 사람인가 세상에 알리는 것 말고는 아무 기능도 하지 않는다(미덕 과시라는 용어는 그래서 나왔다).

미덕 과시(virtue-signaling)는 비용 들이지 않고 손쉽게 자아를 팽창시키는 자기 확대(self-aggrandizing) 행위의 한 형태다. 내 진보적인 해시태그가 증거하듯, 나는 진정으로 남들에게 관심 갖는 좋은 사람임이 분명해! 이보다 더 진실과 거리가 먼 얘기도 없다. 이렇게 뻔한 미덕 과시를 하는 사람들은 유약한 겁쟁이다. 진화심리학의 몇 가지 기본 원칙을 이용해 어째서 그런지 설명하겠다.

생존 투쟁은 크게 두 가지 근본적인 문제, 즉 생존과 생식의 문제로 귀결된다는 걸 기억하는가? 유성 생식 종의 경우 개개 유기물은 생식이 가능한 연령까지 반드시 살아남아야 하며, 생식이 가능해지면 이들은 적절한 짝을 유혹하기 위해 바람직한 속성을 갖춰야 한다. 적응 진화는 적응으로 인해 어떤 유기체가 생존이나 생식에 유리해지는 경우에 일어난다. 생존하는 데 있어서 두 가지 근본적인 문제는 먹이를 구하는 것과 누군가의 먹이가 되는 일을 피하는 것으로 요약할 수 있다. 다윈이 발견한 멧새들은 다양한 지역적 틈새(해당 환경에서 구할 수 있는 먹이 유형에 따라)에서 먹이를 선택할 수밖에 없어서, 그 결과 다양한 형태의 부리를 갖게 됐다. 가는 부리는 갈라파고스 섬 중 하나에서 살아가기 더 유리했던 결과이고 굵은 무리는 또 다른 섬에서 살아가기 유리했을 것이다. 형태적 특성(부리 유형)은 먹이 공급원의 한 방편으로 진화했다.

주어진 생태계에서 한 유기체가 최상위 포식자가 아닌 이상, 그 유기체는 항상 포식당할 위협에 처해 있다. 위장(僞裝)의 진화는 유기체가 포식자의 다음 먹잇감이 되지 않으려는 시도 중 하나다. 큰나뭇잎벌레들은 색깔과 질감을 모두 위장해 환경에 아주 잘 섞이게 해주는 외골격을 진화시켜 왔다. 하지만 생존은 이 전투의 오직 절반뿐임을 기억하자. 유기체는 반드시 생식 적합성을 갖출 수 있게끔 생식해야만 한다. 짝짓기를 유리하게 해주는 적응은 두 가지 유형으로 나뉠 수 있는데, 하나는 이성에게 구애하기 위한 적응 진화(공작의 깃털, 레드캡 마나킨[vii]의 "문워크")이며 또 다른 것은 동성 간 경쟁을 위한 적응 진화(무스의 뿔, 박치기를 위해 발달한 숫양의 두개골 구조)다. 다시 말해, 행동적 혹은 형태적 기능은 이성에게 잘 보이기 위해서가 아니면 동성끼리 짝짓기 권리를 놓고 직접 다투기 위해 진화한다.

vii   red-capped manakin. 중앙 아메리카 및 카리브해 도서에 서식하는 조류의 일종으로 붉은 색 모자를 쓴 것처럼 보인다.

여기서 명민한 독자라면 물을 것이다. 이 모든 것이 미덕 과시와 무슨 관계란 말인가? 여기 대답하기 위해 공작 깃털 이야기로 돌아가자. 깃털로 인해(포식될 가능성이 더 증가해서) 생존이 불리해지는데도 불구하고 공작 깃털의 형태적 특성이 그렇게 진화한 것은, 암컷이 그것을 선택하기 때문이다. 암컷들은 어째서 눈부시게 화려한 색깔로 아름답게 무늬가 새겨진 깃털로 이뤄진 거대한 꼬리를 매력적으로 생각하는 걸까? 제대로 된 짝을 선택하는 것은 어떤 유기체에게든 유전적 관점에서 근본적으로 중요한 결정이다. 그렇게 중대한 문제다 보니 한 유기체로서 구애자들이 각각 크게 두 가지 범주 중 어느 쪽인지, 즉 가치 없는 사기꾼인지 아니면 가치 있는 후보인지 구분할 방법을 찾아내는 게 필수적이다.

진화는 이 난제를 매우 우아하고도 효율적인 방법으로 풀어냈다. 한 유기체의 품질을 정직하게 묘사할 수 있게끔, 믿을 만한 신호들에는 비용이 많이 들어야 한다. 다시 말해, 시늉만 하거나 거짓으로 형질을 꾸며대는 후보들이 똑같은 신호를 내보내지 못하게끔 해줄 불리할 조건을 만들어야 한다는 것이다.[10] 공작들은 효과적으로 다음과 같은 메시지를 내보낸다. "내 깃털의 아름다움을 통해 그대는 내게 기생충이 없다는 걸 알 수 있소. 내 정교한 꼬리 때문에 포식당할 가능성이 더 있음에도 나는 여기 이렇게 존재하오. 나야말로 그대가 찾던 짝이오. 사기꾼들은 해낼 수 없소. 나를 선택해주시오."

나는 이 원칙을 과시적 소비(페라리 구입), 자선사업(자신의 지위를 알리기 위한 비익명의 기증), 예술품 수집(원숭이도 그릴 수 있을 것 같은 어린아이 같은 예술품에 터무니없는 가격을 지불), 뮤직비디오에서 막대한 돈뭉치를 뿌려대는 모습을 보이는 래퍼들(그렇게 무신경하게 금전적 낭비를 할 수 있는 것은 오직 대단한 부자들뿐이기에)을 포함해 여러 가지 인간 현상을 설명하는 데 사용해왔다. 고비용 신호는 다양한 문화에서 치르는 통과의례를 설명할 때도 적절하다. 이런 통과의례들은 한 사람의 용기나 대담함, 강인함을 보이는 정직한 신호로 작용한다.

아마존 토착 원주민 부족 사테레마웨(Sateré-Mawé)에게는 유망한 전사를 가짜와 구분할 강력한 방법이 있다. 이들은 물리면 총에 맞은 것처럼 아프다는 이유로 총알개미라 불리는 개미들을 기절시킨 후 나뭇잎 장갑에 짜 넣는다. 입회자들은 이 장갑을 몇 분 동안 끼고, 무기력 상태에서 깨어난 수백만 마리의 총알개미들이 물어대는 걸 참아야 한다. 한 번만 물려도 상상할 수 없는 통증을 느끼지만, 신참들은 절제하며 위엄 있게 고통을 견뎌야 한다(비명도 지르면 안 된다). 한 번으로도 사람의 강인함을 시험하기 충분한 시련인데, 젊은이들은 이 고난을 스무 번씩 각기 견뎌야 한다. 만일 엎드려 팔굽혀펴기 열 번을 완수해 전사가 될 수 있다면 거의 모두가 해낼 것이다. 누가 진정으로 강인한 개인인지 알지 못하는 상태가 되면 누구도 이 부족을 부러워하지 않게 될 것이다. 그러나 강인함과 용기를 제대로 보여주는 정직한 신호로 작용하는 통과의례를 만든다면 가짜를 가려내는 문제가 해결된다.[11]

2017년 토론토에서 열려 널리 알려진 한 행사에서, 오렌 아미테이(Oren Amitay), 조던 피터슨, 그리고 나는 표현의 자유를 위해 싸운 영웅들을 거명해달라는 청을 받았다. 나는 궁극의 영웅들은 그런 자유를 지키기 위해 목숨을 거는 이들이라고 대답했다. 나는 극단적인 대가를 치르게 될지도 모른다는 것을 잘 알면서도 자신들의 이상을 수호하고자 했던 중동 출신 개인들을 지명했다. 이것이 바로 직접적으로 이해관계가 있는 경우다. 이런 미덕은 비용이 많이 드는 진짜 미덕이지 그저 과시 행위가 아니다.

시난 한 해, 나는 사우디아라비아에서 투옥된 블로거 라이프 바다위(Raif Badawi)의 아내 엔사프 하이다르(Ensaf Haidar)와 좋은 친구가 됐으며, 배우 마크 펠레그리노(Mark Pellegrino) 부부가 주관한 만찬에서 그의 사랑스러운 자녀 세 명을 만나는 기쁨을 누렸다. 라이프는 지역의 다양한 종교 및 문화적 현실에 대해 열의 없는 태도로 감히 의문을 제기하는 만용을 저지른 죄로 10년 형으로 복역 중이며 채찍질 1,000대를 맞는 태형을 앞두고 있었다(지금까지 '겨우' 50대만 집행됐다). #JeSuisCharlie를 리트윗하는 것은 무기력한 미덕 과시 행위다. 사우디아라비아 국내에서 사우디 정권을 비판하는 것은 행동하는 용기다.

서구에 거주하는 많은 사람이 내게 자유를 수호하고 싶지만 정치적으로나 사회적인 파장을 감내해야 하기 때문에 공개적으로 그러지 못한다고 말한다. 바로 거기 문제가 있다. 제2차 세계대전 당시 노르망디에 상륙하던 어린 연합군 병사들이 쏟아지는 독일군 기관총과 박격포 앞에서 안전을 보장해달라고 요구했던가(혹은 안전하리라 기대했던가)? 얼마 전 6만 7,000명의 캐나다인이 목숨을 잃은 제1차 세계대전의 종전 100주년 기념일이 있었다.[12] 그들의 헌신적인 영웅적 행위 덕분에 나는 지금 독자들이 읽고 있는 것을 타이핑할 자유를 누린다. 수백만 명의 개인이 생명을 희생시킨 덕분에 지금 우리의 자녀가 자유로운 사회에서 살 수 있다. 그럼에도 오늘날 대부분의 사람은 페이스북에서 아는 사람들에게 친구 삭제를 당하지 않으려고 말을 삼간다. 죽음에 이르는 일곱 가지 죄에 비겁함도 추가돼야 한다. 아무런 위험도 무릅쓰지 않으면서 서구의 영혼을 위한 사상의 전투에 참여할 방법은 없다.

대부분의 사람은 내가(특히 학자나 공인으로서) 생각을 밝히는 데 막대한 용기를 필요로 한다는 것을 인정한다. 내가 비평을 꺼린다고 믿는 사람은 없지만, 그럼에도 사람들에게 참여하라고 간청하면 때로 이렇게 대구하는 사람들이 있다. "하지만 교수님은 종신재직권이 막아주잖아요." 종신 재직이 이성을 수호하고자 드러내고 발설함으로써 받는 모든 협박과 유해한 결과를 다 아울러 퇴치해주는 마법의 방패는 아니다. 종신재직권이 있었어도 나는 2017년 가을, 대학 수업에 갈 때마다 보안 조치를 취해야 했다. 종신재직권이 있었어도 수많은 살해 협박을 받았으며 결국 대학 인사부 대표를 대동하고 몬트리올 경찰에 출두해 진술서를 써야 했다. 종신재직권이 있었지만 공적 활동을 이유로 다른 교육기관으로부터 받을 수 있었던 여러 건의 교수직 제의를 놓쳤다. 종신재직권이 있었어도 경력의 발전을 위한 수비수가 되어줄 학계 모임으로부터 외면당했다. 내 영혼의 순수성(내 어머니가 했던 말이다) 때문에 나는 진실 수호보다 직업적 고려를 더 중시할 수 없었다. 내 이기적인 이유로 진실의 1밀리미터, 자유의 1온스라도 희생시켰다는 걸 알면 나는 밤잠을 이루지 못할 것이다. 내가 해줄 수 있는 최고의 조언은, 이 사상의 병원체들과 싸우고자 한다면 모든 것을 걸라는 것이다. 당신의 싸움이 덧없지 않게 하라.

〈니코마코스 윤리학〉에서 아리스토텔레스는 성공적이며 행복한 삶을 살려면 주어진 미덕을 추구하는 데 있어 절제를 찾아야 한다고 주장했다('모든 선한 일에 중용을'이라는 속담을 생각하라). 아리스토텔레스는 용기(한 가지 미덕)는 과도한 무모함과 비겁함(둘 다 피해야 할 극단적 속성이다) 사이에 있다고 상정했다. 아리스토텔레스는 물리적인 전투에 처한 병사의 용기에 대해 논했지만, 현재와 같은 맥락에서 이 말은 사상의 전투에 필요한 지적 용기에도 적용된다. 예멘에서(이슬람의 불경죄에 항의하려는 의도로) '모하마드 그림을 그려라'라고 적힌 티셔츠를 입기로 한 사람은 분명 과도한 무모함을 보이고 있는 것이다. 반면, 매체들이 '이슬람은 평화다'라는 이맘의 성명에 이의를 제기하기 꺼리는 것은 비겁함의 발현이다. 이 두 극단 사이에 조리 있고 이성적으로 교전할 수 있는 최적의 지점이 존재한다.

페널티 키커가 되라

북미 이외 지역에서 풋볼이라고 알려진 축구는 득점수가 매우 낮게 나오는 스포츠다. 모든 경기 상황에서 페널티 킥으로 골 득점을 할 확률이 가장 높다. 페널티 킥은 골대로부터 약 16미터 이내 거리에서 반칙(가령 상대편 선수의 발을 건다든지)을 저질렀을 때 주어진다. 공을 골에서 약 11미터 떨어진 경기장 한 가운데 놓고 지정된 페널티 키커가 골키퍼를 향해 단한 번 공을 찬다. 성공률은 약 70%에 불과해서, 키커에게는 상당한 부담이 된다.[13] 경기 중에도 페널티 킥이 주어지지만, 토너먼트 게임에서 동점일 경우에도 이 방식이 사용된다. 그렇게 무거운 부담을 지고 슛을 하는데는 대단한 배짱과 용기가 필요하지만, 우리 모두는 바로 그런 배짱과 용기를 키워야 한다. 우리는 모두 사상의 월드컵 대회에서 뛰는 선수들이기 때문이다. 우리 모두가 나서서 이성의 팀을 위해 득점을 기록할 기회가 왔을 때 은유의 페널티 킥을 넣을 필요가 있다. 세상에는 두 종류의 사람들이 있다. 골목길에서 위협받는 여성을 보고 끼어드는 사람들과, 도와달라는 비명을 듣지 못한 척하면서 도망치듯 지나가는 사람들. 후자가 되지 말고, 전자가 되라.

당신 내면의 벌꿀오소리를 일깨우라

벌꿀오소리는 공격받았을 때 겁없이 횡포해진다. 작은 개만 한 벌꿀오소리 한 마리는 어찌나 공격적인지 사자 무리의 공격을 막아낼 수 있을 정도다. 벌꿀오소리를 공격하려면 싸울 준비가 돼 있어야 한다. 디지털 공간 군중의 공격이 도처에 만연한 상황에서(실제로는 사상 감시 활동의 형태를 띠고), 이 벌꿀오소리로부터 영감을 받아보자. 겁박해서 침묵시키려 하는 사람들로부터 절대 물러서지 말라.

2018년 US오픈 테니스 챔피언십 결승전에서 세레나 윌리엄즈(Serena Williams)가 나오미 오사카에게 패배한 직후, 나는 경기 중 윌리엄즈가 보였던 형편없던 행동을 소셜미디어에서 언급했다. 윌리엄즈는 불법 코칭을 받았고, 홧김에 라켓을 내동댕이쳤으며, 심판에게 언어 폭력(심판을 '도둑'이라 불렀으며 후에는 실제 그가 성차별을 했다고 비난했다)을 가했다. 독자들이 예측한 그대로, 오늘날의 시대정신에 의하면 흑인 여성을 비판하는 건 그리 좋은 생각이 아니다. 성차별주의와 인종차별주의라고 무고당하기 좋은 상황에 스스로 뛰어드는 셈이기 때문이다. 감히 윌리엄즈를 비판했다며 사람들이 격앙된 반응을 보였지만 나는 그리 놀라지 않았다.

그러나 그 중 귀신 들린 듯 불안정한 한 여성은, 내가 용서받을 수 없는 죄를 저질렀으며 내 학계 경력을 끝장내고야 말겠다고 결심했다. 그녀는 트위터에 내 대학을 태그했다. 혹시 대학에서 나를 파면하지 않을까 싶어서였다. 나는 이런 백치 같은 압박에 굴복하지 않고 계속 공격했다. 나는 그 어싱의 행위를 강조했고, 내 지지자 여러 명이 이 사회정의전사 지망생에 대항하여 끼어들자, 마침내 그녀는 자기 입장을 더 이상 옹호할 수 없음을 깨달았다. 그녀는 자기 트윗 몇 편을 지우더니 마침내 트위터 계정을 삭제하고 나를 새로운 트위터 계정으로 태그하면서 자기의 이전 트윗과 내 댓글을 지우라고 요구했다. 내가 거절하자 그녀는 터무니없이 나를 '명예훼손'으로 고소하겠고 협박하더니 결국 그녀의 가짜 블랙홀 속으로 사라져버렸다.

이 이야기에서 두 가지 중요한 교훈을 얻을 수 있다. 첫 번째로, 당신을 침묵시키려는 사람에게 단 한 치도 양보하지 말라. 오늘은 한 치일지 모르지만 내일은 한 자를 물러서게 된다. 두 번째, 이런 자유의 적들이 남들을 괴롭히기 위해 사용하는 전략에 대해 배우고 이를 돌이켜 이용하라. 내 경우, 나는 피해자학 포커에서 이기는 패를 쥐고 있다. 나는 레바논 출신 유대인이며 따라서(사회정의전사들의 불쾌한 말투를 빌자면) '유색인'이다. 나는 종교적 박해를 피해 탈출한 전쟁 난민이며 '크기가 있는 사람(person of size, 과체중자)'이다. 탄압 올림픽에서 나를 이기기는 쉽지 않으므로, 따라서 나는 가짜 인종차별주의, 가짜 성차별주의, 가짜 편견으로 나를 비난할 방법을 모색하는 사람들에 대항해 내 피해의식의 로열 플러시 패를 이용한다.

나를 괴롭혔던 사람은 백인 미국 여성이었다. 따라서 나는 그녀가 그녀의 '백인으로서 우월한 위치'에서 내 정체성에 대한 증오심을 숨겼기 때문에 나를 쫓아다녔다고 주장했다.[14] 얼치기 가짜 정의의 사도를 퇴치하기 딱 좋은 궁극의 무기다. 이외에도 주로 2017년 가을에 몇 번 더 직장과 관련된 공격을 받았다. 일반적으로 나는 소셜미디어에서 나를 헐뜯는 사람들과 접촉하는 일을 줄이려고 노력하는데, 접촉해봐야 별로 만족스러운 결과를 얻는 일이 없기 때문이다.

그러나 이따금 아주 통렬한 대화에 엮여 들어간다. 한번은 불쾌하고 모욕적인 사람이 트위터에서 정말 당황스러운 태도로 나를 비방하기에 그때부터 나는 그 대화에 뛰어들어 전면적으로 그를 쫓기 시작했다. 그 와중에 그에게 '저능한 얼간이', '퇴보적'이라는 표현을 쓰긴 했지만 언제나 반쯤 정감 어린 농담의 범위 내에서였다. 그는 그런 반박을 다스릴 만큼 정서적으로 강인하지 못했던 것 같다. 그는 우선 나를 편견덩어리라고 비난하려 했다. 그의 무뇌적 논리에 따르면 내가 '퇴보적'이라는 단어를 사용한 것이 어떻게 된 건지 동성애 혐오를 뜻하는 암호라는 것이다(그의 성적 지향은 고사하고 문제가 된 그 개인의 생물학적 성별조차 나는 전혀 짐작하지 못하고 있었다).[15] 그의 전술이 먹히지 않자, 직장에 문제를 일으키려는 의도로 계속해서 내 대학을 태깅했다.[16] 그래도 소용없자, 그는 대학에 연락해 나에 대한 불평을 접수시켰다. 내가 이걸 아는 것은, 대학 인사부 대표로부터 급히 할 말이 있다는 불길한 이메일을 받았기 때문이다(무슨 일인지 알지도 않고). 우리는 그날 저녁 전화 통화로 이 문제에 대해 상의하기로 했다. 인사부 대표가 이 불평이 문제의 그 트위터 사용자로부터 비롯된 것이라고 확인해주는 순간, 나는 공격적이 됐다. 인사부 대표에게 나는 내 개인 트위터 계정으로 내가 속한 조직의 직업적 의무와 전혀 관련되지 않은 한 사람과 소통하고 있었음을 되새겨주었다. 나는 그녀에게 이런 사례를 한 번 상상해보라고 했다. 만일 내가 약국에서 그녀와 딸이 함께 있는 걸 봤는데 그녀가 딸을 거칠게 다룬다고 오해하고는 그 일을 대학에 보고한다면, 그녀는 납득하겠는가? 그 대화는 이내 끝났고, 그 문제도 거기서 종료됐다.

익한들을 상대할 때 유화 징책이 통하는 경우는 거의 드물다. 영국 총리 네빌 챔벌린(Neville Chamberlain)이 아돌프 히틀러를 유화하려던 정책은 악명 높은 실패 사례이며, 오늘날 많은 정부가 테러리스트와 협상하기를 거부하는 것도 유화 정책은 또 다른 유화 정책을 요구할 뿐이라는 것을 알기 때문이다. 이스라엘은 적들을 유화하려 들지 않는다. 근동 지역에서는 힘 있는 자가 옳은 자라는 것을 알기 때문이다.

하지만 서구에서는 울먹이며 불필요한 사과를 하는 게 관례가 돼 버렸다. 2018년 10월 7일, 우주비행사 스콧 켈리(Scott Kelly)가 이런 트윗을 했다. "현대 가장 위대한 지도자 중 한 명인 윈스턴 처칠 경은 말했다. '승리했을 때는 아량을'. 이런 시대는 끝난 것 같다."[17] 가짜 분노로 무장한 예의 그 온라인 폭도들이 켈리가 집단 학살적 인종차별주의자(듣자 하니 처칠은 히틀러만큼이나 악당이었던 모양이다)의 말을 인용했다며 행동을 개시했다. 켈리는 다음날 트위터에 사과문을 올렸다. "불쾌하게 하려는 의도로 처칠을 인용한 건 아니었다. 사과한다. 내가 지지하지 않는 그의 악행과 인종차별적 관점에 대해 더 공부하겠다. 내 요점은 우리가 하나의 국가로 뭉쳐야 한다는 것이다. 우리는 모두 미국인이다. 그로써 파벌 정치를 초월해야 한다."[18]

나는 겁먹고 숨어드는 켈리의 행동에 대해 몇 번 댓글을 달았다. 그 중하나는 다음과 같다. "사과는 그만하세요. 어차피 늘 화내는 사람들을 화나게 하는 게 두려워서 자기 입장을 철회하지 마십시오. 배짱을 키우세요. 당당하세요. 자신의 성격에 확신을 가지세요. 어느 쪽 노선에서 진실을 찾을 수 있는지 아십시오. 이제 겁먹는 건 그만 두세요."[19] 나치를 물리치도록 도운 주요 역사적 인물을 인용했다는 이유로 사과해야 한다면, 끝없는 암흑의 심연이 드리운 것이다.

서구 문명의 근본적인 원칙을 지지한다면(처칠이 그랬던 것처럼), 표현의 자유와 사상의 자유를 옹호한다면, 물러서지 말라. 벌꿀오소리 같은 야성적 충동을 가져라. 당신의 진실성을 수호하고 진리를 지킬 때는 맹렬하리만큼 단호하라. 깁슨즈 베이커리가 인종 차별을 한다며 거짓말을 퍼뜨린 데 대항해 오벌린 대학(좌파적 광기의 온상)을 고소했던 그 소유주를 본받으라.[20] 세 명의 흑인 학생이 들치기를 하다가 적발되자, 이들은 소유주의 아들이기도 한 종업원을 공격했다. 학생들은 그들의 유죄를 인정하고 인종 차별은 없었다고 확인했지만 그럼에도 오벌린 대학은 가짜 분노를 불러일으키는 데 중요한 역할을 했다. 깁슨즈 베이커리는 4,400만 달러의 배상금을 판결받았다[21](이후 이 배상금이 줄어들긴 했다[22]). 깁슨즈 베이커리는 항의 집회, 불매 운동, 잘못된 비난에도 굴복하지 않았다. 소유주가 '유색인'들로부터 귀중한 교훈을 얻었다 말하며 비굴하게 사과하지도 않았다. 아니, 이들은 이 기괴한 부당함에 맞서 싸워 이겼다. 벌꿀오소리가 되라. 이념적 깡패들에게 공격받았을 때 절대 물러서지 말라.

이슬람을 비판한다고 해서 이슬람혐오자(터무니없는 용어다)가 되는 것도 아니며 무슬림을 증오하는 사람이 되는 것도 아니다. 급진 페미니즘을 면밀히 조사한다고 해서 당신이 여성혐오자가 되는 것도 아니다. 국경 개방에 의문을 제기한다고 해서 당신이 인종차별주의자가 되는 것도 아니다. 공감과 연민이 가득한 열린 마음을 갖고 있어도 국경 개방을 반대할 수 있다. 생물학적으로 남성인 트랜스 여성이 운동 경기에서 생물학적 여성들과 경쟁해서는 안 된다고 주장한다고 해서 당신이 트랜스혐오자가 되는 게 아니다. 살아가면서 서로 충돌하는 권리들을 계산해봐야 하는 상황이 많이 있다. 이를 염두에 두면, 당신의 여덟 살배기 딸이 공중화장실에서 편안하고 안전하다고 느낄 권리가 키 183센티미터에 체중 200킬로그램인 두 트랜스 여성의 권리보다 우선한다.

소위 말하는 '다른 형식으로 아는 것(토착민들 식으로든 포스트모더니즘이든)'이 과학적 방법만큼 유효하다는 생각을 거부한다고 해서 당신이 닫힌 마음의 편견덩어리가 되는 것이 아니다. 유독한 남성성과 백인우월주의의 전형이라며 신경질적으로 백인 남성들을 악마화하는 행위를 거부한다고 해서 당신이 아돌프 히틀러가 되는 것이 아니다. 원색적인 비난이 금방이라도 협박이 될 기세면, 도대체 무슨 진보적 교리를 바탕으로 그런 말을 하는지 당당하게 물어라. 사람들 대부분은 인종차별주의자나 여성혐오자라 비난받는 걸 너무나 두려워해서 웅크리고 침묵한다. 입 다물고 고개를 끄덕여 동의하지 않는다면 인민재판을 받을 준비를 해야 한다. 말문을 막아버리는 이런 전략에 넘어가지 말라. 당신의 원칙을 확신하고 벌꿀오소리처럼 맹렬하게 그 원칙을 옹호하라.

우리 대학들을 어떻게 바로잡을 것인가

토목공학자들과 항공공학자들이 물리 법칙의 제약을 받아가며 다리나 비행기를 건조하고 제작하는 동안, 반과학, 반논리의 병원체를 흩뿌리는 인문학 교수들은 광기가 보상 받는 대학 문화를 만들어냈다. 이것은 멈춰야 한다. 그 첫 걸음은 아마도 위헌적인 언어 규범에 맞서 싸우고 표현의 자유가 제한된 구역을 해제하는 일이 될 것이다. 미국 헌법에 의하면 미국 전역이 표현의 자유를 누린다. 사상경찰에게 '아니오'라 말하고, 이질적인 생각과 관점에 당신의 마음을 내보이고, 당신 입장에 의문을 제기할 만한 사람들과 관계를 맺으라. 이념적 무관용은 보수나 리버럴들에만 국한되는 문제가 아니다.[23] 우리 모두는 같은 견해를 갖고 있는 사람들과 이야기 나누는 것을 더 좋아한다. 그것은 어쩔 수 없는 인간 본성 중 하나다. 하지만 반대되는 관점을 존중하는 마음으로 토론할 때 우리의 마음이 고양된다. 우리 대학들은 바로 여기 초점을 맞춰야 한다.

이와 유사하게, 대학들은 다시금 학문적 월등함을 추구하고 정체성 정치를('다양성, 포용, 공정'이라는 컬트 문화도 함께) 역사의 쓰레기통으로 퇴치해야 한다. 그 누구도 백인이라는, 기독교인이라는 혹은 양성애자라는 이유로 사과해야 하거나, 자신의 성적 지향성에 대해 '자부심(pride)'을 느껴서는 안 된다. 불가변적 특성으로 자부심이나 수치심을 느껴서는 안 되며, 만성적인 피해의식과 비분강개를 북돋우거나 억눌러서도 안 된다. 학생들을 그만 애지중지하고, 사전 고지나 안전 공간 비용을 지불하지도 말며, '문화 유용'이나 '마이크로어그레션' 같은 어리석음을 관용해서도 안 된다. 이런 것들은 나약함과 허약함만 두드러지게 하는 터무니없는 개념들이다. 그 대신 지적이고 감정적인 능력을 북돋우는 환경을 육성하라.

시카고 대학 학생처 담당 학장 존 엘리슨(John Ellison)은 2020년 신입생들에게 이런 환영의 편지를 썼다.

우리는 우리 커뮤니티의 회원들에게 검열당할 두려움 없이 말하고, 쓰고, 듣고, 도전하고, 배우도록 권장합니다. 우리 모두는 반드시 정중하고 서로 존중해야 하며, 표현의 자유는 남들을 괴롭힐 자유나 협박할 자유를 의미하지 않습니다. 여러분이 커뮤니티 일원으로서 엄격한 논쟁과 토론, 심지어 의견 충돌까지 경험해보기를 바랍니다. 때로는 어렵고 불편할 수도 있습니다.

학문적 자유에 대해 헌신한다는 것은, 우리가 소위 말하는 '사전 고지'를 지지하지 않으며, 강연 주제가 논란이 될 수 있다는 이유로 초청 강사를 취소하지도 않고, 사람들이 저마다 자기 생각과 다른 사상이나 관점으로부터 도피할 지적 '안전 공간'의 설립을 용납하지도 않는다는 의미입니다.

자유로운 생각의 교환을 육성한다는 것은 곧 출신 배경이 다양한 모든 사람을 맞아들일 캠퍼스를 만들어야 한다는 대학의 우선 사항에 힘을 싣는 일입니다. 우리 커뮤니티의 회원들은 광범위한 생각들을 옹호하고 탐구할 자유를 누려야 합니다.[24]

21세기 세계적 수준의 대학에서 신입생들에게 이런 입장을 군이 공표해야만 한다는 것은 비극이다. 하지만 엘리슨 학장은 사상의 병원체들로 몸살을 앓는 이 생태계에 한 줄기 신선한 바람을 불어넣었다. 학생들로 하여금 터무니없는 '사회 정의' 관련 요구 목록을 들고 행정처 사무실을 점유하도록 부추기고, 이런 요구에 행정처 직원들을 너무나 자주 굴복시키는 것은 바로 같은 종류의 병원체들이다. 그런 요구들이 어디까지 갔는지 이해하려면, 〈다트무스 자유 예산기획서: 다트무스의 변화하는 정의를 위한 항목〉[25]을 한 번 훑어보라고 권한다. 짐작할 수는 있겠지만 말이다.

대학들은 과거에 그랬던 것처럼 능력 중시 정신으로 돌아가야 하며, 교육을 상품화하고 학문의 기준을 낮추지 않기 위해 저항해야 한다. 1990년 맥길 대학에서 경영학 석사 학위를 받을 때 나는 2년 동안 전업 학생으로 공부해야 했다. 다시 말해 한 학기 당 다섯 내지 여섯 과정을 네 학기 동안 들어야 했으며 이는 막대한 공부량이었다(입학 시험 때 수학 수강 면제 시험에 합격해 한 과목은 면제받았다). 그 이후로 경영학 석사 학위를 얻는 데 필요한 학점 수는 계속 줄어들어서, 현재 많은 비즈니스 스쿨이 1년 속성 경영학 석사 과정을 제공한다. 현재 내가 가르치는 비즈니스 스쿨에서는 내가 졸업하던 1990년 당시에 비해 경영학 석사 과정을 완료하는 데 필요한 학점이 크게 줄어들었다. 10년 전에 나는 《사이콜로지 투데이》지에 '프렌치프라이 큰 거 하나, 햄버거 하나, 다이어트 코크 하나, MBA 학위 하나 주세요. 피클은 빼고요: 학생-고객 은유는 형편없는 교육 정책'[26]이라는 제목의 기사를 써서 이런 괴이하리만큼 낮아진 기준을 비판했다. 경영학 석사 요건이 이렇게 희석된 것은 학생들이 30년 전에 비해 훨씬 더 똑똑하고 더 잘 준비돼서가 아니라, 학생들을 모집할 새로운 방법을 찾아내야 한다는 각 학교들의 경쟁 압박 때문이다.

학생들을 더 끌어오고 보유하겠다는 이 같은 욕망은 학점 인플레이션이라는 형태로 발현된다. 듀크 대학교 지질학/지구과학 및 해양과학 교수였던 스튜어트 로스태저(Stuart Rojstaczer)는 미국 대학들의 학점인플레이션 유형을 장기간에 걸쳐 종단 연구[viii]했다. 그는 매우 당황스러운 학점 관련 사실을 보고했다. 그 중 하나는 베트남전쟁 당시 가장 흔한 학점은 C였으나 지금은 A라는 것이다.[27] 맞다. 제대로 읽었다. 모든 사람이 승리자다. 모두가 1등이다. 모두가 트로피를 받는다. 놀랍게도 일부 비즈니스 스쿨, 로

viii longitudinal analysis. 같은 변수의 변화를 단기 및 장기간에 걸쳐 추적해 연구하는 방법.

스쿨, 의과대학에서는 표준 학점 제도를 버리고 '합격-불합격' 체계 방식으로 가고 있다. 내 모교 코넬 대학에서는 학생들이 '학섬 은폐 정책'을 제정했다. 채용자들은 코넬 대학 출신들에게 학점을 묻지 않게끔 돼 있다. 코넬 학생들은 전임 일자리를 구할 때까지 학점을 밝히지 않도록 돼 있다.[28]

인간은 협동적인 동시에 경쟁적인 존재이며, 행동거지 서툰 10대 청소년 패거리부터 프로 축구단이나 군대 조직에 이르기까지 어떤 집단에서든 분명한 위계 질서를 이루려 한다. 인간은 다 똑같고 평등한 일개미가 아니다. 하버드 대학 곤충학자이자 진화생물학자인 E.O.윌슨(E.O.Wilson)은 사회주의에 대해 이렇게 말한 것으로 유명하다. "좋은 생각이지만, 종(種)이 틀렸다." 인간 본성에 대한 그릇된 이해를 기반으로 구축된 체계는 실패하게 마련이다. 경쟁이라는 위험으로부터 사람들의 연약한 자존감을 지키는 것이 가장 중요한 목적인 사회를 구축하려 들면 결국 만들어지는 건 나약함과 권리 주장과 무관심으로 가득한 사회다. 삶이란 필연적으로 경쟁적이다. 사회에는 필연적으로 계급이 있다. 그 누구의 기분도 상하지 않는 유토피아적 관점의 사회를 추구하는 것은 그 누구에게도 득이 되지 않는다.

맺는 말

　주로 대학에 뿌리를 둔 어떤 일정한 사상 병원체들이 수십 년째 가차 없이 과학과 이성, 논리, 사상의 자유, 표현의 자유, 개인의 자유, 개인의 존엄성을 공격해왔다. 우리의 자녀들과 후손들이 우리가 그래온 것처럼 자유로운 사회에서 살기 원한다면, 우리는 우리의 원칙들을 확신하고 이를 수호할 준비를 해야 한다.

　레바논 내전의 잔혹함 속에서 성장하고 우리 대학가에서 상식이 침식돼 가는 모습을 목도한 나는, 여러분에게 참여하기를 간청한다. 여러분에게는 필요한 변화를 가져올 힘이 있다. 치유책은 바로 당신 눈 앞에 있다. 진리를 추구하고 수호하는 것이다. 서구 과학혁명과 계몽주의시대의 미덕에 다시 한번 헌신하는 것이다. 함께하면 우리는 이 사상의 전투에서 승리할 수 있다.

감사의 말

이 책에서 발표한 모든 콘텐츠를 개발하는 동안 나를 초대해서 강연하게 해준 모든 기관과 학술회의에 감사한다. 여기에는 프리덤 프로젝트(Freedom Project, 웰슬리 칼리지), 교양과정학부(the Institute for Liberal Studies, 오타와 대학), 폭력적 극단주의에 맞서는 글로벌 포럼(the Global Forum on Countering Violent Extremism, 콘코디아 대학 종족 살해 및 인권 연구를 위한 몬트리올 인스티튜트), 로지컬 엘에이(Logical LA), 매닝 컨퍼런스(the Manning Conference), 캐나다 유대인 연구 기관, 오타와 국회의사당(the Parliament Hill, 캐나다 정부), M103 컨퍼런스(the M103 Conference), 표현의 자유를 배우는 모임(Learning Circle on Free Speech), 레지나 대학, 대학 캠퍼스 내 표현의 자유 경직에 대한 행사(토론토 시), 시비타스(Civitas), 학문적 자유와 학문을 위한 협회(the Society for Academic Freedom and Scholarship). 관객들로부터 들어온 우호적 반응들은 대중이 나의 메시지를 원한다고 확실히 시사했다. 이 격려의 물결은 내 소셜미디어 플랫폼에 참여하고, 나를 매체에서 보고 또 내 유튜브 채널을 본 수백만 명에 의해 더욱 증폭됐다.

이 책을 열렬히 지원해준 해리 크로커(Harry Crocker), 톰 스펜스(Tom Spence) 그 외 레그너리 출판사의 팀원들에게 감사한다. 내 원고를 꼼꼼히 읽어주고, 이 책의 길이를 축약할 수 있게끔 귀중한 조언을 준 해리에게 한 번 더 감사한다. 교열을 맡아준 로라 스웨인(Laura Swain)에게 감사한다. 출판사가 작가를 전면적으로 지지할 때, 이런 책을 쓰는 어려움은 크게 줄어든다.

내 아내와 아이들은 내가 이 아이디어의 경기장에서 싸울 때 큰 위안이 됐다. 내 가족의 사랑과 지지가 없었더라면 마음의 병원체들에 맞서 싸우는 데 필요한 마음의 평안을 얻지 못했을 것이다.

과학과 이상, 개인의 자유, 개인의 존엄성을 위해 싸워온 모든 역사 속 인물 덕분에 지금의 세상이 존재한다.

색인

기호
#NotAllMuslims 209

E
E.O. 윌슨 197, 290

I
ISIS 91, 189, 208, 212, 252, 253, 257
M
M103 법안 94

번호
2차원 절단 저장 문제 164
9·11테러 152, 245

ㄱ
가부장제 76, 120, 135, 148, 151, 203
가말 압델 나세르 23
가짜 분노 74, 139, 171, 172, 178, 179, 180, 182, 284, 285
가짜 심오함 129
가짜 인과관계 201, 203
감정 57, 59, 60, 62, 63, 78, 137
개종 110, 248, 252261
계몽주의 48, 291
고비용 신호 277
공유지의 비극 266
공작 238294, 276294
공정, 다양성, 포용 100, 110
과학부정주의 42, 115, 199
과학을 위한 행진(March for Science) 100
관용의 역설 189
교육인적권리재단(The American-based Foundation for Individual Rights in Education, FIRE) 88
교차성 134, 134153, 137, 157194
구글 70, 7078, 7078, 7078, 7078, 7078, 7078, 82118, 117118
구글 담화 7078
국제 성생활 기술 프로젝트 241
그레타 툰베리 142
글로벌 젠더 격차 보고서 259
금지된 지식 35, 61
기후 변화 107, 118, 131, 132, 132153, 192, 201, 202, 203222

ㄴ
노출 요법 163
뇌 기생충 44, 45
뉴로섹시즘 149, 150

ㄷ
다문화주의 50294, 205, 205294, 215294
다양성, 포용 및 공정 108
다양성, 포용성, 공정 71
대니얼 카너먼 59
대리인을 통한 뮌하우젠 증후군 174194
대법원 171194
더그 기베트 5578
데이브 루빈 83, 158, 268
데이비드 P. 슈미트 241
데이비드 레터맨 240
데이비드 버스 5978, 238261
도널드 트럼프 57, 63, 64, 65, 6578, 66, 97-118, 173194, 190194
도덕적 상대주의 49, 85118, 215222
도로시 김 64
동료 평가 7478, 105118, 106118

동성애 133153, 163194, 172194, 206222, 258261, 283293
동성애 혐오 163194, 206222
동종 선호 206222
드 클레랑보 증후군 240261
딘 오니시 229
딤미 213222

ㄹ

라자 그린필드(Lazar Greenfield) 74
래리 데이비드 90118, 92118
레바논 내전 22, 2352
레바논 유대인 2352
레베카 튜벨 158
레온 페스팅거 225
레이첼 돌러절 123153
레이첼 맥키넌 135
레이첼 펄튼 브라운 64
로나 준 맥큐 106
로널드 레이건 118
로라 키프니스 158
로렌스 서머즈 69
루드비히 폰 미제스 106
리버럴 편향 114
리사 리트먼 139
리사 웨이드 147
리셍코 학설 197
리처드 르원틴 197

ㅁ

마르틴 브뤼네 240
마못 34
마이크로어그레션 48, 157, 161
마이클 렉턴월드 158
마이클 마못 34

마크 도슨 267
만수르 206
매트 리들리 55
매트 테일러 75
맥길 대학 31, 171, 176, 288
맥키넌 135, 136
메타 분석 230, 231, 237, 244
면역 요법 161
면역 체계 159, 160, 161
모욕 문화 157
모하마드 그림 280
무신론자 96, 107, 260, 271
무차별의 컬트 222
문헌 조사 229, 230, 231
문화상대주의 271, 272
문화 유용 178, 179, 180, 181, 287
뮌하우젠 증후군 157, 174
미덕 과시 274, 276, 278
미셸 푸코 129
밈 246
밈플렉스 246, 248

ㅂ

반복 연구 231
반향실 49, 89, 159, 268
백신거부자 198
백인우월주의 63, 64, 206, 286
밴쿠버 시 성폭력 피해자 및 여성 쉼터 137
버락 오바마 65, 95, 208, 246
버트런드 러셀 157194
벌꿀오소리 281, 285, 286
베이루트 23, 26, 27, 28, 29, 33
베이츠 의태 184
베토 오로크 190
별대모벌 45, 152

보이지 않는 예술 130
부르카 76, 216, 271, 272
부모투자이론 240, 241, 244
부정 35, 37, 46
불만 연구 130, 133
브렛 와인스타인 158
브렛 캐버노 64, 67, 166
비겁함 86, 190, 272, 273, 278, 279, 280
비교심리학 235
빈 서판 121
빌 나이 201
빌 워너 251

ㅅ
사상의 병원체 43, 78, 96, 120, 121, 145,
　148, 150, 152, 265, 279, 288
사이콜로지 투데이 131, 198, 289
사전 고지 48, 157, 162, 163, 164, 287, 288
사전 편찬 규칙 66
사회구성주의자 233, 234, 235, 236
사회성적 지향성검사 241
사회정의전사 48, 50, 87, 98, 107, 113, 282
살림 만수르 204
살만 루슈디 90
상호이타주의 206
새뮤얼 J. 에이브럼즈 113
샘 해리스 271
생물학 혐오 42
샤를리즈 테론 139, 140, 141
샤리아 95, 212, 217, 218, 219
선천성부신과다형성증 235
성적 판타지 242
세일즈맨의 출장 문제 165
소비자심리학 40, 168
소셜미디어 35, 36, 39, 247, 267, 274, 281,

282, 292
소수의 폭정 135, 142
소칼 131, 132
손가락 비율 234
수익 창출 불가 상태 82
스니키 퍼커 전략 186
스테판 콜리니 216
스티브 스탱커비셔스 159
스티븐 J. 굴드(Steven J. Gould 40
스티븐 제이 굴드(Stephen J. Gould) 197
스티븐 핑커 69, 101
시드 자이글러 138
신데렐라 효과 221, 222
실력주의 43, 173
십자군 208, 211

ㅇ
아레오 매거진 72, 132
아얀 히르시 알리 190
아이작 뉴턴 102, 203, 229
안전 공간 84, 157, 159, 161, 166, 180
안티파 87, 158
알레르겐 159, 161
알레산드로 스트루미아 71
암시적연상검사 109
앤드류 웨이크필드 197
앤디 응오 158
앨런 소칼 130
양가적 성차별 목록 143
에반 세이엇 222
에이브러햄 매슬로 203
에이브러햄 카플란 202
엘리자베스 워런 128, 181, 192
오웰 61
오징어 186

오캄(Ockham)의 면도칼 203
온정적 성차별 143, 144, 145
운영 연구 164
월드컵 31, 151, 280
유니콘 이슬람 오류 209
유대인 혐오 210, 251, 252, 257, 258
유독한 남성성 145, 146, 147, 150, 286
유엔 95118, 261
유튜브 47, 63, 82, 125, 126, 133, 136,
    150, 161, 177, 180, 267, 268, 292
유행 변화에 의한 개념 변화 169
이념적 순응 108, 116
이슬람 85, 87, 90, 94, 95, 97, 104, 108
이슬람 혐오 85, 87, 90, 94, 97
이슬람협력기구 94
인생 각본 32
인식론적 겸손 37, 38
임금 격차 152

ㅈ
자기 검열 266
자기 혐오 182, 190, 191
자연 선택 164, 184
자웅 선택 184, 238
자이글러 138
자크 데리다 129153
자크 라캉 129153
장 피아제 141
장 피에르 로시 236
잭 도시 161194
저시 스몰릿 175
전염병학 47, 248
절도혼 185
정교화 가능성 모델 56
정의를 위한 입자들 71

정체성 정치 99, 100
정치적이슬람연구센터 251
제시 잭슨 221
제임스 더모어 70
제임스 린지 131
제임스 왓슨 89
젠더 대명사 126
조내선 고트샬(Jonathan Gottschall) 239
조던 피터슨 61, 83, 87, 125, 277
조 로건 247, 248
조 바이든 67
조지 오웰 43, 96, 219
존 설 129
존 엘리슨 287
존 왓슨 121, 122
종신교수 85, 86
줄리앤 카스트로 127
중복 증거의 법칙적 관계망 223, 226, 231,
    233, 235, 237, 245, 246, 260, 261
쥐스탱 트뤼도 94, 171, 204, 215
지식의 위계 103
지적 다양성 49, 108, 116, 152
지즈야 213
진짜 스코틀랜드인의 오류 211
진화 197, 199, 206, 207, 209, 221, 222
집단 뮌하우젠 174, 181

ㅊ
차고 밴드 효과 35
찰스 다윈 102, 102118
채찍질 고행 49, 171, 182, 187, 188, 189,
    190, 191, 192
초청 취소 88
총알개미 277
최적자극수준이론 168

최적화 164, 165, 166
추동감소이론 168
추론의 논쟁 논리 226

ㅋ
칼 벤자민 82
칼 포퍼 178
캐나다 171, 204, 205, 207, 209, 215
캐나다 법안 49, 125
코넬 대학 38, 39, 40, 42, 221, 290
콘셉트 크립 170, 171
콘코디아 대학 42, 292
쿠란 212, 251
크리스토퍼 히친스 273
크리스틴 블레이시 67, 166

ㅌ
타조 기생충 증후군 195, 199, 207, 208
탄압 올림픽 137, 157, 282
테러리즘 129
토마스 소웰 113, 273
토착민 우선 103, 105
트랜스젠더 투쟁 121, 177
트럼프 발작증후군 66
트위터 274, 281, 282, 283, 284
팀 헌트 73

ㅍ
판단 268, 270, 271, 272, 273
판단과 의사결정학회 273
판별 분석 252, 253
팔레스타인해방기구 28
페널티 키커 280
페널티 킥 280
페미니즘 120, 121, 124, 133, 134, 143,
145, 148
페이스북 82, 87, 117, 266, 278
페이트리언 82, 83
펠로시 141
포스트모더니즘 41, 42, 45, 46, 48, 50, 286
폴 A. 오핏 198
폴리로지즘 106, 107
표현의 자유 266, 277, 285, 286, 287, 288,
291, 292
풍자 128, 133, 136, 140
프랜시스 콜린즈 111
프레데릭 R. 슈람 229
프로파일링 219, 220, 222
피터 보고시언 131, 134
피해자학 포커 137, 157, 158, 175

ㅎ
학점 인플레이션 289
항상성 49, 167, 168, 169, 170, 171, 172,
178
해리스 272
행동결정이론 66
행동 면역 체계 160
행동주의 121
헌법자유재판소 89
헤이르트 호프스테드 236
호주참갑오징어 186
홀로코스트 부정 93
효과의 위계 57
힐러리 클린턴 65, 95, 148

옮긴이의 말

인간은 언제나 자신이 고결한 존재이며, 위대한 생각과 가치관에 의해 움직인다고 믿고 싶어해왔다. 그 어떤 동물보다도 더 발달한 뇌를 가진 덕분에 그리고 스티븐 핑커(Steven Pinker)가 저서 〈다시 계몽의 시대(Enlightenment Now)〉에서 말한 것처럼 역사상 유래 없던 평화와 풍요를 누리는 덕분에, 우리는 우리 삶의 가장 큰 목적이 다른 동물들처럼 그저 생명 유지 활동과 생식 활동이라는 것을 의식하지 않고 살 수 있다. 그 망각은 종종 우리를 파괴적인 도주 선택으로 내닫게 한다. 그리고 우리가 '생육하고 번성'하고자 하는 동물의 본성을 극복하거나 거스르고도 존재할 수 있다고 생각하게 만든다.

이 책은 미국과 캐나다, 그 중에서도 학계의 기이한 사상, 생물학적 병원체가 생명체의 생명 유지 활동을 방해하듯 인류 문명이 지속하지 못하게 그 문명에 기생해 성장을 방해하는 사상의 병원체들을 분석하고 그에 대처하는 법에 대해 이야기한다. 그 내용은 한국 사회에도 거의 그대로 적용될 수 있다. 북미 대학가를 지배하는 포스트모더니즘, 정체성 정치, 급진 페미니즘 같은 사상이 대한민국에 와서 모습은 조금 다르게 보일지언정, 기본적으로 학계는 물론 정치나 문화계에 걸쳐 한국 사회를 전반적으로 같은 방식으로 지배하고 있기 때문이다. 논리적이고 이성적인 사고를 무력화시키고, 근대 과학이 태동하기 이전 과학을 대체했던 신비주의적이며 영적인 사상들을 숭배하고, 과거를 미화하며, 변화와 발전을 혐오하고, 자신의 의견에 반하는 정보는 아무리 논리적이고 사실이라 하더라도 배척하며, 모든 이를 스스로에게만 관용적이며 궁극적으로 각자 스스로에 대한 책임마저 회피하는 인간으로 퇴행시키고 있다는 점에서.

유례없던 안전과 번영을 누리면서도 현대인들은 그 어느 시대 못지않게 불만이 많아 보인다. 이제 기아와 전쟁과 질병, 폭정을 무서워하는 대신 새로운 것을 무서워하기 시작한 것이다. 언젠가부터 사람들은 자신의 기분을 상하게 하는 사소한 모든 것까지 두려워하고 증오하기 시작했다. 두려워하거나 증오할 것이 없으면 지난 과거까지 들춰가며 아프다고 호소한다. 저자가 말하는 항상성의 개념대로, 인류는 과거보다 훨씬 더 인권이 존중된 안전한 환경에서 살아가지만 깨닫지 못한 채 여전히, 아니 오히려 과거보다 더 큰 불안감과 정신적 고통을 호소하고 있다. 대한민국만의 이야기가 아니다. 전 세계적인 현상이다.

내가 이 책을 번역하겠다고 결심한 가장 큰 이유는 바로 그런 우리의 퇴행을 아무런 거리낌 없이 지적하는 저자의 지적 용기 때문이었다. 레바논 출신 유대인으로서 문자 그대로 죽음을 피해 자신의 고국을 탈출했던 그는, 상처 입고 웅크리는 대신 논리와 이성을 공격하는 모든 현상에 대해 분석하고 그 내면적인 이유를 백일하에 드러낸다. 오늘날 PC주의자들이 득세한 학계에서 그런 행동을 하는 데는 많은 노력과 시간 그리고 무엇보다도 자신의 생각을 드러내고 검증받고 방어할 수 있는 용기가 필요하다.

진실에는 내 것과 남의 것이 따로 없다. 특히 과학의 궁극적인 목적은 그게 무엇이 되든 '진실'을 드러내는 것이지, '나의 진실'이 승리하도록 우기거나 조작하는 게 아니다. 그런 과학의 정직함은 우리 삶에도 적용돼야 한다. 누구 편을 드느냐에 따라 진실이 거짓으로, 혹은 거짓이 진실로 둔갑해서는 안 된다. 그런 까닭에 이 책의 모든 사안에 100% 동의해야만 이 책을 읽을 수 있는 것은 아니다. 저자가 언급한 대로 모든 과학 지식은 잠정적인 것이기 때문이다. 내가 과거 믿고 있던 사실이 틀렸다고 해서 부끄러울 필요는 없다. 인류의 역사, 특히 과학사는 끊임없이 잘못된 지식들을 바로잡은 이야기들이라고 해도 과언이 아니다. 과학이 위대한 것은 그 지식의 정확함 때문이 아닌, 그 방법론 때문이다. 이 책이 매력적인 이유 중 하나도 바로 저자의 주장보다 저자의 생각하는 법에 더 힘이 실려 있다는 점이다.

이 책의 번역 제안을 기쁘게 받아들여주신 양문출판사 김현중 대표님, 언제나 용기와 희망을 준 내 남편과 내 아들에게 감사한다.

2024년 1월
옮긴이 이연수

301

주석

서문

1 남은 트윗에서 다음 글의 스레드를 따라 읽어보라. Gad Saad (@GadSaad), "Some people are truly irredeemably clueless. They post comments attacking me for criticizing the SJW mindset instead of supposedly tackling 'important' matters. Yes, because having a set of idea pathogens take complete control over the minds and souls of millions of people in,"" 트위터, 2019년 4월 6일 12:15 pm. https://twitter.com/GadSaad/status/1114562406649421824?s=20.

2 R. A. Fisher, *The Genetical Theory of Natural Selection* (Oxford: Clarendon Press, 1930).

제1장 레바논 내전에서 사상의 전투까지

1 Lucy Pasha-Robinson, "Teaching Maths Perpetuates White Privilege, Says University Professor," The Independent, 2017년 10월 25일, https://www.independent.co.uk/news/world/americas/teaching-maths-white-privilege-illinois-university-professor-rochelle-gutierrez-a8018521.html.

2 Michael Marmot, *The Status Syndrome: How Social Standing Affects Our Health and Longevity* (New York: Henry Holt, 2004).

3 Joanna Kempner, Jon F. Merz, and Charles L. Bosk, "Forbidden Knowledge: Public Controversy and the Production of Nonknowledge," *Sociological Forum* 26, no. 3 (2011년 9월): 475-99.

4 Stephen J. Gould, "The Self-Manipulation of My Pervasive, Perceived Vital Energy through Product Use: An Introspective-Praxis Perspective," *Journal of Consumer Research* 18 (1991년 9월): 104.

5 같은 책 202쪽.

6 같은 책 203쪽.

7 George Orwell, "Notes on Nationalism," *Polemic* 1 (May 1945): 1.

8 말벌 포식기생자에 대해서는 다음을 참조하라: "Parasitoid Wasps: Neuroethology," in *Encyclopedia of Animal Behavior*, eds. Michael D. Breed and Janice Moore, 2 (Oxford: Academic Press, 2010), 642-50.

9 이 주제에 대한 학술 논문으로는 Janice Moore, Parasites and the Behavior of Animals (New York: Oxford University Press, 2002)을 보라. 이보다 덜 전문적인 논고로는 Kathleen McAuliffe, *This is Your Brain on Parasites: How Tiny Creatures Manipulate Our Behavior and Shape Society* (Boston: Houghton Mifflin Harcourt, 2016)를 참조하라.

10 Richard Dawkins, *The Selfish Gene* (New York: Oxford University Press, 1976); See also Susan Blackmore, The Meme Machine (Oxford: Oxford University Press, 1999).

11 반지성, 반이성, 반과학, 반리버럴리즘 정서가 퍼져가는 현상을 다룬 책들 중엔 다음과 같은 것들이 있다: Richard Hofstadter, *Anti-Intellectualism in American Life* (New York: Knopf, 1963); Allan Bloom, *The Closing of the American Mind* (New York: Simon & Schuster, 1987); Jonathan Rauch, Kindly Inquisitors: *The New Attacks on Free Thought* (Chicago: University of Chicago Press, 1995); Greg Lukianoff, *Unlearning Liberty: Campus Censorship and the End of the American Debate* (New York: Encounter Books, 2012); Heather Mac Donald, *The Diversity Delusion: How Race and Gender Pandering Corrupt the University and Undermine Our Culture* (New York: St. Martin's Press, 2018); and Greg Lukianoff and Jonathan Haidt, *The Coddling of the American Mind: How Good Intentions and Bad Ideas Are Setting Up a Generation for Failure* (New York: Penguin Press, 2018).

12 여기엔 다음과 같은 책들이 포함된다: Paul R. Gross and Norman Levitt, *Higher Superstition: The Academic Left and Its Quarrels with Science* (Baltimore, Maryland: Johns Hopkins University Press, 1994); Alan Charles Kors and Harvey Silverglate, *The Shadow University: The Betrayal of Liberty on America's Campuses* (New York: The Free Press, 1998); Alan Sokal and Jean Bricmont, *Fashionable Nonsense: Postmodern Intellectuals' Abuse of Science* (New York: Picador, 1999); Daphne Patai and Noretta Koertge, *Professing Feminism: Cautionary Tales from the Strange World of Women's Studies* (New York: Basic Books, 1994); Salim Mansur, *Delectable Lie: A Liberal Repudiation of Multiculturalism* (Brantford, Ontario: Mantua Books, 2011); and Bruce Bawer, *The Victims' Revolution: The Rise of Identity Studies and the Closing of the Liberal Mind* (New York: HarperCollins, 2012).

제2장 생각 대 느낌, 진실 대 상처받은 느낌

1 David Hume, *A Treatise of Human Nature*, 1739 edition (Oxford: Clarendon Press, 1896), 415.

2 Hans J. Eysenck, *Rebel with a Cause* (London: W. H. Allen & Co., 1990), 119.

3 Michael Shermer, *How We Believe: Science, Skepticism, and the Search for God* (New York: Henry Holt, 2000), 90.

4 Gad Saad, "Evolutionary Consumer Psychology," in Handbook of *Evolutionary Psychology*, ed. David M. Buss (New York: Wiley, 2015), 1143–60.

5 Matt Ridley, *Nature Via Nurture: Genes, Experience, & What Makes Us Human* (New York: HarperCollins, 2003), 280.

6 Gad Saad, *The Consuming Instinct: What Juicy Burgers, Ferraris, Pornography, and Gift Giving Reveal about Human Nature* (Amherst, New York: Prometheus Books, 2011).

7 Richard E. Petty and John T. Cacioppo, "The Elaboration Likelihood Model of Persuasion" in *Advances in Experimental Social Psychology*, ed. Leonard Berkowitz, 19 (New York:

Academic Press, 1986), 123–205.

8 M. J. Rosenberg, "An Analysis of Affective-Cognitive Consistency," in *Attitude Organization* and Change: An Analysis of Consistency Among Attitude Components, eds. C. I. Hovland and M. J. Rosenberg (New Haven, Connecticut: *Yale University Press*, 1960), 15–64.

9 Randolph M. Nesse and Phoebe C. Ellsworth, "Evolution, Emotions, and Emotional Disorders," *American Psychologist* 64, no. 2 (2009): 129–39.

10 David M. Buss et al., "Sex Differences in Jealousy: Evolution, Physiology, and Psychology," *Psychological Science* 3, no. 4 (1992): 251–55.

11 Christopher K. Hsee et al., "Lay Rationalism: Individual Differences in Using Reason versus Feelings to Guide Decisions," *Journal of Marketing Research* 52 (2015년 2월): 134–46.

12 Mark Steyn, "The Absurd Trial of Geert Wilders," *Maclean's*, 2010년 2월 18일, https://www.macleans.ca/general/%20the-absurd-trial-of-geert-wilders/.

13 "Academics' Mobbing of a Young Scholar Must Be Denounced," *Quillette*, 2018년 12월 7일, https://quillette.com/2018/12/07/academics-mobbing-of-a-young-scholar-must-be-denounced/.

14 Theodore Dalrymple, "A Foolish, Fond Old Man," *BMJ* 335, no. 7623 (2007): 777.

15 Gad Saad, "Tell My Wife That I Love Her," *THE SAAD TRUTH* 343, 2017년 1월 20일, 유튜브 동영상, https://www.youtube.com/watch?v=LquFudV-nLA.

16 Rachel Brown, "Talking Points: Three Cheers for White Men," Fencing Bear at Prayer Blog, 2015년 6월 5일, https://fencingbearatprayer.blogspot.com/2015/06/talking-points-three-cheers-for-white.html.

17 Peter Wood, "Anatomy of a Smear," *Inside Higher Ed*, 2018년 9월 10일, https://www.insidehighered.com/views/2018/09/10/slurring-medieval-scholar-attempt-silence-those-who-disagree-opinion.

18 미국 대선 직전 내가 출연한 샘 해리스의 팟캐스트 〈Waking Up〉을 들어보라.

19 결정하는 법들의 긴 목록을 찾아보려면John Payne, James Bettman, and Eric Johnson, *The Adaptive Decision Maker* (New York: Cambridge University Press, 1993)을 참조하라.

20 Elizabeth F. Loftus, "Eyewitness Science and the Legal System," *Annual Review of Law and Social Science*, 14 (2018): 1–10.

21 Lawrence H. Summers, "Remarks at NBER Conference on Diversifying the Science & Engineering Workforce," 2015년 1월 14일, Cambridge, Massachusetts. 샘 딜런(Sam Dillon) 저 "Harvard Chief Defends His Talk on Women"도 참조하라. *New York Times*, 2015년 1월 18일, https://nyti.ms/2xm2tMM.

22 "Psychoanalysis Q-and-A: Steven Pinker," *Harvard Crimson*, 2005년 1월 19일, https://bit.ly/2OX2PiL.

23 Wendy M. Williams and Stephen J. Ceci, "National Hiring Experiments Reveal 2:1 Faculty Preference for Women on STEM Tenure Track," *Proceedings of the National Academy of Sciences of the United States of America* 112, no. 17 (2015): 5360–65.

24 Gad Saad, "The Consuming Instinct," Talks at Google, 2017년 7월 21일, 유튜브 동영상, https://www.youtube.com/watch?v=_qHYmx7qPes&t=3s.

25 Gad Saad, "My Chat with Ex-Google Employee James Damore," *THE SAAD TRUTH* 540, 2017년 11월 6일, 유튜브 동영상, https://youtu.be/aTfk4DkijVs.

26 Daisuke Wakabayashi, "Google Fires Engineer Who Wrote Memo Questioning Women in Tech," *New York Times*, 2017월 8월 7일, https://nyti.ms/2ukvZD8.

27 "Cern Scientist Alessandro Strumia Suspended after Comments," BBC, 2018년 10월 1일, https://bbc.in/2AbeVj7.

28 "Statement on a Recent Talk at CERN," High Energy Physics Community Statement, https://www.particlesforjustice.org.

29 "Gender Controversy Comes to Physics: A Response to the Statement against Alessandro Strumia," Areo Magazine, 2018년 10월 31일, https://bit.ly/2yKI4lo.

30 Roland Bainton, *Here I Stand: A Life of Martin Luther* (New York: Abingdon Press, 1950).

31 Martin Rosenbaum, "Pseudonyms to Protect Authors of Controversial Articles," BBC, 2018년 11월 12일, https://www.bbc.com/news/education-46146766.

32 Martin Rosenbaum, "Pseudonyms to Protect Authors of Controversial Articles," BBC, 2018년 11월 12일, https://www.bbc.com/news/education-46146766.

33 Robin McKie, "Tim Hunt: 'I've Been Hung Out to Dry. They Haven't Even Bothered to Ask for My Side of Affairs,'" *The Guardian*, 2015년 6월 13일, https://bit.ly/2rQAZvY.

34 Robin McKie, "Sir Tim Hunt: My Gratitude to Female Scientists for Their Support," *The Guardian*, 2015년 6월 20일, https://bit.ly/3fviSTC.

35 Gordon G. Gallup Jr., Rebecca L. Burch, and Steven M. Platek, "Does Semen Have Anti-depressant Properties?" *Archives of Sexual Behavior* 31, no. 3 (2002): 289–93.

36 Gardiner Harris, "Head of Surgeons Group Resigns over Article Viewed as Offensive to Women," *New York Times*, 2011년 4월 17일, https://nyti.ms/2OXSoeN.

37 Michael Smerconish, "Lazar Greenfield's 'Semengate' Stuns Scientific Community," *HuffPost*, 2011년 4월 25일, https://www.HuffPost.com/entry/semengate-stuns-scientifi_b_853164.

38 Boris Johnson, "Dr. Matt Taylor's Shirt Made Me Cry, Too—with Rage at His Abusers," *The Telegraph*, 2014년 11월 16일, https://bit.ly/2GxBkIm.

39 Taylor Wofford, "An Interview with the Woman behind the #Shirtgate Shirt," *Newsweek*, 2014년 11월 20일, https://bit.ly/2THs3FC.

40 Gad Saad, "Niqab Is 'Freely Chosen' while Bikini Is Oppressive?" *THE SAAD TRUTH* 47, 2015년 6월 22일, 유튜브 동영상, https://youtu.be/2Kjrww0hKSY.

제3장 자유 현대 사회를 이루는 타협 불가한 필수 요소들

1 John Stuart Mill, *On Liberty*, rev. ed. (Boston: Ticknor and Fields, 1863) 35−36.

2 Niall Ferguson, *Civilization: The West and the Rest* (New York: Penguin Books, 2011).

3 미국 상원의원 조시 홀리(Josh Hawley)가 아래와 같은 법안을 발의했다. https://www.hawley.senate.gov/sites/default/files/2019−06/Ending−Support−Internet−Censorship−Act−Bill−Text.pdf.

4 "Disinvitation Report 2014: A Disturbing 15−Year Trend," *Foundation for Individual Rights in Education*, 2014년 5월 28일, https://www.thefire.org/disinvitation−season−report−2014/.

5 "Best and Worst Student Unions Regarding Practices," *Campus Freedom Index*, 2019년, http://campusfreedomindex.ca/summary/#ranking−chart.

6 Salman Rushdie, "Democracy Is No Polite Tea Party," *Los Angeles Times*, 2005년 2월 7일, https://www.latimes.com/archives/la−xpm−2005−feb−07−oe−rushdie7−story.html.

7 Patricia Cohen, "Yale Press Bans Images of Muhammad in New Book," *New York Times*, 2009년 8월 12일, https://www.nytimes.com/2009/08/13/books/13book.html.

8 Gad Saad, "Blasphemy Laws Belong in the Dark Ages," *Psychology Today*, 2011년 12월 14일, https://www.psychologytoday.com/ca/blog/homo−consumericus/201112/blasphemy−laws−belong−in−the−dark−ages.

9 Gad Saad, "Masturbating with a Crucifix in a Film⋯ No Riots?" *Psychology Today*, 2012년 9월 20일, https://www.psychologytoday.com/ca/blog/homo−consumericus/201209/masturbating−crucifix−in−film−no−riots.

10 Stephen J. Ceci and Wendy M. Williams, "Who Decides What Is Acceptable Speech on Campus? Why Restricting Free Speech Is Not the Answer," *Perspectives on Psychological Science* 13, no. 3 (2018): 299−323.

11 Wyndham Lewis, *Rude Assignment* (London: Hutchinson, 1950), 48

12 Peter Sloterdijk, *Critique of Cynical Reason* (Minneapolis, Minnesota: The University of Minnesota Press, 1987), 288.

13 Thomas Jefferson, "Thomas Jefferson to Francis Adrian Van der Kemp," *Founders Online, National Archives*, 1816년 7월 30일, https://founders.archives.gov/documents/Jefferson/03−10−02−0167.

14 Sarah Crown, "Poem of the Week,"2007년 7월 2일, *The Guardian*, https://www.theguardian.com/books/booksblog/2007/jul/02/poemoftheweek6

15 Richard Dawkins (@RichardDawkins), "Listening to the lovely bells of Winchester, one of our great mediaeval cathedrals. So much nicer than the aggressive−sounding 'Allahu Akhbar.' Or is that just my cultural upbringing?" 트위터, 2018년 7월 16일 3:00 p.m., https://twitter.com/RichardDawkins/status/1018933359978909696?s=20.

16 Gad Saad (@GadSaad), "Dear Richard: Arabic is my mother tongue. When properly

translated, 'Allahu Akbar' means 'we love all people but hold a special fondness for Jews, women, and gays.' Don't worry. It's a message of love, tolerance, and liberalism," 트위터, 2018년 7월 16일, 3:09 p.m., https://twitter.com/GadSaad/status/1018935568162582528?s=20.

17 Gad Saad, "My Tweet to Richard Dawkins Heard around the World" *THE SAAD TRUTH* 703, 2018년 7월 17일, 유튜브 동영상, https://www.youtube.com/watch?v=Vx-KvcVFnRhk.

18 Gad Saad (@GadSaad), "No way Donald. @AOC is a woman of color in Trump's MAGA country. She faces much greater daily threats than those Holocaust survivors ever did," 트위터, 2019년 6월 22일, 1:05 p.m., https://twitter.com/GadSaad/status/1142478696940527621?s=20.

19 The 20 Worst Quotes of 2018: http://archive.vn/k1sSo. 7번을 보라. 나는 PJ 미디어의 이 영광스러운 풍자 오독을 사드 트루쓰 815회에서 다뤘다. "My SARCASTIC Quote Listed in the Top 20 Worst Quotes of 2018!" 2018년 12월 31일, 유튜브 동영상, https://www.youtube.com/watch?v=SLGdPoZGpw4.

20 Gad Saad (@GadSaad), "To all Noble Undocumented 'immigrants': We apologize for our bigotry and racism. It is Nazism to not allow you to vote in our elections. After all, national borders is Nazism. Nationhood is Nazism. In a just world, everyone should get to vote in any district. #WeApologize," 트위터, 2018년 11월 6일, 1:21 p.m., https://twitter.com/GadSaad/status/1059873450104369152?s=20.

21 Cristina Lopez, "The Joe Rogan Experience Disproportionately Hosts Men,"2019년 4월 15일, MediaMatters, https://www.mediamatters.org/legacy/joe-rogan-experience-disproportionately-hosts-men.

22 Elizabeth Gibney, "What the Nobels Are—and Aren't—Doing to Encourage Diversity," *Nature*, 2018년 9월 28일, https://www.nature.com/articles/d41586-018-06879-z#correction-0.

23 http://www.scientistsmarchonwashington.com. 이 페이지는 현재 비활성화됐다.

24 Graeme Hamilton, "Quebec Deputy Minister Gets Pushback after Questioning Place of Indigenous 'Traditional Knowledge,'" *National Post*, 2018년 3월 27일, https://nationalpost.com/news/canada/quebec-deputy-minister-gets-pushback-after-questioning-place-of-indigenous-traditional-knowledge.

25 Gad Saad, "Death of the West by a Thousand Cuts," *THE SAAD TRUTH* 511, 2017년 9월 25일, 유튜브 동영상, https://www.youtube.com/watch?v=Y0a_gtYojus.

26 Tristin Hopper, "Law Professor Argues in UBC Human Rights Complaint That Indigenous Scholars Shouldn't Have to Publish Peer-Reviewed Research," *National Post*, 2016년 1월 24일, https://nationalpost.com/news/canada/b-c-aboriginal-scholar-wins-bid-for-rights-hearing-after-shes-denied-tenure-in-part-over-lack-of-research.

27 Ludwig von Mises, *Human Action: A Treatise on Economics* (Auburn, Alabama: Ludwig

von Mises Institute, 1998), 76.

28 Jörg Guido Hülsmann, *Mises: The Last Knight of Liberalism* (Auburn, Alabama: Ludwig von Mises Institute, 2007), 668.

29 Gad Saad, "My Chat with Economist Mark Perry," *THE SAAD TRUTH* 1007, 2020년 1월 28일, 유튜브 동영상, https://www.youtube.com/watch?v=QaRsexsT3Qk ; Mark Perry, "More on My Efforts to Advance Diversity, Equity, and Inclusion and End Gender Discrimination in Michigan," AEIdeas, *American Enterprise Institute*, 2018년 5월 17일, http://www.aei.org/publication/more-on-my-efforts-to-advance-diversity-equity-and-inclusion/.

30 Frederick L. Oswald et al., "Predicting Ethnic and Racial Discrimination: A Meta-Analysis of IAT Criterion Studies," *Journal of Personality and Social Psychology* 105, no. 2 (2013): 171–92.

31 Mike Noon, "Pointless Diversity Training: Unconscious Bias, New Racism and Agency," Work, *Employment and Society* 32, no. 1 (2018): 198–209.

32 Tom Bartlett, "Can We Really Measure Implicit Bias? Maybe Not," *Chronicle of Higher Education*, 2017년 1월 5일, https://www.chronicle.com/article/Can-We-Really-Measure-Implicit/238807.

33 "Equity, Diversity and Inclusion (EDI) Statement FAQs," Office of Equity, Diversity and Inclusion, *UCLA*, 2019년 9월 5일, https://ucla.app.box.com/v/edi-statement-faqs.

34 Francis S. Collins, "Time to End the Manel Tradition," *National Institutes of Health*, 2019년 6월 12일, https://www.nih.gov/about-nih/who-we-are/nih-director/statements/time-end-manel-tradition.

35 Simon Baron-Cohen (@sbaroncohen), "Scientists and other academics should follow this excellent example & refuse to speak on all male panels in conferences/scholarly meetings. This includes as keynote speakers or in round table discussions. A change in gender diversity has to happen quickly," 트위터, 2019년 6월 14일6:39 p.m., https://twitter.com/sbaroncohen/status/1139663554850807809?s=20.

36 Christopher F. Cardiff and Daniel B. Klein, "Faculty Partisan Affiliations in All Disciplines: A Voter-Registration Study," *Critical Review* 17, no. 3–4 (2005): 237–55.

37 Mitchell Langbert, Anthony J. Quain, and Daniel B. Klein, "Faculty Voter Registration in Economics, History, Journalism, Law, and Psychology," *Econ Journal Watch* 13, no. 3 (2016): 422–51.

38 Adam Bonica et al., "The Legal Academy's Ideological Uniformity," *Journal of Legal Studies* 47, no. 1 (2018): 1–43.

39 Mitchell Langbert, "Homogeneous: The Political Affiliations of Elite Liberal Arts College Faculty," *Academic Questions* 31, no. 2 (2018): 186–97.

40 Thomas Sowell, "Random Thoughts," *Jewish World Review*, 1998년 7월 31일, http://www.jewishworldreview.com/cols/sowell073198.html.

41 Samuel Abrams, "Think Professors Are Liberal? Try Administrators," *New York Times*, 2018년 10월 16일, https://www.nytimes.com/2018/10/16/opinion/liberal-college-administrators.html.

42 Jerry O'Mahoney, "Students, Faculty, Administration Respond Following National Publication of SLC Professor's Op-Ed," *Sarah Lawrence Phoenix*, 2018년 10월 18일, http://www.sarahlawrencephoenix.com/campus/2018/10/18/students-faculty-administration-respond-following-national-publication-of-slc-professors-op-ed.

43 Yoel Inbar and Joris Lammers, "Political Diversity in Social and Personality Psychology," *Perspectives on Psychological Science* 7, no. 5 (2012): 496–503.

44 Jeremy A. Frimer, Linda J. Skitka, and Matt Motyl, "Liberals and Conservatives Are Similarly Motivated to Avoid Exposure to One Another's Opinions," *Journal of Experimental Social Psychology* 72 (2017년 9월): 1–12,45. Andy Kiersz and Hunter Walker

45 Andy Kiersz and Hunter Walker, "These Charts Show the Political Bias of Workers in Each Profession," *Business Insider*, 2014년 11월 3일, https://www.businessinsider.com/charts-show-the-political-bias-of-each-profession-2014-11.

46 "Democratic vs. Republican Occupations," Verdant Labs, 2016, http://verdantlabs.com/politics_of_professions/index.html ; Ana Swanson, "Chart: The Most Liberal and Conservative Jobs in America," *Washington Post*, 2015년 6월 3일, https://www.washingtonpost.com/news/wonk/wp/2015/06/03/why-your-flight-attendant-is-probably-a-democrat/?noredirect=on&utm_term=.ad03ace18140.

47 Rani Molla, "Tech Employees Are Much More Liberal Than Their Employers—at Least as Far as the Candidates They Support," *Vox*, 2018년 10월 21일, https://www.vox.com/2018/10/31/18039528/tech-employees-politics-liberal-employers-candidates.

48 Lars Willnat and David Weaver, "The American Journalist in the Digital Age: Key Findings," School of Journalism, *Indiana University*, 2014, http://archive.news.indiana.edu/releases/iu/2014/05/2013-american-journalist-key-findings.pdf.

49 Eitan D. Hersh and Matthew N. Goldenberg, "Democratic and Republican Physicians Provide Different Care on Politicized Health Issues," *Proceedings of the National Academy of Sciences of the United States of America* 113, no. 42 (2016): 11811–16.

50 Margot Sanger-Katz, "Your Surgeon Is Probably a Republican, Your Psychiatrist a Democrat," *New York Times*, 2016년 10월 7일, https://www.nytimes.com/2016/10/07/upshot/your-surgeon-is-probably-a-republican-your-psychiatrist-probably-a-democrat.html.

51 Ronald Reagan, "Encroaching Control," 1961년 3월 30일, 유튜브 동영상, 42:41, https://www.youtube.com/watch?v=8gf9Y7UgGi0. Robert Mann, *Becoming Ronald Reagan: The Rise of a Conservative Icon* (Lincoln, Nebraska: Potomac Books, 2019), 119도 함께 참조할 것.

제4장 반과학, 반이성, 반자유적 운동

1   Steven Pinker, *The Blank Slate: The Modern Denial of Human Nature* (New York: Viking, 2002).

2   John B. Watson, *Behaviorism* (London: Kegan Paul, Trench, Trubner, 1924), 82.

3   같은 책.

4   같은 책 75.

5   본래 이 일화는다음 기사에서 이야기했었다: Gad Saad, "Applying Evolutionary Psychology in Understanding the Representation of Women in Advertisements," *Psychology & Marketing* 21, no. 8 (2004): 593–612.

6   Gad Saad, "My Chat with Psychologist Jordan Peterson," *THE SAAD TRUTH* 265, 2016년 10월 11일, 유튜브 동영상, https://youtu.be/Bpim_n0r0z0.

7   Gad Saad, "Full Testimony at the Canadian Senate," *THE SAAD TRUTH* 421, 2017년 5월 11일, 유튜브 동영상, https://youtu.be/4WqryoEJqZg.

8   Bradford Richardson, "California First-Grader Sent to Principal's Office for Misgendering Classmate," *Washington Times*, 2017년 8월 23일, https://www.washingtontimes.com/news/2017/aug/23/california-parents-feel-betrayed-transgender-revea/.

9   Olivia Petter, "JK Rowling Criticized over 'Transphobic' Tweet about Menstruation," 2020년 6월 7일, https://www.independent.co.uk/life-style/jk-rowling-tweet-women-menstruate-people-transphobia-twitter-a9552866.html ; Julie Mazziotta, "Transgender Activist Freebleeds to Show Men Can Menstruate Too: It's 'Harmful to Equate Periods with Womanhood,'" *People*, 2017년 7월 25일, https://people.com/bodies/transgender-activist-free-bleed-men-can-menstruate/ ; Helena Horton, "Boys Can Have Periods Too, Children to Be Taught in Latest Victory for Transgender Campaigners," *The Telegraph*, 2018년 12월 16일, https://www.telegraph.co.uk/news/2018/12/16/boys-can-have-periods-schoolchildren-taught-latest-victory-transgender/.

10   Julian Castro (@JulianCastro), "Thank you, Charlotte! Last night I misspoke-it's trans men, trans masculine, and non-binary folks who need full access to abortion and repro healthcare. And I'm grateful to ALL trans and non-binary folks for their labor in guiding me on this issue," 트위터, 2019년 6월 27일, 4:29 p.m., https://twitter.com/JulianCastro/status/1144341924821852160?s=20.

11   Gad Saad (@GadSaad), "Dear @JulianCastro, I'm a trans woman looking to conduct a cervical exam. Do you know of a good gynaecologist that you might be willing to recommend?" 트위터, 2019년 7월 27일 12:02 a.m., https://twitter.com/GadSaad/status/1144093679969275905?s=20.

12   Megan Fox, "Clown World: Canadian Cancer Society Claims Men without Cervixes Can Get Cervical Cancer," *PJ Media*, 2019년 9월 11일, https://pjmedia.com/trending/clown-world-canadian-cancer-society-claims-men-without-cervixes-can-get-cervi-

cal-cancer/.

13　Douglas Ernst, "Elizabeth Warren Vows: Transgender Child Must Approve of Secretary Of Education Nominee," *Washington Times*, 2020년 1월 30일, https://www.washingtontimes. com/news/2020/jan/30/elizabeth-warren-vows-transgender-child-must-appro/.

14　Leonid Rozenblit and Frank Keil, "The Misunderstood Limits of Folk Science: An Illusion of Explanatory Depth," *Cognitive Science* 26, no. 5 (2002): 521-62.

15　David P. McCabe and Alan D. Castel, "Seeing Is Believing: The Effect of Brain Images on Judgments of Scientific Reasoning," *Cognition* 107, no. 1 (2008): 343-52; J. D. Trout, "Seduction without Cause: Uncovering Explanatory Neurophilia," *Trends in Cognitive Sciences* 12, no. 8 (2008): 281-82; Deena Skolnick Weisberg et al., "The Seductive Allure of Neuroscience Explanations," *Journal of Cognitive Neuroscience* 20, no. 3 (2008): 470-77; Deena Skolnick Weisberg, Jordan C. V. Taylor, and Emily J. Hopkins, "Deconstructing the Seductive Allure of Neuroscience Explanations," *Judgment and Decision Making* 10, no. 5 (2015): 429-41; Justin Garcia and Gad Saad, "Evolutionary Neuromarketing: Darwinizing the Neuroimaging Paradigm for Consumer Behavior," *Journal of Consumer Behaviour* 7, no. 4-5 (2008): 397-414; Gad Saad and Gil Greengross, "Using Evolutionary Psychology to Enhance the Brain Imaging Paradigm," *Frontiers in Human Neuroscience* 8 (2014): 452, https://www. ncbi.nlm.nih.gov/pmc/articles/PMC4064664/.

16　Gordon Pennycook et al., "On the Reception and Detection of Pseudo-Profound Bullshit," *Judgment and Decision Making* 10, no. 6 (2015): 549-63.

17　Mike Springer, "John Searle on Foucault and the Obscurantism in French Philosophy," *Philosophy*, 2013년 7월 1일, https://www.openculture.com/2013/07/jean_searle_on_foucault_ and_the_obscurantism_in_french_philosophy.html.

18　Anthony Barnes, "Blank Canvas: London Gallery Unveils 'Invisible' Art Exhibition," *The Independent*, 2012년 5월 19일, https://www.independent.co.uk/arts-entertainment/art/ news/blank-canvas-london-gallery-unveils-invisible-art-exhibition-7767057.html.

19　Alan D. Sokal, "Transgressing the Boundaries: Toward a Transformative Hermeneutics of Quantum Gravity," *Social Text* 46/47 (Spring/Summer 1996): 217-52. 다음 문헌도 참조 하라: Alan Sokal and Jean Bricmont, *Fashionable Nonsense: Postmodern Intellectuals' Abuse of Science* (New York: Picador, 1998).

20　Gad Saad, "Death of Common Sense Will Spell the End of Free Societies," *Psychology Today*, 2010년 5월 5일, http://www.psychologytoday.com/blog/homo-consumericus/201005/ death-common-sense-will-spell-the-end-free-societies.

21　Gad Saad, "How the Social Construction of the Penis Affects Climate Change," *THE SAAD TRUTH* 433, 2017년 5월 20일, 유튜브 동영상, https://www.youtube.com/ watch?v=lMv8-uPqZ5M.

22　문제의 논문과 관련된 철회 성명: Jamie Lindsay and Peter Boyle, "The Conceptual Penis as a Social Construct," *Cogent Social Sciences*, 2017년 5월 19일, https://www.cogentoa.com/article/10.1080/23311886.2017.1330439 ; Scott Jaschik, "How the Hoax Got Published," *Inside Higher Ed*, 2017년 5월 25일, https://www.insidehighered.com/news/2017/05/25/publisher-explains-how-article-about-viewing-male-organ-conceptual-got-published.

23 Gad Saad, "The Grievance Studies Exposé" *THE SAAD TRUTH* 739, 2018년 10월 4일, 유튜브 동영상, https://youtu.be/bZ6VyiwpHZg ; Gad Saad, "The Grievance Studies Papers Are Fantastic!—Part I," *THE SAAD TRUTH* 742, 2018년 10월 7일, 유튜브 동영상https://youtu.be/iUxBJtx_3Y8 ; Gad Saad, "The Grievance Studies Papers Are Fantastic!—Part II," *THE SAAD TRUTH* 743, 2018년 10월 8일, 유튜브 동영상, https://youtu.be/435ZCqF-px7M.

24 Katherine Mangan, "Proceedings Start against 'Sokal Squared' Hoax Professor," *Chronicle of Higher Education*, 2019년 1월 7일, https://www.chronicle.com/article/Proceedings-Start-Against/245431.

25 Alex Ballinger, "Rachel McKinnon Becomes First Transgender Woman to Win Track World Title," *Cycling Weekly*, 2018년 10월 17일, https://www.cyclingweekly.com/news/latest-news/rachel-mckinnon-becomes-first-transgender-woman-win-track-world-title-397473.

26 Gad Saad (@GadSaad), "Dear Dr. @rachelvmckinnon: I appreciate your desire to fight for fairness when it comes to transgender rights. Do you think though that the biological women who lost against you have a right to feel aggrieved when a biological male beats them in a women's competition?" 트위터, 2018년 10월 14일6:11 p.m., https://twitter.com/GadSaad/status/1051596279720087553 ; Gad Saad (@GadSaad), "Or do you think that the behavioral, anatomical, physiological, morphological, and hormonal advantages that men possess over women in such competitions are mere social constructions imposed by the transphobic patriarchy? I'd be happy to chat with you on my show *THE SAAD TRUTH*," 트위터, 2018년 10월 14일6:11 p.m., https://twitter.com/GadSaad/status/1051596281456529409?s=20.

27 Gad Saad, "Entering World Judo Championship as a TransGravity and TransAgeist Competitor," *THE SAAD TRUTH* 755, 2018년 10월 18일, 유튜브 동영상, https://www.youtube.com/watch?v=DoTeh8EWEP8.

28 "Dutch Man, 69, Who 'Identifies as 20 Years Younger' Launches Legal Battle to Change Age," *The Telegraph*, 2018년 11월 7일, https://www.telegraph.co.uk/news/2018/11/07/dutch-man-69-identifies-20-years-younger-launches-legal-battle/.

29 Gad Saad (@GadSaad), "What gives the right of my physician to use antiquated notions of weight to determine that I need to lose weight. Real scientists now know that a given weight scale reading is not fixed but rather fluid. Plus what about those who wish to be weightless? Don't they have rights?" 트위터, 2017년 12월 5일2:05 p.m., https://twitter.com/GadSaad/status/938122074283003904?s=20.

30 Claire Toureille, "Trans Woman Files Human Rights Complaint against Canadian Spa That Refused to Wax Her," *PinkNews*, 2018년 5월 21일, https://www.pinknews.co.uk/2018/05/21/trans-woman-human-rights-complaint-canada-spa/.

31 Douglas Quan, "'Not for Men Sorry': Transgender Woman Denied a Brazilian Wax by Spa Files Human Rights Complaint," Canadian *National Post*, 2018년 8월 22일, https://nationalpost.com/news/canada/not-for-men-sorry-transgender-woman-files-human-rights-complaint-after-being-denied-brazilian-wax.

32 Tristan Hopper, "Canada's Oldest Rape Crisis Centre Stripped of City Funding for Refusing to Accept Trans Women," Canadian *National Post*, 2019년 3월 19일, https://nationalpost.com/news/canada/canadas-oldest- rape-crisis-centre-stripped-of-city-funding-for-refusing-to-accept-trans-women.

33 Gad Saad (@GadSaad) "Dear @CydZeigler: I'm currently watching you on @foxnews. Do you not think that transwomen (biological males) exhibit physiological, anatomical, morphological, and hormonal differences as compared to biological females? As an evolutionary behavioral scientist who," 트위터, 2019년 2월 18일 10:58 p.m., https://twitter.com/GadSaad/status/1097706973297025024?s=20 ; Gad Saad (@GadSaad), "has researched evolutionary-based sex differences, I was under the impression that sex differences exist. Perhaps you'd like to come on my show and educate me?" 트위터, 2019년 2월 18일10:58 p.m., https://twitter.com/GadSaad/status/1097706974186217473?s=20.

34 PinkNews (@PinkNews), "Trans women are women. So trans women's bodies are women's bodies. So trans women's penises are women's penises," 트위터, 2019년 2월 19일6:45 p.m., https://twitter.com/PinkNews/status/1098005566268547072?s=20. 우연찮게 이보다 두어 달 전 나는 트랜스여성(생물학적 남성)에게 구강성교를 해준다면 이것을 커닐링거스(cunnilingus)라 불러야 한다고 풍자한 적이 있다. Gad Saad, "TransCunnilingus—My Prophetic Satire Strikes Again," *THE SAAD TRUTH* 796, 2018년 11월 28일, 유튜브 동영상, https://www.youtube.com/watch?v=OXmMvetnTTU.

35 Pat Eaton-Robb, "Transgender Sprinters Finish 1st, 2nd at Connecticut Girls Indoor Track Championships," *Washington Times*, 2019년 2월 24일, https://www.washingtontimes.com/news/2019/feb/24/terry-miller-andraya-yearwood-transgender-sprinter/.

36 Lisa Littman, "Rapid-Onset Gender Dysphoria in Adolescents and Young Adults: A Study of Parental Reports," *PLOS ONE 13*, no. 8 (2018년 8월 16일), https://journals.plos.org/plosone/article?id=10.1371/journal.pone.0202330.

37 Colleen Flaherty, "Journal Looking into Study on 'Rapid-Onset Gender Dysphoria,'" *Inside Higher Ed*, 2018년 8월 31일, https://www.insidehighered.com/quicktakes/2018/08/31/journal-looking-study-rapid-onset-gender-dysphoria.

38 Chelsea Ritschel, "Charlize Theron Says She Is Raising Her Child as a Girl: 'It's Not for Me to Decide," The Independent, 2019년 4월 19일, https://www.independent.co.uk/lifestyle/charlize-theron-children-transgender-jackson-age-girl-boy-a8878686.html.

39 문제의 트윗 세 편: Gad Saad (@GadSaad), "So brave, so stunning, so progressive. Well done @CharlizeAfrica. I raised my children as non-arboreal multicellular carbon-based agents. I did not impose a species on them. It's for them to decide whether they wish to be part of Homo sapiens or not," 트위터, 2019년 4월 20일 4:53 p.m., https://twitter.com/GadSaad/status/1119705660365651969?s=20 ; Gad Saad (@GadSaad), "I'm following the lead of the parental heroism of @CharlizeAfrica. I've advised my non-arboreal multicellular carbon-based agents (children) that they do not need to call my wife and I 'mom' and 'dad' respectively. We are gender-neutral non-binary caregivers 1 and 2," 트위터, 4월 20일4:59 p.m., https://twitter.com/GadSaad/status/1119707205530472449?s=20 ; and Gad Saad (@GadSaad), "I don't want my children to be restricted to viewing themselves as carbon-based. This is why I am now immersing them in the fluidity of the Periodic Table. I've asked them to look at all elements and decide which ones they self-identify with (in terms of their building blocks)," 트위터, 2019년 4월 20일5:15 p.m., https://twitter.com/GadSaad/status/1119711318435667969?s=20.

40 Sara B. Johnson, Robert W. Blum, and Jay N. Giedd, "Adolescent Maturity and the Brain: The Promise and Pitfalls of Neuroscience Research in Adolescent Health Policy," *Journal of Adolescent Health* 45, no. 3 (2009): 216–21.

41 Madeline Fry, "Lowering the Voting Age to 16 Is a Crazy Idea," *Washington Examiner*, 2020년 5월 18일, https://www.washingtonexaminer.com/opinion/lowering-the-voting-age-to-16-like-nancy-pelosi-wants-is-a-crazy-idea.

42 Chuck Weber, "Teacher's Refusal to Supervise Transgender Student in Locker Room Sparks Debate," *ABC6 News*, 2018년 12월 15일, https://abc6onyourside.com/news/nation-world/teachers-refusal-to-supervise-transgender-student-in-locker-room-sparks-debate ; Joy Pullman, "School Punishes Male Teacher for Refusing to Watch a Naked Girl in the Boys' Locker Room," *The Federalist*, 2018년 11월 14일, https://thefederalist.com/2018/11/14/florida-school-district-gags-p-e-teachers-telling-parents-girl-watching-naked-sons/.

43 다음 논문의 내용에서 가져온 것이다: Peter Glick and Susan T. Fiske, "The Ambivalent Sexism Inventory: Differentiating Hostile and Benevolent Sexism," *Journal of Personality and Social Psychology* 70, no. 3 (1996): 491–512. 점수는 512쪽에 실렸다.

44 Gad Saad, "The Acronym for Benevolent Sexism Is BS: The Linguistic Irony Is Delicious," *Psychology Today*, 2009년 1월 7일, https://www.psychologytoday.com/ca/blog/homo-consumericus/200901/the-acronym-benevolent-sexism-is-bs-the-linguistic-irony-is-delicious ; Gad Saad, "Exploring the Items Used to Measure Benevolent Sexism," *Psychology Today*, 2008년 1월 8일, https://www.psychologytoday.com/ca/blog/homo-consumericus/200901/exploring-the-items-used-measure-benevolent-sexism.

45 "Why Women Receive Less CPR from Bystanders," *American Heart Association*, 2018년 11월 5일, https://www.sciencedaily.com/releases/2018/11/181105105453.htm ; Emma Teitel, "When It Comes to Life-Saving CPR, Men Are Too Worried about Touching Women:

Teitel," *Toronto Star*, 2017년 11월 14일, https://www.thestar.com/news/canada/2017/11/14/women-will-consent-to-life-saving-first-aid-teitel.html.

46 Gad Saad, "Is Toxic Masculinity a Valid Concept?" *Psychology Today*, 2018년 3월 8일, https://www.psychologytoday.com/ca/blog/homo-consumericus/201803/is-toxic-masculinity-valid-concept.

47 Christina Hoff Sommers, *The War Against Boys: How Misguided Feminism Is Harming Our Young Men* (New York: Simon & Schuster, 2001).

48 Anthony Gockowski, "Schools Offer 'Safe Spaces' to Combat 'Toxic Masculinity,'" *Campus Reform*, 2017년 1월 16일, https://www.campusreform.org/?ID=8645.

49 "Can Fashion End Toxic Masculinity?" Events, *Cornell University*, 2019년 5월 1일, http://events.cornell.edu/event/can_fashion_end_toxic_masculinity ; "Men's Cuddling Group Aims to Redefine Masculinity and Heal Trauma," News and Events, *Lehigh University*, 2019년 3월 26일, https://ed.lehigh.edu/news-events/news/men's-cuddling-group-aims-redefine-masculinity-and-heal-trauma.

50 Kathleen Elliott, "Challenging Toxic Masculinity in Schools and Society," *On the Horizon* 26, no. 1 (2018): 17–22.

51 Breanne Fahs and Michael Karger, "Women's Studies as Virus: Institutional Feminism and the Projection of Danger," *Multidisciplinary Journal of Gender Studies* 5, no. 1 (2016): 929–57.

52 Anastasia Salter and Bridget Blodgett, *Toxic Geek Masculinity in Media: Sexism, Trolling, and Identity Policing* (New York: Palgrave Macmillan, 2017).

53 Mari Kate Mycek, "Meatless Meals and Masculinity: How Veg* Men Explain Their Plant-Based Diets," *Food and Foodways* 26, no. 3 (2018): 223–45; Anne DeLessio-Parson, "Doing Vegetarianism to Destabilize the Meat-Masculinity Nexus in La Plata, Argentina," *Gender, Place & Culture: A Journal of Feminist Geography* 24, no. 12 (2017): 1729–48.

54 Lisa Wade, "The Big Picture: Confronting Manhood after Trump," *Public Books*, 2017년 10월 26일, http://www.publicbooks.org/big-picture-confronting-manhood-trump/.

55 Suzannah Walters, "Why Can't We Hate Men?" *Washington Post*, 2018년 6월 8일, https://www.washingtonpost.com/opinions/why-cant-we-hate-men/2018/06/08/f1a3a8e0-6451-11e8-a69c-b944de66d9e7_story.html?noredirect=on&utm_term=.af070edc055d.

56 Hillary Clinton, "First Ladies' Conference on Domestic Violence, San Salvador, El Salvador," *Web Archive*, 1998년 11월 17일, https://web.archive.org/web/20010726225357/http://clinton3.nara.gov/WH/EOP/First_Lady/html/generalspeeches/1998/19981117.html.

57 Jos Boys, "Is There a Feminist Analysis of Architecture?" *Built Environment* 10, no. 1 (1984): 25–34; Emily Martin, "The Egg and the Sperm: How Science Has Constructed a Romance Based on Stereotypical Male–Female Roles," *Signs* 16, no. 3 (1991): 485–501;

Whitney Stark, "Assembled Bodies: Reconfiguring Quantum Identities," *Minnesota Review* 88 (2017): 69–82; Ágnes Kovács, "Gender in the Substance of Chemistry, Part 1: The Ideal Gas," *HYLE—International Journal for Philosophy of Chemistry* 18, no. 2 (2012): 95–120; Ágnes Kovács, "Gender in the Substance of Chemistry, Part 2: An Agenda for Theory," *HYLE—International Journal for Philosophy of Chemistry* 18, no. 2 (2012): 121–43; Geraldine Pratt, "Feminist Geography," *Urban Geography* 13, no. 4 (1992): 385–91; Leone Burton, "Moving Towards a Feminist Epistemology of Mathematics," *Educational Studies in Mathematics* 28, no. 3 (1995): 275–91; Mark Carey et al., "Glaciers, Gender, and Science: A Feminist Glaciology Framework for Global Environmental Change Research," *Progress in Human Geography* 40, no. 6 (2016): 770–93.

58 Charlotte Perkins Gilman, *Women and Economics* (New York: Cosimo Classics, 2007), 74.

59 Gina Rippon, The Gendered Brain: The New Neuroscience That Shatters the Myth of the Female Brain (London: The Bodley Head, 2019). 이 견해에 대한 학계 지지자 두 명은 최근 뉴욕타임즈에 자신들의 견해를 밝혔다: Daphna Joel and Cordelia Fine, "Can We Finally Stop Talking about 'Male' and 'Female' Brains?" *New York Times*, 2018년 12월 3일, https://www.nytimes.com/2018/12/03/opinion/male-female-brains-mosaic.html.

60 Gad Saad, "I'm Getting a Giraffe as a House Pet!" *THE SAAD TRUTH* 862, 2019년 3월 4일, 유튜브 동영상, https://www.youtube.com/watch?v=W13POJw2KyA.

61 Amber N. V. Ruigrok et al., "A Meta-Analysis of Sex Differences in Human Brain Structure," *Neuroscience and Biobehavioral Reviews* 39 (2014년 2월): 34–50; Stuart J. Ritchie et al., "Sex Differences in the Adult Human Brain: Evidence from 5216 UK Biobank Participants," Cerebral Cortex 28, no. 8 (2018): 2959–75.

62 Lise Eliot, "Neurosexism: The Myth That Men and Women Have Different Brains," *Nature*, 2019년 2월 27일, https://www.nature.com/articles/d41586-019-00677-x.

63 Gad Saad, "Women's Studies and Diversity: Where Are the Men?" *THE SAAD TRUTH* 319, 2016년 12월 23일, 유튜브 동영상, https://youtu.be/qLx_be6ZoF8.

64 John Phelan, "Harvard Study: 'Gender Wage Gap' Explained Entirely by Work Choices of Men and Women," *Foundation for Economic Education*, 2018년 12월 10일, , https://fee.org/articles/harvard-study-gender-pay-gap-explained-entirely-by-work-choices-of-men-and-women/.

65 Kirsten Gillibrand (@SenGillibrand), "Here's an idea: If you win 13–0—the most goals for a single game in World Cup history—you should be paid at least equally to the men's team. Congratulations, #USWNT!"트위터, 2019년 6월 11일 4:59 p.m., https://twitter.com/SenGillibrand/status/1138551389783810049?s=20.

66 Tara Golshan, "How the U.S. Women's Soccer Team 13–0 World Cup Win against Thailand Became about Pay Equity," *Vox*, 2019년 6월 11일, https://www.vox.com/cul-

ture/2019/6/11/18661914/women-soccer-team-world-cup-win-thailand-pay-gap.

67 United Nations (@UN), "1 male soccer player makes almost double as much as the combined salaries of all players in the top 7 women's soccer leagues. During the #WomensWorld-Cup2019, join @UN_Women in demanding equal pay for #WomenInSport,"트위터, 2019년 6월 23일 6:03 p.m., https://twitter.com/un/status/1142915986993164293?lang=en.

68 Roger Gonzalez, "FC Dallas Under-15 Boys Squad Beat the U.S. Women's National Team in a Scrimmage," *CBS Sports*, 2017년 4월 4일, https://www.cbssports.com/soccer/news/a-dallas-fc-under-15-boys-squad-beat-the-u-s-womens-national-team-in-a-scrimmage/ ; James Benge, "Australian Women's National Team Lose 7-0 to Team of 15-Year-Old Boys," *Evening Standard*, 2016년 5월 2일, https://www.standard.co.uk/sport/football/australian-womens-national-team-lose-70-to-team-of-15yearold-boys-a3257266.html.

69 Stephen Kiehl, "'I Think We're Getting Hijacked,'" *New York Daily News*, 2006년 9월 10일, https://www.nydailynews.com/bs-xpm-2006-09-10-0609100034-story.html.

제5장 캠퍼스의 광기: 사회정의전사들의 부상

1 Edward Schlosser, "I'm a Liberal Professor and My Liberal Students Terrify Me," Vox, 2015년 6월 3일, https://www.vox.com/2015/6/3/8706323/college-professor-afraid.

2 William McKinley, *Speeches and Addresses of William McKinley: From His Election to Congress to the Present Time* (New York: D. Appleton and Company, 1893), 393.

3 다음 책 참조: Bradley Campbell and Jason Manning, *The Rise of Victimhood Culture: Microaggressions, Safe Spaces, and the New Culture Wars* (New York: Palgrave Macmillan, 2018).

4 Bertrand Russell, "The Superior Virtue of the Oppressed," in *Unpopular Essays* (New York: Routledge, 2009).

5 Valerie Richardson, "Attack by White Mob on Gay Asian Journalist Upends Left's Identity-Politics Script," *Washington Times*, 2019년 7월 2일, https://www.washingtontimes.com/news/2019/jul/2/andy-ngo-antifa-attack-upends-liberals-identity-po/.

6 Steve Stankevicius, "Intellectually Sterile Universities Are Causing Idea Allergies," *The Daily Banter*, 2016년 3월 8일, https://thedailybanter.com/2016/03/intellectually-sterile-universities-are-causing-idea-allergies/.

7 Jennifer Billing and Paul W. Sherman, "Antimicrobial Functions of Spices: Why Some Like It Hot," *Quarterly Review of Biology* 73, no. 1 (1998): 3-49; Paul W. Sherman and Geoffrey A. Hash, "Why Vegetable Recipes Are Not Very Spicy," *Evolution and Human Behavior* 22, no. 3 (2001): 147-63.

8 Mark Schaller and Lesley A. Duncan, "The Behavioral Immune System: Its Evolution and Social Psychological Implications," in *Evolution and the Social Mind*, eds. Joseph P. Forgas, Martie Haselton, and William von Hippel (New York: Psychology Press, 2007), 293-307.

9 Pavol Prokop and Jana Fančovičov, "Preferences for Spicy Foods and Disgust of Ectopara-

sites Are Associated with Reported Health in Humans," *Psihologija* 44, no. 4 (2011): 281–93.

[10] Gad Saad, "My Chat with Twitter Co-Founder Jack Dorsey," *THE SAAD TRUTH* 843, 2019년 2월 5일, 유튜브 동영상, https://www.youtube.com/watch?v=U7u2oJ_HX3U.

[11] Bruce J. Lanser et al., "Current Options for the Treatment of Food Allergy," *Pediatric Clinics of North America* 62, no. 6 (2015): 1531–49.

[12] Scott O. Lilienfeld, "Microaggressions: Strong Claims, Inadequate Evidence," *Perspectives on Psychological Science* 12, no. 1 (2017): 138–69.

[13] Gad Saad, "Trigger Warning: I Am about to Critique Trigger Warnings," *HuffPost*, 2015년 2월 5일, https://www.*HuffPost*.com/entry/trigger-warning-i-am-abou_b_6604686.

[14] "What Is Exposure Therapy?" PTSD Guideline, *American Psychological Assocation*, 2017년 7월, https://www.apa.org/ptsd-guideline/patients-and-families/exposure-therapy.

[15] Izzy Gainsburg and Allison Earl, "Trigger Warnings as an Interpersonal Emotion-Regulation Tool: Avoidance, Attention, and Affect Depend on Beliefs," *Journal of Experimental Social Psychology* 79 (2018년 11월): 252–63.

[16] Benjamin W. Bellet, Payton J. Jones, and Richard J. McNally, "Trigger Warning: Empirical Evidence Ahead," *Journal of Behavior Therapy and Experimental Psychiatry* 61 (2018년 12월): 134–41.

[17] Mevagh Sanson, Deryn Strange, and Maryanne Garry "Trigger Warnings Are Trivially Helpful at Reducing Negative Affect, Intrusive Thoughts, and Avoidance," *Clinical Psychological Science* 7, no. 4 (2019): 778–93; 다음 기사도 참조할 것: Payton J. Jones, Benjamin W. Bellet, and Richard J. McNally, "Helping or Harming? The Effect of Trigger Warnings on Individuals with Trauma Histories," 강연요지, 2019년 7월 10일 제출, https://osf.io/axn6z/.

[18] W. A. Oldfather, C. A. Ellis, and Donald M. Brown, "Leonhard Euler's Elastic Curves," *Isis* 20, no. 1 (1933): 76.

[19] Eric L. Charnov, "Optimal Foraging, the Marginal Value Theorem," *Theoretical Population Biology* 9, no. 2 (1976): 129–36.

[20] "Mission, Values, Strategic Vision," About, Palo Alto University, https://www.paloaltou.edu/about/strategic-vision-statement.

[21] Hans H. Toch and Albert H. Hastorf, "Homeostasis in Psychology: A Review and Critique," *Psychiatry* 18, no. 1 (1955): 81–91; John M. Fletcher, "Homeostatis as an Explanatory Principle in Psychology," *Psychological Review* 49, no. 1 (1942): 80–87; Nathan Maccoby and Eleanor E. Maccoby, "Homeostatic Theory in Attitude Change," *Public Opinion Quarterly* 25, no. 4 (1961): 538–45.

[22] Fletcher, "Homeostasis as an Explanatory Principle," 86.

[23] Robert A. Cummins, "The Theory of Subjective Wellbeing Homeostasis: A Contribution to Understanding Life Quality," in *A Life Devoted to Quality of Life*, ed. Filomena Maggino,

Social Indicators Research Series 60, (Switzerland: Springer International Publishing, 2016), 61–78; Alex C. Michalos, "Multiple Discrepancies Theory (MDT)," *Social Indicators Research* 16 (1985): 347–413.

24 Jan-Benedict E. M. Steenkamp and Hans Baumgartner, "The Role of Optimum Stimulation Level in Exploratory Consumer Behavior," *Journal of Consumer Research* 19, no. 3 (1992): 434–48; Roland Helm and Sebastian Landschulze, "Optimal Stimulation Level Theory, Exploratory Consumer Behavior, and Production Adoption: An Analysis of Underlying Structures across Product Categories," *Review of Management Science* 3, no. 1 (2009): 41–73.

25 Philip M. Parker and Nader T. Tavassoli, "Homeostasis and Consumer Behavior across Cultures," *International Journal of Research in Marketing*, 17, no. 1 (2000): 33–53.

26 Gerald J. S. Wilde, "Risk Homeostasis Theory: An Overview," Injury Prevention 4, no. 2 (1998): 89–91.

27 Steven Robbins and Edward Waked, "Hazard of Deceptive Advertising of Athletic Footwear," *British Journal of Sports Medicine* 31, no. 4 (1997): 299–303.

28 David E. Levari et al., "Prevalence-Induced Concept Change in Human Judgment," *Science* 360, no. 6396 (2018): 1465–67, https://doi.org/10.1126/science.aap8731. 이 매우 적절한 논문을 내게 알려준 폭스 뉴스의 그렉 것펠드(Greg Gutfeld)에게 크게 감사한다.

29 피해자학의 항상성이라는 내 이론에 관한 이야기를 나눈 후 해슬럼의 논문을 내게 알려준 우리 대학 심리학과 교수인 앤드류 라이더(Andrew Ryder)에게 감사한다.

30 Nick Haslam, "Concept Creep: Psychology's Expanding Concepts of Harm and Pathology," *Psychological Inquiry* 27, no. 1 (2016): abstract, 1.

31 Joanna Smith, "Conservative Motion to Label ISIS Actions Genocide Fails as Liberals Vote Against," *CBC Canada*, 2016년 6월 14일, https://www.cbc.ca/news/politics/isis-genocide-tory-motion-1.3635632 ; Brian Lilley, "LILLEY: Trudeau Lets Canada Down with Genocide Comment," Toronto Sun, 2019년 6월 7일, https://torontosun.com/opinion/columnists/lilley-trudeau-lets-canada-down-with-genocide-comment ; Jonathan Kay, "The Ultimate 'Concept Creep': How a Canadian Inquiry Strips the Word 'Genocide' of Meaning," Quillette, 2019년 6월 3일, https://quillette.com/2019/06/03/the-ultimate-concept-creep-how-a-canadian-inquiry-strips-the-word-genocide-of-meaning/.

32 "'Lorne Grabher's License Plate Is Not Offensive or Dangerous,' States Expert Report," Justice Centre for Constitutional Freedoms, 2018년 10월 25일, https://www.jccf.ca/lorne-grabhers-license-plate-is-not-offensive-or-dangerous-states-expert-report/.

33 "Lorne Grabher's Licence Plate Dispute Headed Back to Court," *CBC News*, 2020년 3월 9일, cbc.ca/news/canada/nova-scotia/lorne-grabher-appeal-licence-plate-1.5490889.

34 Alice Lloyd, "College Dean Ousted for Saying Title of Book," *Weekly Standard*, 2016년 6월 3일, https://www.weeklystandard.com/alice-b-lloyd/college-dean-ousted-for-saying-title-of-book.

35 Michelle McQuigge, "Carleton University Faces Backlash Removing Scale from Athletic Facility," *Maclean's*, 2017년 3월 14일, https://www.macleans.ca/society/carleton-university-faces-backlash-removing-scale-from-athletic-facility/.

36 Jaime Johnson, "Waitrose to Rename 'Sexist' Sandwich after Protest by Feminist Campaigner," *The Telegraph*, 2018년 10월 17일, https://www.telegraph.co.uk/news/2018/10/17/waitrose-rename-sexist-sandwich-protest-feminist-campaigner/.

37 Anita Sarkeesian, "How to Be a Feminist" panel, All About Women Festival, Sydney, Australia, 2015년 3월 9일, 유튜브 동영상, 32:37, https://www.youtube.com/watch?v=Jzcs-4ti_bdI.

38 Gad Saad, "Long List of Cases of White Supremacy," *THE SAAD TRUTH* 538, 2017년 11월 4일, 유튜브 동영상, , https://www.youtube.com/watch?v=HU5U_qDmgec. 이후 이 목록에 계속 항목을 추가해왔다.

39 Gad Saad, "Munchausen by Proxy: The Dark Side of Parental Investment Theory?" *Medical Hypotheses* 75, no. 6 (2010): 479–81.

40 Gregory Yates and Marc D. Feldman, "Factitious Disorder: A Systematic Review of 455 Cases in the Professional Literature," *General Hospital Psychiatry* 41 (July–August 2016): 20–28; Gregory Yates and Christopher Bass, "The Perpetrators of Medical Child Abuse (Munchausen Syndrome by Proxy)—A Systematic Review of 796 Cases," *Child Abuse & Neglect* 72 (October 2017): 45–53.

41 Gad Saad, "Gad Saad on Hysteria and 'Collective Munchausen' around Donald Trump, Speaking Out as an Academic, and Evolutionary Psychology 101," *Areo Magazine*, 2017년 1월 23일, https://areomagazine.com/2017/01/23/gad-saad-on-hysteria-and-collective-munchausen-around-donald-trump-speaking-out-as-an-academic-and-evolutionary-psychology-101/ ; "'Collective Munchausen': Dr. Gad Saad on What Drives the 'Fake Hysteria Associated with Trump,'" *The Blaze*, 2019년 2월 25일, https://www.theblaze.com/glenn-beck-podcast/dr-gad-saad-collective-munchausen.

42 Wilfred Reilly, Hate Crime Hoax: How the Left Is Selling a Fake Race War, (Washington, D.C.: Regnery Publishing, 2019).

43 Scott Greer, "SJWs Are Putting Politics Back into the Bedroom," *The Daily Caller*, 2017년 12월 8일, https://dailycaller.com/2017/12/08/sjws-are-putting-politics-back-into-the-bedroom/.

44 Gad Saad, "Help Me… My Marriage Is Transphobic!" *THE SAAD TRUTH* 408, 2017년 4월 26일, 유튜브 동영상, https://youtu.be/h_eNsrEk7H4.

45 Dave Quinn, "Lena Dunham Says the Oberlin College Food Court Serving Sushi and Banh Mi Is Cultural Appropriation," *People*, 2016년 7월 15일, https://people.com/food/lena-dunham-oberlin-food-court-cultural-appropriation/.

46 Frances Watthanaya, "This Chef Wants to Reclaim Bone Broth," *VICE*, 2018년 10

월 23일, https://www.vice.com/en_us/article/9k774d/meet-the-woman-decoloniz-ing-bone-broth.

47 Mehera Bonner, "Katy Perry Admits She's Been Appropriating Black and Japanese Cul-ture," *Marie Claire*, 2017년 6월 12일, https://www.marieclaire.com/celebrity/news/a27674/katy-perry-cultural-appropriation/.

48 Samantha Schmidt, "'It's Just a Dress' Teen's Chinese Prom Attire Stirs Cultural Appro-priation Debate," *Washington Post*, 2018년 5월 1일, https://www.washingtonpost.com/news/morning-mix/wp/2018/05/01/its-just-a-dress-teens-chinese-prom-attire-stirs-cultur-al-appropriation-debate/?noredirect=on&utm_term=.526b0f6ce1d9.

49 Julee Wilson, "Katy Perry Apologizes for Cultural Appropriation, Rocking Cornrows," *Es-sence*, 2017년 6월 14일, https://www.essence.com/hair/katy-perry-apologizes-cultural-ap-propriation/.

50 Erin Jensen, "Vogue Apologizes for Kendall Jenner Photo with 'Afro': We 'Did Not Mean to Offend,'" *USA Today*, 2018년 10월 23일, https://www.usatoday.com/story/life/entertain-this/2018/10/23/vogue-kendall-jenner-photo-afro-apology/1738143002/.

51 Hailey Branson-Potts, "San Francisco State Investigating Confrontation over Man's Dreadlocks," *LA Times*, 2016년 3월 29일, https://www.latimes.com/local/lanow/la-me-ln-sf-state-dreadlocks-20160329-story.html.

52 "University of Ottawa Yoga Class Cancelled over 'Oppression' Concerns Resumes—with Indian Teacher," Canadian *National Post*, 2016년 1월 26일, https://nationalpost.com/news/canada/university-of-ottawa-yoga-class-cancelled-over-concerns-about-oppression-re-sumes-with-indian-teacher.

53 Scott Jaschik, "Hoop Earrings and Hate," *Inside Higher Ed*, 2017년 3월 19일, https://www.insidehighered.com/news/2017/03/15/pitzer-students-debate-free-speech-stu-dent-safety-and-cultural-appropriation.

54 Lynne Bunch, "Opinion: Eyebrow Standards Makes Women Feel Ostracized, Ridiculed," L.S.U. *Daily Reveille*, 2017년 1월 25일, http://www.lsureveille.com/daily/opinion-eye-brow-standards-makes-women-feel-ostracized-ridiculed/article_180863ea-e2ad-11e6-afa8-335d23e10243.html.

55 Conor Friedersdorf, "The New Intolerance of Student Activism," *The Atlantic*, 2015년 11월 9일, https://www.theatlantic.com/politics/archive/2015/11/the-new-intolerance-of-stu-dent-activism-at-yale/414810/.

56 Gad Saad, "Get Your Lebanese-Jewish Cultural Appropriation Clearance Here!" *THE SAAD TRUTH* 465, 2017년 6월 15일, 유튜브 동영상, https://www.youtube.com/watch?v=aTIDS0sRBTc.

57 Gad Saad, "I've Received Global Cultural Appropriation Clearances!" *THE SAAD TRUTH* 464, 2017년 6월 14일, 유튜브 동영상, https://www.youtube.com/watch?v=-

F5AYrLZXXqA.

58 Sarah Boesveld, "Becoming Disabled by Choice, Not Chance: 'Transabled' People Feel Like Impostors in Their Fully Working Bodies," Canadian *National Post*, 2015년6월 3 일, https://nationalpost.com/news/canada/becoming-disabled-by-choice-not-chance-transabled-people-feel-like-impostors-in-their-fully-working-bodies ; Tom Midlane, "Psychologist Blinds Woman with Drain Cleaner—Because She Wanted to Be Disabled," *The Mirror*, 2015년 10월 1일, https://www.mirror.co.uk/news/real-life-stories/psychologist-blinds-woman-drain-cleaner-6552282 ; Anna Sedda and Gabriella Bottini, "Apotemnophilia, Body Integrity Identity Disorder or Xenomelia? Psychiatric and Neurologic Etiologies Face Each Other," Neuropsychiatric Disease and Treatment 10 (2014): 1255–65.

59 Hillel Fendel, "Heb. U. Paper Finds: IDF Has Political Motives for Not Raping," Israel National News, 2007년 12월 23일, http://www.israelnationalnews.com/News/News.aspx/124674#Ve20vmC_vdt ; Hen Mazzig, "An Israeli Soldier to American Jews: Wake up!" *Times of Israel*, 2013년 10월 10일, http://blogs.timesofisrael.com/an-israeli-soldiers-call-to-american-jews/.

60 Anisa Rawhani, "Overt to Covert: What Spending 18 Days Covered with a Hijab Taught Me about Racism and Stereotyping," *Queen's University Journal*, 2014년 3월 14일, https://www.queensjournal.ca/story/2014-03-14/features/overt-covert/.

61 Matthew M. Hessel and Scott A. McAninch, "Coral Snake Toxicity," in StatPearls (Treasure Island, Florida: StatPearls Publishing, 2019). Available from https://www.ncbi.nlm.nih.gov/books/NBK519031/.

62 Gad Saad, "Why Do Social Justice Warriors Have Colored Hair?" *THE SAAD TRUTH* 505, 2017년 9월 10일, 유튜브 동영상, https://youtu.be/ZwATG95Irfk.

63 Emanuel J. Gonçalves et al., "Female Mimicry as a Mating Tactic in Males of the Blenniid Fish Salaria Pavo," *Journal of the Marine Biological Association of the United Kingdom* 76, no. 2 (1996): 529–38.

64 Mark D. Norman, Julian Finn, and Tom Tregenza, "Female Impersonation as an Alternative Reproductive Strategy in Giant Cuttlefish," Proceedings of the Royal Society of London. *Series B: Biological Sciences* 266, no. 1426 (1999): 1347–49.

65 Culum Brown, Martin P. Garwood, and Jane E. Williamson, "It Pays to Cheat: Tactical Deception in a Cephalopod Social Signalling System," *Biology Letters* 8, no. 5 (2012): 729–32.

66 Aaron Sell, John Tooby, and Leda Cosmides, "Formidability and the Logic of Human Anger," *Proceedings of the National Academy of Sciences of the United States of America* 106, no. 35 (2009): 15073–78; Michael Bang Petersen et al., "The Ancestral Logic of Politics: Upper-Body Strength Regulates Men's Assertion of Self-Interest over Economic Redistribution," *Psychological Science* 24, no. 7 (2013): 1098–103; Michael E. Price et al., "Is Sociopolitical

Egalitarianism Related to Bodily and Facial Formidability in Men?" *Evolution and Human Behavior* 38, no. 5 (2017): 626–34; Michael Bang Petersen and Lasse Laustsen, "Upper-Body Strength and Political Egalitarianism: Twelve Conceptual Replications," *Political Psychology* 40, no. 2 (2019): 375–94.

67 Richard Sosis, "Why Aren't We All Hutterites? Costly Signaling Theory and Religious Behavior," *Human Nature* 14, no. 2 (2003): 91–127. Another religious ritual that serves as a costly signal is male circumcision.

68 Karl Popper, *The Open Society and Its Enemies*, rev. ed. (New York: Routledge, 2002), 668.

69 For a discussion of the self-flagellants of the Western world, see Pascal Bruckner, *The Tyranny of Guilt: An Essay on Western Masochism* (Princeton, New Jersey: Princeton University Press, 2010).

70 뉴욕시에서는 불법입국자라는 용어를 무심히 사용하다가 벌금 23만 달러를 내야하는 수가 있다. Christopher Brito, "New York City's Anti-Discrimination Policy Warns against Terms Like 'Illegal Alien,'" 2019년 10월 1일, https://www.cbsnews.com/news/new-york-illegal-alien-city-law-fine-hatred-freedom-of-speech/.

71 Daniel Victor, "'Reparations Happy Hour' Invites White People to Pay for Drinks," *New York Times*, 2018년 4월 26일, https://www.nytimes.com/2018/05/26/us/reparations-happy-hour-portland.html.

72 Daniel Victor, "'Reparations Happy Hour' Invites White People to Pay for Drinks," *New York Times*, 2018년 4월 26일, https://www.nytimes.com/2018/05/26/us/reparations-happy-hour-portland.html.

73 "Undoing Whiteness," Rainier Beach Yoga, https://www.rainierbeachyoga.com/undoing-whiteness/.

제6장 이성으로부터 탈주: 타조 기생충 증후군

1 George R. R. Martin, *A Game of Thrones: Book One of a Song of Ice and Fire* (New York: Bantam Books, 2019), 105, 222, 647.

2 Isaac Asimov, *The Gods Themselves* (New York: Bantam Books, 1990), 239.

3 Bandy X. Lee, *The Dangerous Case of Donald Trump: 27 Psychiatrists and Mental Health Experts Assess a President* (New York: St. Martin's Press, 2017), 273. Interestingly, the psychiatrist in question appears to suffer from Collective Munchausen when it comes to Donald Trump.

4 Ullica Segerstråle, *Defenders of the Truth: The Sociobiology Debate* (New York: Oxford University Press, 2001).

5 Dominique Lecourt, *Proletarian Science? The Case of Lysenko* (London: NLB, 1977); Valery N. Soyfer, *Lysenko and the Tragedy of Soviet Science* (New Brunswick, New Jersey: Rutgers University Press, 1994).

[6]   Gad Saad, "My Chat with Infectious Diseases Specialist Paul Offit," *THE SAAD TRUTH* 1030, 2020년 4월 9일, 유튜브 동영상, https://youtu.be/xY_oO31Gfuo ; Paul A. Offit, *Deadly Choices: How the Anti-Vaccine Movement Threatens Us All* (New York: Basic Books, 2011); Paul A. Offit, *Autism's False Prophets: Bad Science, Risky Medicine, and the Search for a Cure* (New York: Columbia University Press, 2008); Paul A. Offit, *Bad Advice: Or Why Celebrities, Politicians, and Activists Aren't Your Best Source of Health Information* (New York: Columbia University Press, 2018).

[7]   Christina Korownyk et al., "Televised Medical Talk Shows—What They Recommend and the Evidence to Support Their Recommendations: A Prospective Observational Study," *British Medical Journal* 349, no. 7346 (2014).

[8]   Gad Saad, "The Narcissism and Grandiosity of Celebrities," *Psychology Today*, 2009년 6월 15일, https://www.psychologytoday.com/ca/blog/homo-consumericus/200906/the-narcissism-and-grandiosity-celebrities.

[9]   Sander L. van der Linden, Chris E. Clarke, and Edward W. Maibach, "Highlighting Consensus among Medical Scientists Increases Public Support for Vaccines: Evidence from a Randomized Experiment," *BMC Public Health*, 15, no. 1207 (2015), https://bmcpublichealth.biomedcentral.com/articles/10.1186/s12889-015-2541-4.

[10]   Richard W. Byrne and Andrew Whiten, ed., *Machiavellian Intelligence: Social Expertise and the Evolution of Intellect in Monkeys, Apes and Humans* (Oxford: Clarendon, 1988); Andrew Whiten and Richard W. Byrne, eds., *Machiavellian Intelligence II: Extensions and Evaluations* (Cambridge, United Kingdom: Cambridge University Press, 1997).

[11]   Robert L. Trivers, Social Evolution (Menlo Park, California: Benjamin/Cummings, 1985); Robert L. Trivers, *The Folly of Fools: The Logic of Deceit and Self-Deception in Human Life* (New York: Basic Books, 2011).

[12]   Sigmund Freud, *The Interpretation of Dreams*, rev. ed., trans. James Strachey (1955; repr., New York: Basic Books 2010), 596.

[13]   Thomas L. Webb, Betty P. I. Chang, and Yael Benn, "'The Ostrich Problem': Motivated Avoidance or Rejection of Information about Goal Progress," *Social and Personality Psychology Compass* 7, no. 11 (2013): 794–807; Niklas Karlsson, George Loewenstein, and Duane Seppi, "The Ostrich Effect: Selective Attention to Information," *Journal of Risk and Uncertainty* 38, no. 2 (2009): 95–115; Dan Galai and Orly Sade, "The 'Ostrich Effect,' and the Relationship between the Liquidity and the Yields of Financial Assets" *Journal of Business* 79, no. 5 (2006): 2741–59.

[14]   Gad Saad, "Most Dangerous Global Virus: Ostrich Parasitic Syndrome," *THE SAAD TRUTH* 104, 2015년 12월 6일, 유튜브 동영상, https://www.youtube.com/watch?v=1eXGj_RnGS4.

[15]   Albert-László Barabási, *Linked: How Everything Is Connected to Everything Else and What*

It Means for Business, Science, and Everyday Life (New York: Plume, 2002).

16 Jeffrey Travers and Stanley Milgram, "An Experimental Study of the Small World Problem," *Sociometry* 32, no. 4 (1969): 425–43. See also Duncan J. Watts, Six Degrees: The Science of a Connected Age (New York: W. W. Norton, 2003).

17 Edwin Wang, ed., *Cancer Systems Biology* (Boca Raton, Florida: CRC Press, 2010).

18 "Chaos at Fifty," Physics Today, 2013년 5월 1일, https://physicstoday.scitation.org/doi/10.1063/PT.3.1977?journalCode=pto.

19 Bill Nye, "Bill Nye The Science Guy Explains the Connection between Climate Change and Terrorism in Paris," *HuffPost*, 2015년 12월 1일, https://www.facebook.com/*Huff-Post*Live/videos/834171176702548/?fref=nf.

20 Abraham Kaplan, *The Conduct of Inquiry: Methodology for Behavioral Science* (San Francisco: Chandler Publishing Company, 1964), 28.

21 Abraham Maslow, *The Psychology of Science: A Reconnaissance* (New York: HarperCollins, 1966), 15.

22 Robert J. Sternberg and Elena L. Grigorenko, "Unified Psychology," *American Psychologist* 56, no. 12 (2001): 1069–79.

23 포브스 지 필자는 분명 꽤나 역풍을 맞은 듯 이후 원인을 "유독한 남성성"에서 "무의식적인 편향"으로 바꾸었다(여전히 터무니없는 이유이긴 하지만). 여기 본래 기사 링크가 있다: http://archive.is/lvNem. 인터넷은 결코 잊지 않는다.

24 Salim Mansur, "Evidence," 시민권 및 이민 상설위원회, 캐나다 하원, 2012년 10월 1일, http://www.ourcommons.ca/DocumentViewer/en/41-1/CIMM/meeting-51/evidence.

25 Miller McPherson, Lynn Smith-Lovin, and James M. Cook, "Birds of a Feather: Homophily in Social Networks," *Annual Review of Sociology* 27 (2001): 415–44.

26 Jason D. Boardman, Benjamin W. Domingue, and Jason M. Fletcher, "How Social and Genetic Factors Predict Friendship Networks," *Proceedings of the National Academy of Sciences of the United States of America* 109, no. 43 (2012): 17377–81.

27 Christina Payne and Klaus Jaffe, "Self Seeks Like: Many Humans Choose Their Dog Pets Following Rules Used for Assortative Mating," *Journal of Ethology* 23, no. 1 (2005): 15–18; Michael M. Roy and Nicholas J. S. Christenfeld, "Do Dogs Resemble Their Owners?" *Psychological Science* 15, no. 5 (2004): 361–63.

28 Min Zhou, "Intensification of Geo-Cultural Homophily in Global Trade: Evidence from the Gravity Model," *Social Science Research* 40, no. 1 (2011): 193–209.

29 평화의 종교, https://www.thereligionofpeace.com.

30 Gad Saad, "50+ Reasons to Explain Terrorism in 67 Countries," *THE SAAD TRUTH* 103, 2015년 12월 5일, 유튜브 동영상, https://www.youtube.com/watch?v=ZX2ORcaJ_wQ.

31 Liam Stack, "A Brief History of Deadly Attacks on Abortion Providers," *New York Times*,

2015년 11월 29일, https://www.nytimes.com/interactive/2015/11/29/us/30abortion-clinic-violence.html.

32 Darío Fernández-Morera, The Myth of the Andalusian Paradise: Muslims, Christians, and Jews under Islamic Rule in Medieval Spain (Wilmington, Delaware: ISI Books, 2016); See also "My Chat with Dario Fernandez-Morera, Improved Audio," *THE SAAD TRUTH* 461, 2017년 6월 9일, 유튜브 동영상, https://youtu.be/Y-9oPo-brl8.

33 Gad Saad, "The Holy 3M of Apologia: Mistranslated, Misinterpreted, and Misunderstood," *THE SAAD TRUTH* 192, 2016년 6월 9일, 유튜브 동영상, https://youtu.be/XH9WAMvsE50.

34 Meagan Fitzpatrick, "Trudeau Retracts 'Barbaric' Remarks," CBC, 2011년 3월 15일, https://www.cbc.ca/news/politics/trudeau-retracts-barbaric-remarks-1.985386.

35 Stefan Collini, *That's Offensive! Criticism, Identity, Respect* (London: Seagull Books, 2010), 46-47.

36 *Reliance of the Traveller: A Classic Manual of Islamic Sacred Law*, ed. and trans. Nuh Ha Mim Keller (Beltsville, Maryland: Amana Publications, 1994), 584, 590. 아랍어 원문으로는 'Umdat al-Salik by Ahmad ibn Naqib al-Misri (1368)'.

37 George Orwell, *Animal Farm: A Fairy Story* (London: Secker & Warburg, 1945).

38 Mike Royko, "Jesse Jackson's Message Is Too Advanced for Most," *Baltimore Sun*, 1993년 12월 3일, https://www.baltimoresun.com/news/bs-xpm-1993-12-03-1993337169-story.html.

39 Martin Daly and Margo Wilson, *Homicide* (New York: Aldine de Gruyter, 1988).

40 Gad Saad, "Our Brains Have Evolved the Ability to Discriminate," *Psychology Today*, 2013년 8월 11일, https://www.psychologytoday.com/ca/blog/homo-consumericus/201308/our-brains-have-evolved-the-ability-discriminate.

41 Gad Saad, "In Some Instances, Profiling Is Adaptive and Rational," *Psychology Today*, 2012년 3월 8일, https://www.psychologytoday.com/ca/blog/homo-consumericus/201203/in-some-instances-profiling-is-adaptive-and-rational.

42 Evan Sayet, *KinderGarden of Eden: How the Modern Liberal Thinks and Why He's Convinced That Ignorance Is Bliss* (CreateSpace Independent Publishing Platform, 2012), 11.

제7장 진리는 어떻게 추구하는가: 중복 증거의 법칙적 관계망

1 Harry G. Frankfurt, *On Bullshit* (Princeton, New Jersey: Princeton University Press, 2005), 1.

2 Hugo Mercier and Dan Sperber, *The Enigma of Reason* (Cambridge, Massachusetts: Harvard University Press 2017), 8.

3 Leon Festinger, Henry W. Riecken, and Stanley Schachter, *When Prophecy Fails* (Minneapolis, Minnesota: University of Minnesota Press, 1956), 3.

4 다음 문헌들 및 그의 참조문헌들을 보라. David P. Schmitt and June J. Pilcher, "Evaluating Evidence of Psychological Adaptation: How Do We Know One When We See One?" *Psychological Science* 15, no. 10 (2004): 643–49; Gad Saad, "On the Method of Evolutionary Psychology and Its Applicability to Consumer Research, *Journal of Marketing Research* 54, no. 3 (June 2017): 464–77.

5 Juan Miguel Campanario, "On Influential Books and Journal Articles Initially Rejected Because of Negative Referees' Evaluations," *Science Communication* 16, no. 3 (1995): 304–25; Juan Miguel Campanario and Erika Acedo, "Rejecting Highly Cited Papers: The Views of Scientists Who Encounter Resistance to their Discoveries from Other Scientists," *Journal of the American Society for Information Science and Technology* 58, no. 5 (2007): 734–43; Juan Miguel Campanario, "Rejecting and Resisting Nobel Class Discoveries: Accounts by Nobel Laureates," *Scientometrics* 81, no. 2 (2009): 549–65.

6 Max Planck, *Scientific Autobiography and Other Papers* (New York: Philosophical Library, 1949), 33–34.

7 Frederick R. Schram, "Anatomy of a Controversy," *American Zoologist* 32, no. 2 (1992), 357.

8 Dean Ornish, "The Power of Science," *HuffPost*, 2012년 1월 5일, https://www.*HuffPost*.com/entry/the-power-of-science_b_1179584.

9 Heiner Evanschitzky et al., "Replication Research's Disturbing Trend," *Journal of Business Research* 60, no. 4 (2007): 411–15; Stefan Schmidt, "Shall We Really Do It Again? The Powerful Concept of Replication Is Neglected in the Social Sciences," *Review of General Psychology* 13, no. 2 (2009): 90–100; Matthew C. Makel, Jonathan A. Plucker, and Boyd Hegarty, "Replications in Psychology Research: How Often Do They Really Occur?" *Perspectives on Psychological Science* 7, no. 6 (2012): 537–42. Reproducibility Project (Center for Open Science)도 참조하라.

10 Gad Saad, "The Effects of Dysphoria on Sequential Choice Behavior," Working paper, Concordia University, Montreal, Quebec, Canada (1998).

11 Gad Saad, "On the Method of Evolutionary Psychology and Its Applicability to Consumer Research," *Journal of Marketing Research* 54 (June 2017): 464–77. 참조자료로 468쪽 그림 3을 참조하라.

12 하지만 이 링크에 대해 의문을 제기하는 최근 증거를 보려면 다음을 참조하라: Douglas T. Kenrick, "The Hourglass Figure Is Not a Sign of Fertility and Health," *Psychology Today*, 2019년 6월 17일, https://www.psychologytoday.com/ca/blog/sex-murder-and-the-meaning-life/201906/the-hourglass-figure-is-not-sign-fertility-and-health. 이 문헌은 과학지식이 그 성격에 있어 확정적이지 않다는 점을 강조한다. 다시 말해 정직한 과학자는 언제든 반대되는 증거에 개방적이어야 한다.

13 Paul Thagard, "Explanatory Coherence," *Behavioral and Brain Sciences* 12, no. 3 (1989):

435-502.

14   Gary L. Brase, "Behavioral Science Integration: A Practical Framework of Multi-Level Converging Evidence for Behavioral Science Theories," *New Ideas in Psychology* 33 (April 2014): 8-20.

15   Edward O. Wilson, *Consilience: The Unity of Knowledge* (London: Abacus, 1998).

16   Gad Saad, "On the Method of Evolutionary Psychology and Its Applicability to Consumer Research," *Journal of Marketing Research* 54, no. 3 (2017): 464-77. 관련 참조 자료를 보려면 467쪽 그림 2를 보라.

17   Marcelo Nepomuceno et al., "Testosterone & Gift Giving: Mating Confidence Moderates the Association between Digit Ratios (2D4D and rel2) and Erotic Gift Giving," *Personality and Individual Differences* 91 (2016): 27-30; Marcelo Nepomuceno et al., "Testosterone at Your Fingertips: Digit Ratios (2D:4D and rel2) as Predictors of Courtship-Related Consumption Intended to Acquire and Retain Mates," *Journal of Consumer Psychology* 26, no. 2 (2016): 231-44; Eric Stenstrom et al., "Testosterone and Domain-Specific Risk: Digit Ratios (2D:4D and rel2) as Predictors of Recreational, Financial, and Social Risk-Taking Behaviors," *Personality and Individual Differences* 51 (2011): 412-16.

18   완구 사례들에 따른 모든 인용은 다음 문헌에서 찾아볼 수 있다: Gad Saad, "On the Method of Evolutionary Psychology and Its Applicability to Consumer Research," *Journal of Marketing Research* 54, no. 1 (2017): 464-77. 관련 참조 자료를 찾으려면 467쪽 그림 2을 보라.

19   Brenda K. Todd et al., "Sex Differences in Children's Toy Preferences: A Systematic Review, Meta-Regression, and Meta-Analysis," *Infant and Child Development* 27, no. 2 (November 2017): e2064, https://doi.org/10.1002/icd.2064.

20   Gad Saad, "Katie Holmes Is Taller Than Tom Cruise: This Proves That Men Are Not Taller Than Women··· No It Doesn't!" *Psychology Today*, April 13, 2009, https://www.psychologytoday.com/ca/blog/homo-consumericus/200904/katie-holmes-is-taller-tom-cruise-proves-men-are-not-taller-women-no.

21   Lee Ellis et al., *Sex Differences: Summarizing More Than a Century of Scientific Research* (New York: Psychology Press, 2008).

22   David M. Buss, "Sex Differences in Human Mate Preferences: Evolutionary Hypotheses Tested in 37 Cultures," *Behavioral and Brain Sciences* 12, no. 1 (1989): 1-49.

23   Lingshan Zhang et al., "Are Sex Differences in Preferences for Physical Attractiveness and Good Earning Capacity in Potential Mates Smaller in Countries with Greater Gender Equality?" *Evolutionary Psychology* 17, no. 2 (2019), https://doi.org/10.1177/1474704919852921.

24   Jonathan Gottschall et al., "Sex Differences in Mate Choice Criteria Are Reflected in Folktales from around the World and in Historical European Literature," *Evolution and Human Behavior* 25, no. 2 (2004): 102-12.

25   David P. Schmitt, "Evaluating Evidence of Mate Preference Adaptations: How Do We Really Know What Homo sapiens sapiens Really Want?" in *Evolutionary Perspectives on Human Sexual Psychology and Behavior*, ed. Viviana A. Weekes-Shackelford and Todd K. Shackelford (New York: Springer, 2014), 3–39. 관련 연구 요약을 보려면 표1.1을 참조하라.

26   Gad Saad, "Nothing in Popular Culture Makes Sense Except in the Light of Evolution," Review of General Psychology 16, no. 2 (2012): 109–20; Gad Saad, "The Darwinian Roots of Cultural Products," chap. 5 in *The Evolutionary Bases of Consumption* (Mahwah, New Jersey: Lawrence Erlbaum, 2007), Ch. 5; Gad Saad, "Cultural Products: Fossils of the Human Mind," Ch. 6 in *The Consuming Instinct: What Juicy Burgers, Ferraris, Pornography, and Gift Giving Reveal About Human Nature* (Amherst, New York: Prometheus Books, 2011).

27   Don A. Monson, "Why Is la Belle Dame sans Merci? Evolutionary Psychology and the Troubadours," *Neophilologus* 95, no. 4 (2011): 523–41.

28   Martin Brüne, "De Clérambault's Syndrome (Erotomania) in an Evolutionary Perspective," *Evolution and Human Behavior* 22, no. 6, (2001): 409–15.

29   Robert L. Trivers, "Parental Investment and Sexual Selection," in *Sexual Selection and Descent of Man*: 1871–1971, ed. Bernard Campbell (Chicago, Illinois: Aldine, 1972), 136–79.

30   Marcel Eens and Rianne Pinxten, "Sex-Role Reversal in Vertebrates: Behavioural and Endocrinological Accounts," *Behavioural Processes* 51 (2000): 135–47.

31   Jeffry A. Simpson and Steven W. Gangestad, "Individual Differences in Sociosexuality: Evidence for Convergent and Discriminant Validity," *Journal of Personality and Social Psychology* 60, no. 6 (1991): 870–83.

32   David P. Schmitt, "Sociosexuality from Argentina to Zimbabwe: A 48-Nation Study of Sex, Culture, and Strategies of Human Mating," *Behavioral and Brain Sciences* 28, no. 2 (2005): 247–75

33   Russell D. Clark III and Elaine Hatfield "Gender Differences in Receptivity to Sexual Offers," *Journal of Psychology* & *Human Sexuality* 2, no. 1 (1989): 39–55.

34   Bruce J. Ellis and Donald Symons, "Sex Differences in Sexual Fantasy: An Evolutionary Psychological Approach, *The Journal of Sex Research* 27, no. 4 (1990): 527–55.

35   Laura L. Betzig, *Despotism and Differential Reproduction: A Darwinian View of History* (Hawthorne, New York: Aldine, 1986).

36   Joseph Henrich, Robert Boyd, and Peter J. Richerson, "The Puzzle of Monogamous Marriage," *Philosophical Transactions of the Royal Society B: Biological Sciences* 367, no. 1589 (2012): 657–69.

37   Heather A. Rupp and Kim Wallen, "Sex Differences in Response to Visual Sexual Stimuli: A Review," *Archives of Sexual Behavior* 37, no. 2 (2008): 206–18.

38   Gad Saad, Aliza Eba, and Richard Sejean, "Sex Differences When Searching for a Mate: A Process-Tracing Approach," *Journal of Behavioral Decision Making* 22, no. 2 (2009): 171–90.

[39] Gad Saad and Tripat Gill, "The Framing Effect When Evaluating Prospective Mates: An Adaptationist Perspective," *Evolution and Human Behavior* 35, no. 3 (2014): 184–92.

[40] Brad J. Sagarin et al., "Sex Differences in Jealousy: A Meta-Analytic Examination," *Evolution and Human Behavior* 33, no. 6 (2012): 595–614.

[41] Gad Saad and Tripat Gill, "Sex-Specific Triggers of Envy: An Evolutionary Perspective," *Human Behavior and Evolution Society Annual Conference*, Austin, Texas, June 2005.

[42] 관련 자료를 보려면 다음을 참조하라: For relevant references, see David M. Buss and David P. Schmitt, "Mate Preferences and Their Behavioral Manifestations," *Annual Review of Psychology* 70 (2019): 87.

[43] 나는 몇몇 행사에서 이 법칙적 관계망의 초기버전을 소개한 바 있으며 그 중 두 군데 는 다음과 같다: the Global Forum on Countering Violent Extremism (November 2016) and LogiCal-LA (January 2017).

[44] Brian J. Coburn, Bradley G. Wagner, and Sally Blower, "Modeling Influenza Epidemics and Pandemics: Insights into the Future of Swine Flu (HINI)," *BMC Medicine* 7, no. 30 (2009), https://doi.org/10.1186/1741-7015-7-30 ; Klaus Dietz, "The Estimation of the Basic Reproduction Number for Infectious Diseases," *Statistical Methods in Medical Research* 2, no. 1 (1993): 23–41.

[45] Samuel P. Huntington, "The Clash of Civilizations?" *Foreign Affairs* 72, no. 3 (1993): 22–49. 인용문은 31쪽과 35쪽에 등장한다.

[46] "Most Wanted Terrorists," Federal Bureau of Investigation, https://archive.is/CH4Pb.

[47] Stuart Winer, "UK Police: London Attacker Acted Alone, Motive May Remain a Mystery," *Times of Israel*, March 26, 2017, https://www.timesofisrael.com/uk-police-london-attacker-acted-alone-motive-may-remain-a-mystery/.

[48] Bill Warner, "Statistical Islam," Center for the Study of Political Islam, http://www.cspi-publishing.com/statistical/pdf/Statistical_Islam.pdf.

[49] Eric Schmitt and Somini Sengupta, "Thousands Enter Syria to Join ISIS despite Global Efforts," *New York Times*, 2015년 9월 26일, https://www.nytimes.com/2015/09/27/world/middleeast/thousands-enter-syria-to-join-isis-despite-global-efforts.html.

[50] "Currently Listed Entities," National Security, Public Safety Canada, 2019년 5월 7일, https://archive.is/PnSJ9.

[51] "This Day in History," The Religion of Peace, 2019년 7월 19일, https://archive.is/Qwzrl.

[52] Erin Miller, "Global Terrorism in 2017," National Consortium for the Study of Terrorism and Responses to Terrorism, 2018년 7월, https://www.start.umd.edu/pubs/START_GTD_Overview2017_July2018.pdf.

[53] "Foreign Terrorist Organizations," Bureau of Counterterrorism, U.S. Department of State, https://www.state.gov/j/ct/rls/other/des/123085.htm. (Archived at https://archive.is/2SMv2).

54 "Views of Religious Groups," Mixed Views of Hamas and Hezbollah in Largely Muslim Nations, Pew Research Center, 2010년 2월 4일, https://www.pewglobal.org/2010/02/04/chapter-3-views-of-religious-groups/.

55 "An Index of Anti-Semitism," Anti-Defamation League, https://global100.adl.org/map.

56 "The Global Divide on Homosexuality," Pew Research Center, 2013년 6월 4일, https://www.pewglobal.org/2013/06/04/the-global-divide-on-homosexuality/.

57 Max Bearak and Darla Cameron, "Here Are the 10 Countries Where Homosexuality May Be Punished by Death," *Washington Post*, 2016년 6월 16일, https://www.washingtonpost.com/news/worldviews/wp/2016/06/13/here-are-the-10-countries-where-homosexuality-may-be-punished-by-death-2/.

58 "The Global Gender Gap Report," *World Economic Forum*, 2018, http://www3.weforum.org/docs/WEF_GGGR_2018.pdf.

59 Juan Pina and Emma Watson, "World Index of Moral Freedom," Freedom Press, 2018년 7월, http://www.fundalib.org/wp-content/uploads/2018/07/World-Index-of-Moral-Freedom-2018.pdf.

60 Abby Ohlheiser, "There Are 13 Countries Where Atheism Is Punishable by Death," *The Atlantic*, 2013년 12월 10일, https://www.theatlantic.com/international/archive/2013/12/13-countries-where-atheism-punishable-death/355961/.

61 "Number of Countries with Very High Restrictions and Hostilities Went Down in 2014," Pew Research Center, 2016년 6월 23일, https://www.pewforum.org/2016/06/23/number-of-countries-with-very-high-restrictions-and-hostilities-went-down-in-2014/.

제8장 콜 투 액션

1 이 인용문의 여러 버전을 보려면 다음을 참조하라: Harold Marcuse, "Versions in Niemoller's Publications," UC Santa Barbara faculty page, 최종 업데이트 2020년 7월 14일, http://www.history.ucsb.edu/faculty/marcuse/niem.htm#versions.

2 Martin Luther King Jr. "Beyond Vietnam," King Institute, 1967년 4월 4일, https://kinginstitute.stanford.edu/king-papers/documents/beyond-vietnam.

3 Danuta Kean, "'Show Me the Money!': The Self-Published Authors Being Snapped Up by Hollywood," *The Guardian*, 2017년 5월 15일, https://www.theguardian.com/books/2017/may/15/self-published-authors-hollywood-andy-weir-the-martian-el-james ; Lynn Neary, "'The Martian' Started as a Self-Published Book," NPR, 2016년 2월 27일, https://www.npr.org/2016/02/27/468402296/-the-martian-started-as-a-self-published-book.

4 Lisette Voytko, "Joe Rogan—Controversial Backer Of Bernie Sanders—Is the Top-Earning Podcaster, Making $30 Million a Year," *Forbes*, 2020년 2월 3일, https://www.forbes.com/sites/lisettevoytko/2020/02/03/joe-rogancontroversial-backer-of-bernie-sandersis-the-top-earning-podcaster-making-30-million-a-year/#358f07a049c4.

5 Charles Stewart, *Haud Immemor: Reminiscences of Legal and Social Life in Edinburgh and London 1850-1900* (Edinburgh, Scotland: William Blackwood & Sons, 1901), 33.

6 Gad Saad, "Judging Those Who Never Judge," *Psychology Today*, 2014년 8월 20일, https://www.psychologytoday.com/ca/blog/homo-consumericus/201408/judging-those-who-never-judge.

7 "Non-judgmental," *Cambridge Dictionary*, https://archive.is/1E6yy.

8 원문의 성경구절은 NIV(New International Version) 을 사용했다. https://www.bible-studytools.com/niv/.

9 William Lane Craig and Sam Harris, "Is the Foundation of Morality Natural or Supernatural? The Craig-Harris Debate," Reasonable Faith with William Lane Craig, 2011년 4월, https://www.reasonablefaith.org/media/debates/is-the-foundation-of-morality-natural-or-supernatural-the-craig-harris-deba/.

10 Amotz Zahavi and Avishag Zahavi, *The Handicap Principle: A Missing Piece of Darwin's Puzzle* (New York: Oxford University Press, 1997).

11 나는 내 책The Consuming Instinct (2011)에서 이런(총알개미 사례 포함) 통과의례가 성적 신호로 작용한다고 논한 바 있다.

12 Claire Brownell, "Canada's First World War Sacrifice by the Numbers," *Maclean's*, 2018년 10월 4일, https://www.macleans.ca/news/canada/canadas-first-world-war-sacrifice-by-the-numbers/.

13 "What You Wanted to Know: Champions League Penalties," UEFA.com, 2019년 2월 20일, http://archive.is/Uu58W ; , Richard A. Fariña et al., "Taking the Goalkeeper's Side in Association Football Penalty Kicks," *International Journal of Performance Analysis in Sport* 13, no. 1 (2013): 96-109.

14 예를 들자면 다음과 같다: Gad Saad (@GadSaad), "This idiot @mzemilycain came after me because she apparently hates Jews from the Middle East (people of color) who are war refugees. Clearly, she hates Jews and arabs. [I will always win the game of Oppression Olympics.] @jack: Please protect me against this racist white woman," 트위터, 2018년 9월 9일 12:26 a.m., https://twitter.com/GadSaad/status/1038644843013132289?s=20.

15 Gad Saad (@GadSaad), "I apply biology & evolutionary psychology in the behavioral sciences (including consumer behavior), you retarded degenerate," 트위터, 2017년 9월 27일8:30 p.m., https://twitter.com/GadSaad/status/913199211503607810?s=20 ; Joshua of the Cheesecake Factory Bar (@CellBioJosh), "So not actual science. An ableist and a homophobic slur, nice. I also like that you've confirmed that you're not a legal or medical expert," 트위터 2017년 9월 27일8:30 p.m., https://twitter.com/CellBioJosh/status/913199960442601472?s=20.

16 Joshua of the Cheesecake Factory Bar (@CellBioJosh), "Imagine supporting a professor that actively harasses & bullies students online to the point of defamation. @Concordia @ConcordiaUnews https://twitter.com/GadSaad/status/913200126356807680 ," 트위터, 2017

년 9월 28일12:20 a.m., https://twitter.com/CellBioJosh/status/913256996580626432?s=20.

17 Scott Kelly (@StationCDRKelly), "One of the greatest leaders of modern times, Sir Winston Churchill said, 'in victory, magnanimity.' I guess those days are over," 트위터, 2018년 10월 7일12:05 p.m., https://twitter.com/StationCDRKelly/status/1048967 485821599744?s=20.

18 Scott Kelly (@StationCDRKelly), "Did not mean to offend by quoting Churchill. My apologies. I will go and educate myself further on his atrocities, racist views which I do not support. My point was we need to come together as one nation. We are all Americans. That should transcend partisan politics," 트위터, 2018년 10월 7일 7:22 p.m., https://twitter.com/StationCDRKelly/status/1049077517208838144?s=20.

19 Gad Saad (@GadSaad), "Stop apologizing. Stop compromising your positions for fear that you might offend the perpetually offended. Grow a pair. Stand tall. Be confident in your personhood. Know which side of the track truth is to be found. Stop the cowardice. Stop it @StationCDRKelly," 트위터, 2018년 10월 8일 10:15 p.m., https://twitter.com/GadSaad/status/1049483473294118915?s=20.

20 Daniel McGraw, "Ideology and Facts Collide at Oberlin College," *Quillette*, 2019년 6월 20일, https://quillette.com/2019/06/20/ideology-and-facts-collide-at-oberlin-college/.

21 Talal Ansari, "Ohio Bakery Awarded $44 Million in Libel Case against Oberlin College," *Wall Street Journal*, 2019년 6월 14일, https://www.wsj.com/articles/ohio-bakery-awarded-44-million-in-libel-case-against-oberlin-college-11560528172.

22 Evan Gerstmann, "Judge Slashes the Verdict against Oberlin College—an Appellate Court Might Reduce It Further," *Forbes*, 2019년 7월 1일, https://www.forbes.com/sites/evan-gerstmann/2019/07/01/judge-slashes-the-verdict-against-oberlin-college-an-appellate-court-might-reduce-it-further/#78e06f07650d.

23 Mark J. Brandt et al., "The Ideological-Conflict Hypothesis: Intolerance among Both Liberals and Conservatives," *Current Directions in Psychological Science* 23, no. 1 (2014): 27–34.

24 Scott Jaschik, "U Chicago to Freshmen: Don't Expect Safe Spaces," Inside Higher Ed, 2016년 8월 25일, https://www.insidehighered.com/news/2016/08/25/u-chicago-warns-incoming-students-not-expect-safe-spaces-or-trigger-warnings.

25 "The Plan for Dartmouth's Freedom Budget: Items for Transformative Justice at Dartmouth," March 2014, Dartblog, http://www.dartblog.com/Dartmouth_Freedom_Budget_Plan.pdf. 다음 동영상도 참조하라: Gad Saad, "The All-Time Greatest Social Justice Warriors," *THE SAAD TRUTH* 59, 2015년 9월 9일, 유튜브 동영상, https://www.youtube.com/watch?v=rSqz0ZBKjbo.

26 Gad Saad, "I'll Have Large Fries, a Hamburger, a Diet Coke, and an MBA. Hold the Pickles," *Psychology Today*, 2009년 1월 28일, https://www.psychologytoday.com/ca/blog/

homo-consumericus/200901/i-ll-have-large-fries-hamburger-diet-coke-and-mba-hold-the-pickles.

27 Stuart Rojstaczer, "Recent GPA Trends Nationwide Four-Year Colleges and Universities," GradeInflation.com, 2016년 3월 29일, http://www.gradeinflation.com.

28 Colleen Flaherty, "Grades: Don't Ask, Don't Tell," *Inside Higher Ed*, 2018년 9월 13일, https://www.insidehighered.com/news/2018/09/13/cornell-mba-students-vote-grade-non-disclosure-recruitment.